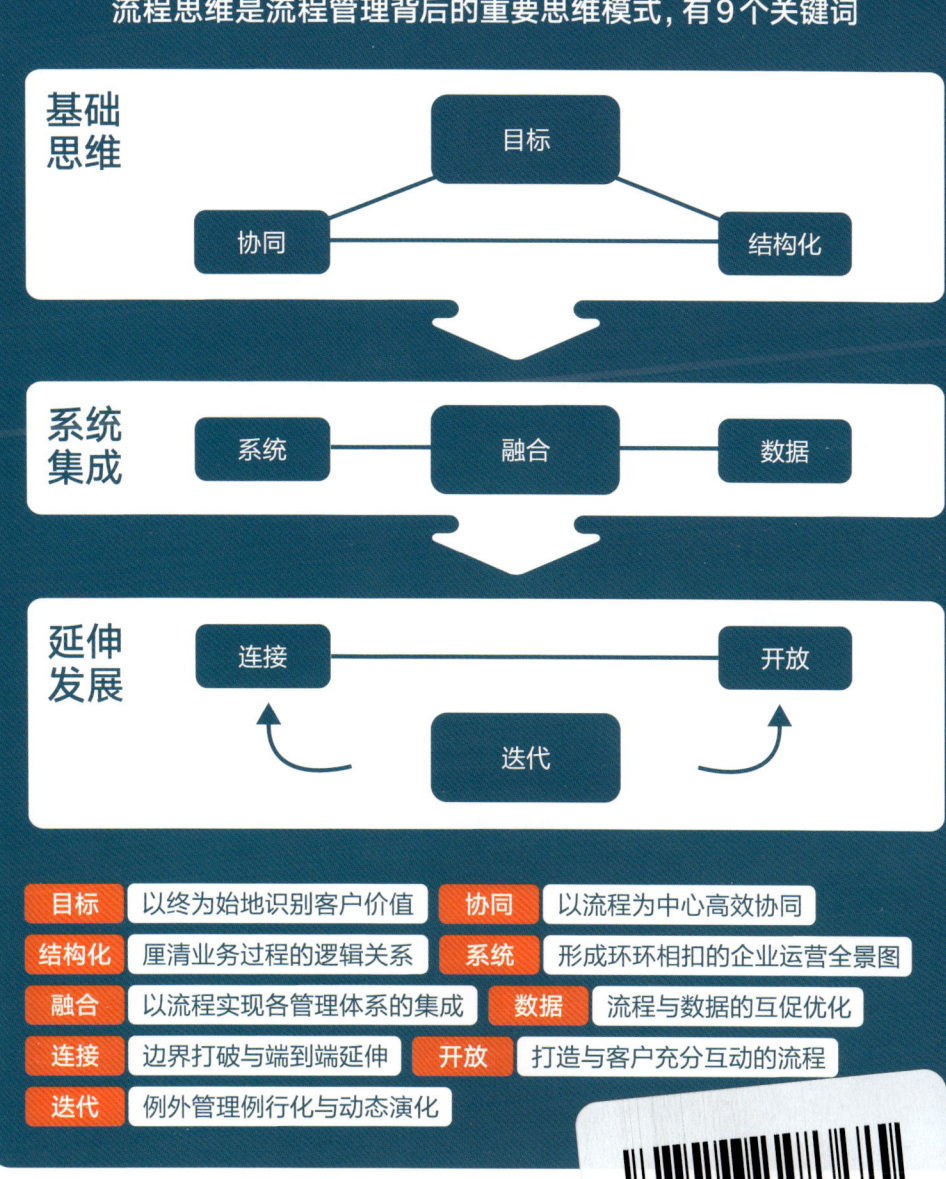

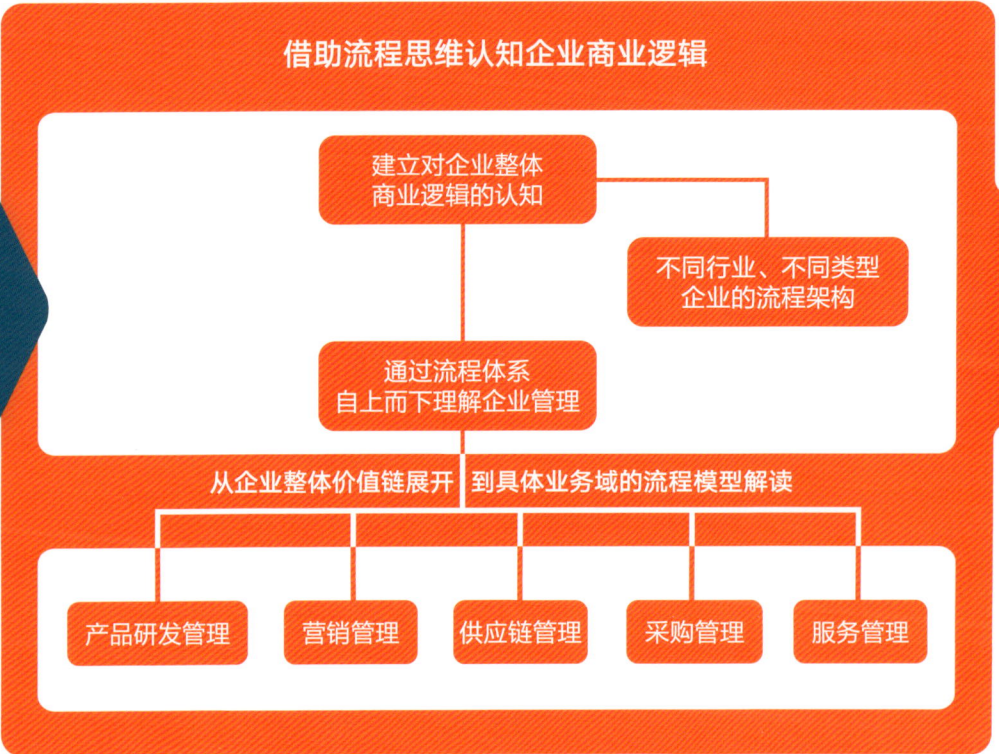

THE PROCESS MIND

流程思维阅读地图

湛庐 CHEERS

与最聪明的人共同进化

HERE COMES EVERYBODY

流程思维

葛新红 王玉荣 著

中国纺织出版社有限公司

各方赞誉

随着经济社会不断发展，无论是企业还是公共服务机构，都不可避免地形成职能条块分割，出现竖井式管理现象。当外部环境的不确定性增加、客户需求越来越个性化时，如何快速响应和协同作战，便成为组织机构需要面临的挑战。而流程思维则为打破组织壁垒、实现高效协同运作指明了方向。

本书结合当前时代的特点，揭示了如何以客户价值创造为主线，将流程中各个割裂的节点连接和打通，实现端到端全链条的协同运作，并从全局观和系统观角度、互联网时代的连接与开放式创新生态打造等方面，结合大量实践场景，为我们描绘了基于数字化的流程创新。

走访调研大量企业后不难发现，成功的企业都在致力于流程化的改造，以求通过流程优化来持续推进组织的标准化体系建设，以实现组织的可复制和可持续发展。流程思维，也适合于政府及公益性组织，通过逐步加强客户导向的服务意识，可以有效提升系统协同效率和风险管理能力。

郑惠强

上海现代服务业联合会会长

同济大学前副校长

流程是打通组织单元、连接关键干系人和业务模块最有效的组织方式。它以目标为导向，有效地把组织、人员、技术、业务、资源整合在一起，可实现跨空间、跨时间、跨组织结构的协同工作，为解决企业管理问题提供了系统化的思路和方法。因此，树立流程意识、建立流程思维、理解流程运作、加强流程管理，不仅能够科学有效地解决问题，还能够进一步提升企业管理的规范化水平，从而实现企业的可持续发展和进步。

这本书的两位作者是在企业管理咨询和教育领域辛勤深耕的奋斗者。书中内容既是作者多年企业管理咨询经验的总结和凝练，又是她们长期思考后的感悟和心得。商学和管理学专业领域的实践者和学者，不管是初出茅庐的新人还是纵横捭阖的老将，读完本书后，都会有不同程度的收获和启迪。

田军

西安交通大学管理学院副院长

流程是一种工具，也是一种思维模式。中国企业特别是大中型的民营企业，近年来掀起一股学习华为管理经验的热潮。其中一个值得企业认真学习的领域就是华为管理的流程思维和流程化组织运作模式，因为这是帮助大中型企业逐步摆脱对牛人过度依赖（即人治）最有效的方法和武器。业务只有承载在高效、简洁、低成本的流程之上，才能跑得快！流程不是枷锁和束缚，而是企业走向成熟、走向规模、快速成长的催化剂！

"天"生业务，流程成"我"！这里的"天"就是客户和市场，"我"就是企业和员工！流程思维和管理成就了"我"！尤其在今天，很多行业在进行数字化转型，但其实数字化转型成功的核心基础就是企业流程化运作。企业流程化还很薄弱，数字化转型就更困难了，成功就更是奢望！

其实流程思维人人都有，因为你在做每件事情的时候，不管你承认与否，都在有意无意地执行某个过程，这个过程就是流程。在我看来，流程很多时候无所谓好和劣，只是目标决定了采用哪种流程更有效。因此，目标就是唯一的衡量标准。那么，由谁来衡量呢？就是客户和服务的对象！所以流程思维的核心，就是找对人、服务好、能获利！

流程思维应该从学生时代开始培养，这是成才的捷径思维和做事逻辑！对于他们而言，流程思维、与流程伴生的项目思维和知识管理思维都能帮助他们快速成长、迅速达标、事半功倍！

易祖炜

华为首批"蓝血十杰"、项目管理能力中心前部长

在当前这个不断变化的时代，管理运营和商业生态愈加复杂，组织需要敏捷反应、多方合作、动态优化，而流程思维能帮助我们在纷繁复杂中厘清头绪，在千变万化中把握逻辑。

这本书系统地阐述了流程思维的模式特征和应用方法，特别融入了系统集成和开放互联的思维模式，这有助于读者利用流程思维理解企业的整体商业逻辑和业务管理架构，通过流程优化的方法来分析与解决企业管理问题。

张成洪

复旦大学管理学院教授、博导

战略思维是讲如何做正确的事，流程思维是讲如何正确地做事，在当前时代的企业经营管理中，二者不可偏废。本书从流程思维出发，通过流程的系统集成思维打造一体化的管理体系。其将理论与案例结合，创造性地分析了通过流程思维和流程架构快速建立起对企业商业逻辑认知的方式方法。

本人亲历过因战略变而流程变的成功案例，也总结过战略虽变而流程不变的失败教训。我想，流程思维可以帮助我们反思企业商业逻辑的合理性，并进一步做出优化。在这个不断变化的时代，企业流程需要以客户为中心、以战略为导向而进行持续的迭代升级。通过流程思维，我们还可以建立起结构化问题的诊断分析框架，以此提升解决实际问题的能力。通过

对本书的学习，我感知到流程思维确实是 21 世纪的商科学生以及广大企业管理者的必修课。

徐美竹
中国宝武钢铁集团有限公司管理研修院副院长

我们正处在近几十年来最为动荡的商务环境当中，这些不确定的因素是由政治、经济、社会以及技术的高速发展造成的。企业难以控制绝大部分的不确定因素，这会使企业的决策者和运营者碰到前所未有的挑战。企业管理者需要适时应变，更为重要的是学会保持定力和构建科学的思维逻辑结构，做到处乱不惊。正是在这样的背景下，两位资深的管理研究者，基于多年的知识积累，出版了这本关于流程思维的书来与大家分享交流，这是一件非常及时和有益的事。从我个人的角度来看，发展和变化是形势之必然，如何在千变万化当中找到商业逻辑和解决问题的方法有规律可循。而这本书就是试图在变化当中思考问题的逻辑，帮助人们找到解决问题的执行方案。两位作者以女性特有的细致和认真，把相关的概念梳理得非常清晰。整本书文笔清晰、易于理解，理论与实际结合得非常紧密。我特别同意作者在书中强调的以客户为起点的流程思维方式，这种思维方式抓住了企业经营的最核心要素。相信广大读者在阅读完这本书后，能够对流程思维有新的认知，用流程思维推动企业的管理实践。

吕巍
上海交通大学安泰经济管理学院教授、AI 与营销研究中心主任

业务流程管理是企业数字化转型的关键成功要素。为什么这么说呢？因为从企业价值链角度看，企业存在的前提是产品和服务能为客户创造价值，而产品和服务创新是一个整体的流程体系。企业要想实现核心竞争力的持续提升，就必须通过商业模式创新和数字技术创新相结合的方式，这种方式能达到对外优化客户体验和对内降本增效的目的。而商业模式创新的核心内容

之一就是业务流程的再造和重塑，以实现改善客户触点体验和敏捷业务运营的数字化转型目标。数字时代，企业更需要的是能够将正确的流程思维和数字创新相结合的复合型人才，这种人才才能使企业的数字化转型真正做到业务运营的降本增效和客户体验的改善提升。

本书作者长期在企业流程管理咨询和产业创新领域耕耘，她们在大量的客户咨询和项目实践的经验基础上，深入浅出地对流程管理知识体系进行了多角度和全方位的剖析和讲解，真正做到了理论知识和实践经验的完美结合。我相信这本书一定会给每一位读者带来启迪和思考，丰富和完善自身的数字化创新和流程变革思维体系！

严宝龙

长安汽车数字化能力中心院长

在传统的管理学课程体系中，我们一直十分注重战略思维与战略管理。战略思维是一种长远、全局性的计划和任务，强调高瞻远瞩、运筹帷幄地掌控各种资源以进行有效的配置，从而实现战略目标。战略管理的核心环节是战略分析、战略选择和战略调整，这些是贯穿整个管理活动的关键要素。而本书作者则从流程管理角度出发，提出了流程思维的新概念。流程管理是组织管理体系的基础，它不仅是一套管理工具，还是一套融合多种管理理念的思维模式。流程思维是理解商业逻辑和建立分析和解决问题能力的基础。

这是一本写给商科学生的关于新的思维理念和思维方式的启蒙读物，也是给正在从事管理活动的管理者们的能力提升教材。本书所阐述的新理念和思维方式，一定会给读者带来不一样的体验，会成为拓展读者视野、提升管理能力的有效工具。我希望这本书能成为商科学生的良师，成为管理者们的益友。

聂永有

上海大学经济学院执行院长

当今时代，企业管理者必须强化流程思维，通过重塑流程并迭代改进来更好地输出产品和服务，以提升企业的核心竞争力。流程思维的导入和流程再造是企业经营管理过程中非常重要的工作。两位作者的新作是她们长期对企业转型变革研究的成果，书中严谨的思维导图、丰富的实践案例和清晰的方法指导，会给我们启迪。本书是管理者办公桌上必备的工具书。

金希令

上海市供应链发展促进会会长

锦江国际集团实业投资公司前副总裁

在互联网时代下，越来越多的企业认识到，要想快速了解并精准地满足客户个性化的需求，就必须在产品研发、生产制造、营销及客户服务等多个业务环节上，实现内部各部门之间、企业与外部客户及合作伙伴之间的业务协同，建立起高效的信息流、物流、资金流运作体系和线上与线下流程集成的服务体系。所以，企业运营管理者必须具备流程思维，对企业原有的业务流程进行再造，并通过数字化手段支撑创新的运作流程与管理模式，进而更好地支撑企业战略目标的有效执行。

《流程思维》一书系统构建了流程思维与流程管理的基本理论体系，并辅以很多具体而生动的实践案例，详细阐述了基于流程思维的企业管理创新策略与方法。对于很多商科学生来说，他们对企业的运营缺少实践经验，这本书能帮助他们快速而系统地理解企业的商业运作逻辑，掌握流程优化与创新的方法。

秦良娟

对外经济贸易大学信息学院教授、电子商务研究所所长

好的流程会使企业经营管理事半功倍，反之则会降低效率、带来亏损、离散团队甚至影响生存。本人从事供应链管理多年，深知流程的重要性。流程管理不仅是一套管理工具，更是一套融合多种管理理念的思维模式。对于个人和组织，流程管理都是一项很重要的基础能力。如何拥有好的流程？要

么请一位经验和能力俱佳的干将，要么有一套经过市场验证且行之有效的方法论。《流程思维》就是这样的一本书，字字句句都是作者几十年流程管理与创新经验的凝练。希望更多的管理者能够通过阅读这本书得到进步，并将所得应用到实践中去，为企业甚至我们国家的产业升级做出更多贡献。

纪红青

天地汇联合创始人、高级经济师

    葛新红和王玉荣两位的著作《流程思维》，是她们在结合多年企业管理咨询实践和西交利物浦大学（以下简称西浦大学）产教融合实践的基础上整理形成的最新成果。这本书的独特之处在于，通过流程管理理论提炼出背后的思维模式和实践方法，以帮助商科学生和企业管理者培养胜任岗位的基本素养和能力。

    流程的本质是优化价值创造的过程。流程思维是理解商业逻辑和建立分析解决问题能力的基础：流程思维点出了所有商业的核心，即如何为客户和自己创造最优价值。商科教育的核心是回归商业的本质，从价值创造这个最核心的问题出发，帮助学生从不同维度理解价值链的构成。在这个意义上，流程思维教育应该成为商科教育的基础课程。

钟鸿钧

上海财经大学商学院数字经济研究中心主任

    本书以客户价值为牵引，洞察商业本质、部署企业战略，按照流程思维分解商业逻辑，形成系统化的闭环流程体系，以科学的流程方法落地战略执行，实现高效、敏捷、创新。用流程思维解决问题，是当代企业管理者解决问题的秘籍之一。

王亚龙

震坤行工业超市（上海）有限公司前副总裁

流程管理能帮助学生理解商业逻辑和组织运行过程、系统地掌握多种管理理念和方法工具、培养系统的管理思维和解决问题的能力，它应该成为商学院所有专业的必修课程。

本书作者在流程管理、知识管理和组织变革等领域具有多年的研究和咨询经验，并产出了一批融合理论与实践的优秀成果。近年来，她们还在产教融合和人才培养体系建设方面进行了探索创新，积累了成功经验。本书是她们融合经典管理理论、典型商业实践和先进教学设计的优秀成果。

张廷龙

安徽师范大学经济管理学院院长

在了解商业本质、给企业画出业务经营模型画像方面，商科学生一直比较薄弱。各个大学的实际教学与企业经营的流程管理多存在很大的偏差，因而学生毕业后要花相当长的时间才能够掌握业务模型提取、流程管理等相关能力。

这本书主要面向商科专业的学生和初进管理岗的管理者，书中用了大量的企业实例来讲解流程思维的关键要素，易学、易用、易懂。读者学会流程思维，会对商业经济及企业经营理解得更加精准。在教育中如能引入更多的产业内容，以实际案例对应知识技能点，会使商科学生和初级管理者较快地掌握企业管理岗的业务关键事项。

作者有着多年的企业咨询背景，对产业经营体会很深。这本书将流程思维的知识转化为教育资源，是产教融合的典范。它大大提高了学生和市场的融合度，是一本非常值得院校选择的优秀教材。

彦凡秋

北京久其易实科技有限公司总经理

推荐序

生态管理时代的流程思维

席酉民
西浦大学执行校长、和谐管理研究中心主任
英国利物浦大学副校长
西安交通大学管理学院教授

组织的基本要素是流程、关系和角色，其中流程是价值创造的根本，关系和角色是流程得以实现的保证。尽管在 UACCS[①] 时代，三者也越来越易变和柔性化，并推动了网络组织和生态管理的流行，但确保流程对准客户需求且得以有效实现，依然是组织价值创造的基础[②]。

流程是一切管理的基石

多年前，《管理学家》杂志曾刊登了我与时任中国航空工业副总经理张

---

① UACCS 是 Uncertainty（不确定性）、Ambiguity（模糊性）、Complexity（复杂性）、Changeability（多变性）、Scarcity（稀缺性）的首字母缩写，这个概念由席酉民于20世纪90年代提出。——编者注
② 出自席酉民2022年在北京大学出版社出版的《管理何为：一个"理性主义"践行者的人生告白》与《产业新生态》2022年第三期《数智时代产业家与生态红利创获》一文。

新国先生的一段深度对话,主题是"流程是一切管理的基石"。在相对稳定和简单的环境下,绝大部分组织领导者都能清晰地勾勒出其组织体系,企业通过流程实现组织价值创造也相对容易。但随着环境日益 UACCS 化,为了满足客户需求,组织在不断专业化分工的基础上,经过持续拓展、迭代和升级,边界日益模糊,运行中充满流程创新、关系柔性、角色多维,因而,日益立体网络化,管理趋向生态化,清晰规划和设计组织价值创造流程面临困难,甚至"组织里究竟是什么在创造价值"这个根本问题也越来越不清楚。因此,组织中的每个人可能都很忙碌,但其实是在做冗余的工作,只制造成本,而并未创造价值。那么,在数智时代,如何在网络中识别关键流程并围绕这一系统筹划价值网络,以防止缺乏价值创造的组织虚假"繁荣",已成为当代管理者面临的重要挑战。

尽管组织形态不断演变,演化思维和生态思维持续升级,把握流程和驾驭价值网络日益困难,但实现客户价值的根本目标未变,以流程支撑这个目标的实现仍是管理的基石,我们只是需要利用数智时代的技术和逻辑,恰当地运用流程思维,持续创新和升级管理。

从流程管理到流程思维的创新

随着流程管理在中国的发展和演进,很多组织把更多的注意力集中在流程的逻辑、步骤、活动上,强调过程的刚性化和管控,从而导致了组织的僵化,甚至使流程成为官僚的代名词,使管理者失去了对流程本质思想的理解。

我很高兴地看到,葛新红女士和王玉荣女士在《流程思维》中,能追本溯源,从流程管理的核心思想出发,结合互联网时代的变化,基于对流程本质的思考,提炼出了一种流程思维。具体讲,这种流程思维体现在以下几个方面。

1. 以客户价值创造为目标导向的过程协同

UACCS 时代要求组织具有更好的柔性和快速响应能力。但传统的流程观多关注活动，导致在设计新的流程时，重视内部的审批和管控，而不能实现快速的协同响应。要跑赢数智时代，一定要以客户价值创造为主线，以终为始地将活动的价值链连接起来，所有人关注结果、对结果负责，从而最大可能地消除过程中所有冗余的环节，实现端到端全链条的最优化。换句话说，瞄准为客户创造价值应成为当代管理者的一种习惯或思维模式。但更深层次的问题是，在理论和实践上，如何实现流程思维与演化思维、生态思维的自洽与融合。

2. 流程管理的系统观和全局观

流程管理虽关注的是流程，但强调的是系统，即流程与战略、组织、运营等管理体系之间的适配和一致性关系。围绕企业使命，把各项业务活动看成一个有机整体，以流程实现管理体系的融合和集成，进而形成一体化的行动指南，方可消除从战略到执行的鸿沟，提升组织的执行力。书中提到的企业"流程运营全景图"让人印象深刻，它如同一张作战地图，可以让管理者清楚地了解组织的整体作战系统及各系统之间的关联影响，让企业中的每个部门/岗位，都可以找到自己在整体价值创造过程中的定位和归属，以避免出现舍本求末、为管理而管理的情况。需要深思的是，当企业不断接入产业系统，运营管理的复杂性、创新性和敏捷性日增，构建流程运营全景图时，该如何考虑流程的柔性和涌现性。

3. 互联网时代的连接与开放式创新

随着互联网、物联网带来的连接革命，组织的边界不断被打破，两位作者没有局限于单一组织内部的流程优化，而是从更广泛的端到端视角，提出从企业价值链到整个产业链生态的价值创造优化。通过数字化、智能化，实现"更快速地感知、更高效地连接、更敏捷地响应";通过连接进行价值链端到端的延伸,实现"端到端的边界越宽,整个链条能够带来的优化空间也就越大"的预设;通过打破组织边界,与客户和生态伙伴建立更多交互的流程,实现开放式创新……这些都让我们看到了互联网时代流程思维的新变化。当然,我们也会心存疑惑:在动态连接的过程中,流程运营全景图应如何及时扩展和升级。

4. 流程上的知识创新与迭代演化

屡见不鲜的管理疲劳和惰性会导致流程僵化或固化。如何避免此类现象出现,让组织创新发展?两位作者提出了流程与知识创新的融合。首先,通过减少流程上的刚性管控节点,增加更多的知识管理活动,从而在流程的节点活动上充分发挥人的能动性;其次,在这个过程中,强调流程上知识、经验的积累和复用,使组织成为一个知识可持续积累和不断赋能的平台;最后,作者还提出在流程创新中的规划与迭代演化,这也是我们和谐管理理论所追求的,即围绕和谐主题,利用优化设计的谐则与能动致变的和则互动耦合,提升组织的整体性、应变性以及对不确定因素的应对能力。但不可否认,这种设计优化与耦合极具挑战性。换句话说,我们需要从理论和实践上回答如何实现流程思维与演化和生态思维的智慧耦合。

流程思维助力批判性思维和复杂问题解决能力的培养

世界经济论坛 2020 年的报告曾罗列未来需要的一些能力,其中获得大众普遍认可的比较重要的能力有批判性思维和分析能力、复杂问题解决能力、自我管理能力、与他人协同工作的能力、活动的沟通与管理能力、技术的使用与发展能力、核心文化能力等。在知识获取日益便捷的今天,传授知识以消除无知已不再是大学的主要任务,如何帮助人们正确选择和运用知识来有效解决问题或完成任务更为关键。从教育方面看,以兴趣驱动(Interest-driven)、研究导向(Research-led),并基于项目(Project)、问题（Problem）和产品（Product）的教育无疑有助于这些能力的有效提升，而流程思维可以是这些教育技术的具体抓手。

另外，作为未来教育的探索者和引领者，西浦大学于2016年提出了"融合式教育"（Syntegrative Education，SE）[①]，即在进一步加强素养教育的基础上，将专业教育、行业教育、管理教育与创业教育相融合，培养引领未来行业发展的精英人才。上海企源科技股份有限公司（以下简称AMT）作为西浦大学融合式教育的创始机构之一，与西浦大学共建了产金融合学院，并成立了西利企源产教融合公司，将大量产业的前沿实践引入学校；与此同时，还帮学生走进企业实践，全面推动融合式教育的实践创新。两位作者基于多年的企业咨询实践和对流程领域的深入研究，打造了"流程思维与流程管理"的实践教学体系：通过大一的流程思维课程，帮助学生搭建企业商业逻辑的认知框架；再通过大二深入企业的课题实践，帮学生梳理行业（企业）价值链构成，使他们具备结合实际场景的分析和解决问题的能力。

本书包含了两位作者在AMT多年管理咨询实践中对企业管理变革和产业数字化转型的洞察和理解、顾问式的问题分析和解决能力以及参与西浦大学融合式教育的实践心得。其特色有二：一是多个领域的实践积累形成的融合创新成果，不仅适合企业管理者，也适合商科领域的学生和老师阅读；二是源于实践、反哺实践，针对每一个理论方法和实践工具，都配有具体的场景和案例来进一步阐释，实现了理论与实践的充分结合，易于操作和学以致用。总之，本书为流程思维的掌握和践行提供了有价值的参考和借鉴。

---

① 详细内容可见席酉民2020年于清华大学出版社出版的《和谐心智：鲜为人知的西浦管理故事》一书。

序　言

从流程管理到流程思维

在过去的近 20 年里，我一直从事企业管理变革与管理咨询领域的研究与实践，并深度参与过华为、宝钢、青岛啤酒等众多知名企业的流程变革历程。在担任 AMT 研究院院长期间，曾持续开展各行业企业管理提升与数字化转型等方面的方法论和最佳实践案例研究，并一共出版了六本书，包括《流程管理》（第 5 版）和《流程革命 2.0》两本关于流程的书，还包括《知识管理》《用数据决策》《会议管理》《产业互联网》四本书。虽然书名各异，但核心都围绕着流程，探讨对流程上的知识、数据、会议和决策的管理。其中，《产业互联网》探讨了基于互联网新技术如何再造企业内部的端到端流程到全产业链价值链的流程。

在这个过程中，我深刻感受到：流程管理是一个组织管理体系的基础。**流程管理不仅是一套管理工具，更是一套融合多种管理理念的思维模式。不管对于个人还是组织，流程管理都是一项很重要的基础能力。**

依托于 AMT 研究院，我们在实践研究的基础上，进一步发展出"研—

宣—训"一体化的工作模式，即将 AMT 研究院的研发成果和知识产品，进一步转化为企业对外的品牌传播、对内的人才培训，开展持续的顾问人才梯队的培养。经常有客户好奇地问我："你们不了解我们的企业，怎么能在短短几周的时间内，掌握我们的运作模式、识别问题，并帮助我们解决问题？"咨询顾问在面对一个新的行业、新的客户的时候，能够快速地建立对企业业务运作的全景认知，并识别问题、找出解决方案，其背后最重要的原因就是其在潜移默化中形成的流程思维模式。**流程思维是理解商业逻辑和建立问题分析与解决能力的基础**。那么，能不能将这些咨询顾问的方法经验进行提炼总结，更多地赋能给企业管理者以及商科学生呢？

2020 年，我开始全面负责 AMT 和西浦大学合作成立的西利企源产教融合公司。我希望通过产教融合，将 AMT 在数千家行业领先企业咨询实践中积累的知识经验和行业洞察，更好地和产业人才教育培训相结合，从而更好地培养适应 VUCA 时代[①]、适合企业需求的复合型人才。

在 VUCA 时代，从企业的人才需求（侧）来看，通过流程快速响应客户需求、提升团队协作和应变能力，是组织成功的关键要素；如何及时识别问题、解决问题，并推进管理和业务的持续迭代优化，也成为管理者的必备技能。因此，企业越来越需要具备流程思维和问题解决能力的人才。而从人才供给（侧）来看，教育的本质不再是知识的宣贯，更重要的是认知能力和思维方式的培养。因此，在与各高校经管学院、商学院老师的沟通过程中，我们不断形成共识：流程思维和流程管理应该作为商科专业学生的必修课。通过流程思维训练，我们能帮助学生快速理解各类行业、企业和组织的商业运作逻辑，形成系统观和全局观，并通过掌握流程优化的方法工具，建立分析问题、解决问题的能力。

---

① 又称乌卡时代，是 Volatility（易变性）、Uncertainty（不确定性）、Complexity（复杂性）、Ambiguity（模糊性）的首字母缩写，意指我们目前正处于一个易变、复杂、模糊，充满不确定性因素的世界里。——编者注

基于以上背景和初心，本书在不断思考酝酿中形成从宏观到微观、从思维认知到方法工具的以下三大部分内容。

理解流程思维的 9 个关键词

本书透过现象看本质，提炼出了流程管理背后的重要思维模式。

首先，介绍了构建具体流程的基础思维，包括：

- **目标**：以终为始地识别客户价值，树立正确的流程目标。
- **协同**：在整体目标的引领下，实现以流程为中心的高效协同。
- **结构化**：厘清业务过程的逻辑关系，形成过程的闭环管理。

其次，从企业整体管理架构的视角介绍了孤立地去思考流程的弊端。此时，我们应通过系统集成的思维打造一体化的管理体系，而这需要我们做到：

- **系统**：从整体视角理解企业战略、组织、流程与 IT 的支撑关系，形成环环相扣的企业流程运营全景图。
- **融合**：以流程实现对其他管理体系的集成，打造企业一体化的行动指南。
- **数据**：基于流程进行数据采集，通过数据分析进行流程创新。

最后，从互联网时代带来的新变化和延伸发展角度，介绍了：

- **连接**：通过互联网实现组织边界的打破、端到端的延伸、从企业级端到端流程到产业级价值链的优化与数字化升级。
- **开放**：打造与客户充分互动的流程，实现交互式创新与共创。
- **迭代**：通过例外管理例行化与动态演化，实现企业的可持续积累与创新发展。

借助流程思维认知企业商业逻辑

在理解流程思维的基础上，本书从企业整体角度，介绍如何通过企业流程架构快速建立起对企业商业逻辑的整体认知，使读者能了解不同行业、不同类型企业的流程架构和运营管理的差异以及企业战略要求和管理思想如何通过流程层层落地。接下来，从典型的业务领域展开，如产品研发管理、营销管理、供应链管理、采购管理、服务管理，介绍具体的管理框架和管理问题的优化思路以及在数字化转型下的新趋势和新模式，帮助读者建立企业管理的基本框架。

运用流程思维构建问题解决能力

在建立流程思维和管理框架的基础上，本书为读者进一步介绍如何通过流程优化的具体方法和工具，发现与准确定义问题，形成分析与解决问题的能力。

利用流程优化的方法和工具去解决问题时，需注意以下关键点：

- 流程分类差异化管理，避免一刀切。
- 从客户价值创造的目标出发，识别增值/不增值环节，并进行简化优化。
- 通过串行改并行提升效率。
- 通过流程运行时钟，实现多条线业务的整体协同。
- 合并同类项，以共享模式实现集约化降本增效。
- 由事中/事后管理向事前管理转变，实现管理前置。
- 强规则、短流程，高授权、大监督，实现管控和效率之间的平衡。
- 优化流程管道，形成知识活水，实现岗位专业能力提升，形成可赋能的组织平台。

最后，通过变革管理方法和总结实践经验，推动变革优化方案的落地执行，形成发现问题—优化方案—落地执行的闭环管理，让改变切实发生。

本书的独特之处在于，结合数智时代的新技术发展和商业逻辑演变，提炼流程管理理论背后的思维模式，并辅以大量的实践案例。通过系统理论＋实践指南的方式，帮助企业管理者和未来管理者打造岗位胜任的基本素养和能力。

因此，本书的读者目标群体首先是企业的各级管理者，尤其是刚进入管理岗位的人员。对于有经验的管理者，如果岗位的胜任状况比较差，天天忙于救火式的管理也适合阅读本书。其次是企业中推动数字化转型变革的相关工作人员，本书能够帮助他们更好地将流程思维应用于数字化创新，为数字化转型建立良好的流程架构和数据架构支撑。再次是商科/经管类专业的本科生、硕士研究生等，通过对本书的学习，学生可以建立对商业逻辑的认知和基础管理素养，为未来从事相关管理工作打下良好的基础。最后也希望可以为从事相关商科教学工作的老师提供参考。

流程思维的应用非常广泛，对于个人而言，生活和工作的方方面面都会用到流程思维，通过流程思维可帮助个人实现"有序、高效"，从而提升成就感；对于政府或公益性组织而言，流程思维对加强客户导向服务意识、提升系统协同效率和风险控制能力等方面也都有帮助。因此，我们建议这几类读者也可以选择性学习。

你会用流程思维解决管理问题吗？

扫码鉴别正版图书
获取您的专属福利

扫码测一测，
立即获取答案及解析。

- 虽然大部分团队成员都很努力，但团队整体绩效仍很差，这是因为成员个体不够优秀吗？（　）

  A. 是

  B. 否

- 虽然企业引入了各种管理标准，但员工在工作时仍无处下手，这更可能是因为：（　）

  A. 没有通过流程消化融合形成统一标准

  B. 员工能力不行

  C. 管理标准与公司业务不匹配

  D. 缺少监督

- 要想快速了解企业的业务运作逻辑，你怎样做更有效？（　）

  A. 在网上查企业背景资料

  B. 在社交圈多方打听

  C. 只看企业的组织架构图

  D. 从流程角度认识企业创造价值的过程

扫描左侧二维码查看本书更多测试题

目 录

序　言　　从流程管理到流程思维

第一部分　理解流程思维的9个关键词　　/001

第1章　　目标，以终为始地识别客户价值　　/005
第2章　　协同，以流程为中心实现高效协同　　/013
第3章　　结构化，厘清业务逻辑，形成管理闭环　　/023
第4章　　系统，企业运营的全局观与系统观　　/033
第5章　　融合，基于流程的管理体系集成　　/041
第6章　　数据，流程与数据的互促优化　　/051
第7章　　连接，边界打破与端到端延伸　　/063
第8章　　开放，与客户的交互式创新与共创　　/071
第9章　　迭代，例外管理例行化与动态演化　　/079

第二部分　借助流程思维认知企业商业逻辑　/087

第 10 章　建立对企业整体商业逻辑的认知　/091
第 11 章　不同行业、不同类型企业的流程架构　/099
第 12 章　通过流程体系自上而下理解企业管理　/107
第 13 章　用流程思维理解产品研发管理　/119
第 14 章　用流程思维理解营销管理　/135
第 15 章　用流程思维理解供应链管理　/151
第 16 章　用流程思维理解采购管理　/167
第 17 章　用流程思维理解服务管理　/177

第三部分　运用流程思维构建问题解决能力　/191

第 18 章　通过流程发现和定义问题　/195
第 19 章　流程分类，落实差异化管理　/205
第 20 章　流程简化优化，去除不增值环节　/213
第 21 章　串行改并行以提升效率　/229
第 22 章　流程运行时钟，实现多条线的整体协同　/239
第 23 章　合并同类项，通过共享实现集约化　/249
第 24 章　管理前置，由事中/事后管理向事前管理转变　/259
第 25 章　12 字原则，实现管控与效率的平衡　/265
第 26 章　优化流程管道形成知识活水，打造可赋能的平台　/273
第 27 章　推动变革，优化方案落地执行　/283

后　记　打造数智时代的流程思维　/293
致　谢　/295

第一部分

理解流程思维的
9个关键词

阅前思考

- 如何理解一个商业组织的运作？
- 如何以目标为导向实现组织的高效协作？
- 如何建立全局观和系统观，发现更多的机会？
- 如何成为一个具备流程思维的管理者？
- 如何打造 VUCA 时代的快速响应能力？
- 如何掌握企业可持续发展的成功密钥？

导　读

透过现象看本质，提炼流程管理背后的重要思维模式，具体方法可归纳为三大类、9个关键词（见图0-1）。

首先，关于流程管理的基础思维（第1~3章），关键词有"目标""协同""结构化"。"目标"强调组织和流程的本质是为客户创造价值，所以流程的设计和优化也要以实现客户价值为目标，以终为始来开展；在整体目标的引领下，通过"协同"打破组织壁垒，实现以流程为中心的高效协作；进一步以"结构化"来厘清业务过程的逻辑关系，形成过程的闭环管理。

其次，跳出局部、片面、孤立的视角，从更全面的系统集成角度来理解企业管理和开展流程设计（第4~6章），关键词有"系统""融合""数据"。"系统"指从整体视角理解企业战略、组织、流程与IT的支撑关系，并通过各业务领域的流程衔接，构建环环相扣的企业流程运营全景图，形成整体作战能力；"融合"强调以流程实现对其他管理体系的集成，打造企业一体化的行动指南；而"数据"则强调流程和数据的集成，基于流程实现对过程数据的实时采集，并进一步通过数据分析推进流程优化和智能化创新，实现流程与数据的互促优化。

最后，从互联网时代的发展趋势和特点，提炼流程思维的关键词："连接""开放""迭代"（第 7～9 章）。"连接"强调通过互联网数字化的连接，不断打破组织边界，使管理幅度不断增大，这样，从部门级流程到企业级端到端流程，从企业级端到端流程到全产业链的流程就需要更进一步的优化。端到端的边界越宽，整个链条能够带来的优化空间也就越大。在连接的基础上，进一步"开放"，更紧密地贴近客户，打造与客户充分互动的流程，并实现产品和服务共创；"迭代"强调在动态、不确定环境下，要实现可持续发展，必须一方面持续积累，打造可复制的专业能力，另一方面持续迭代，实现组织的快速进化。

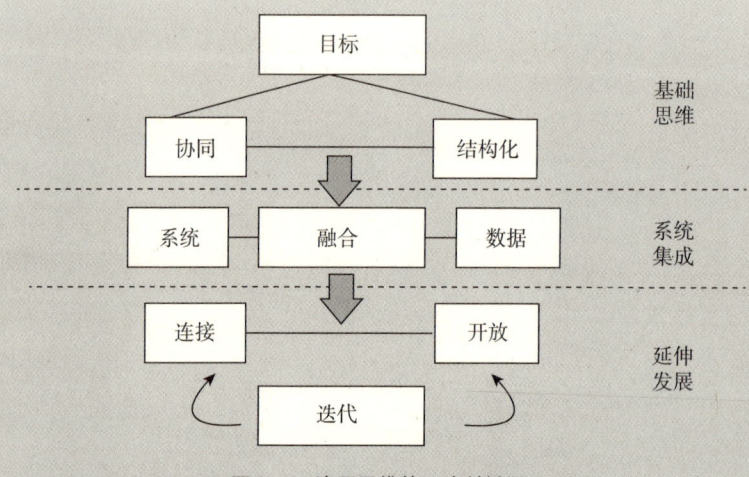

图 0-1　流程思维的 9 个关键词

第 1 章

目标，
以终为始地识别客户价值

Q： 为什么团队成员非常努力，但总是效率很低或者绩效很差？

A： 以终为始，先明确客户是谁、客户的价值诉求是什么，以实现客户价值为终点设立共同的目标。

"以终为始"最早出自《黄帝内经》，顾名思义，就是一开始就要考虑到最终的结果，以结果为导向确定目标、计划和行动，这样你的努力方向才不会跑偏。在流程管理领域，这同样是非常重要的思维模式。

什么是流程

流程，英文是"process"，也译为"过程"。在一个组织中，很多工作都需要多个部门、多个岗位或多个成员的参与和配合，这些部门、岗位、成员之间会有工作的承接、流转，因此，流程也可以说是"跨部门、跨岗位工作流转的过程"。

在这个过程中，多个部门、多个岗位、多个成员要共同完成一项工作，所以在开始的时候设立共同的目标很重要，这样才能保证所有人工作同向同力。

植树节那天，某领导来视察植树的情况。他走到一条街上，发现有一个人沿着马路在挖坑，已经挖了一排，而离他不太远的地方，还有一个人在往那些坑里填土。领导看了很奇怪：好好的路挖了又填，折腾什么呢？于是领导就问这两个人："你们在干什么啊？"

"我们在植树啊。"

"植树？那树呢？"领导四下看看，疑惑地问。

"我们三个人一组植树，按照规定的植树流程，一个人挖坑，一个人种树，一个人填土。可是，今天负责种树的那个人病了，没来。"

在上面这个故事里面，我们可以看到，每个人的岗位分工都很清楚（挖坑—种树—填土），大部分团队成员也都很努力（挖坑和填土的人都非常尽职尽责），但是团队整体的绩效结果为0。为什么呢？因为流程缺乏明确的目标导向。

类似这种情况在现实中其实大量存在，很多时候员工工作只会延续过去的习惯，因为分工已经固定，每个岗位的负责人都只是一颗螺丝钉，他们不知道全局是什么、终点在哪里，为工作而工作，最终导致工作成效很差！所以管理者的首要任务，就是先厘清流程的目标，然后按照目标来倒排组织团队成员之间的过程协同。

如何设定流程的目标

美国著名的管理学家、也被称为"流程再造之父"的迈克尔·哈默（Michael Hammer）认为：业务流程是把一个或多个输入转化为对客户有价值的输出的活动。

他的搭档托马斯·达文波特（Thomas Davenport）说：业务流程是一系列结构化的、可测量的活动集合，它可为特定的市场或特定的客户产生特定的输出。

在上面的两个定义中，我们可以看到，流程的目标，就是为特定的客户创造价值。围绕实现客户价值的目标，进行过程管理优化，形成跨部门、跨岗位的有序、高效协同，这也是一个商业组织存在的意义和流程管理的本质。

AMT通过对各种流程定义的研究，提炼总结出流程的六要素，分别是客户、为客户创造的价值、输出结果、若干活动、活动的相互作用（例如串行还是并行、哪个活动先做哪个活动后做，即流程的结构）、输入资源（见图1-1）。

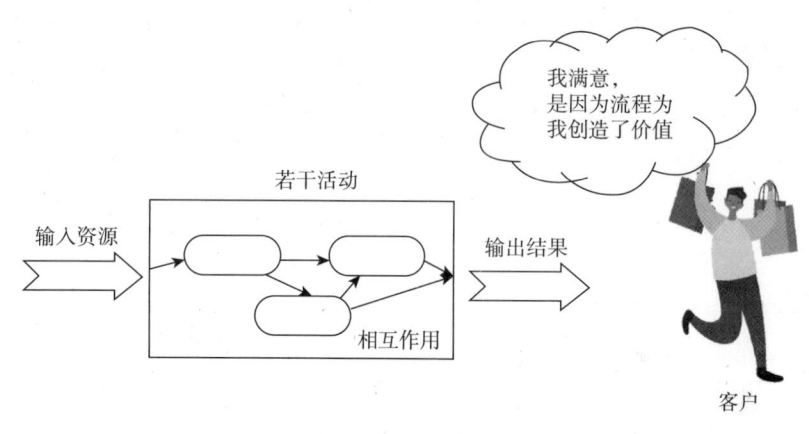

图1-1 流程的六要素

这里要注意：很多人一说流程就习惯性地计划从第一步到最后一步分别需要做什么，即按照图1-1从左往右的顺序，先看流程的输入资源，最后看流程的输出结果，可能根本不提价值和客户，这样从一开始就错了。

流程思维的第一个核心就是"目标导向、以终为始"。其体现在流程的六要素上，就是思考的顺序是按照图1-1从右往左倒着来。首先，考虑这个流程的客户是谁；其次，需要为客户创造什么价值；再次，要实现这个价值，应该要有什么样的输出结果；最后，要得到这样的输出结果，需要经过哪些活动及其相互作用，以及需要哪些输入资源。

在围绕"实现客户价值"这样的目标导向下,我们设计流程和开展工作就不会盲目地为做而做。我们需要基于确定的流程客户和价值,再从成本、效率角度,考虑怎样通过流程进行过程的组织协调,才能够更快、更好实现目标。

案例　不同餐饮企业的就餐服务流程对比

对于大部分餐馆来说,就餐流程一般都是"客户点餐—厨房准备饭菜—服务员上饭菜—客户就餐—客户结账—服务员清洁台面",但是基于不同的客户群体定位,我们可以看到许多餐馆在具体的就餐流程设计上有很大的差异。

我们先来看海底捞的就餐服务流程是怎样给选择吃火锅的客户带来更好的服务体验的。

首先,在客户就餐前,为了规避无聊的等位时间,海底捞提供了一系列饮料零食服务,并且设置了游戏区、儿童乐园等,同时通过网上预约排队和等位信息提醒,尽最大可能让客户减少排队等位的时间。

其次,在就餐过程中,提供让人印象深刻的过程服务。比如拉面师傅的现场即兴拉面,这既体现了菜品的特色,又能通过互动表演,给客户吃饭的过程带来趣味。

最后,在结账离开的时候,服务员都会贴心地赠送一些小礼物,使客户产生满载而归的感觉。

吃火锅客户的主要价值诉求就是与家人或者朋友一起,充分享受整个就餐过程,这一过程不仅包括可口的菜品本身,还包括过程中的一系列服务设计。所以在整个就餐服务流程的设计过程中,海底捞的流程充分体现了"峰终定律"[①],能让就餐

[①] "峰终定律"是诺贝尔经济学奖获得者、心理学家丹尼尔·卡尼曼(Daniel Kahneman)提出的。他研究发现人对一段体验的评价是由两个因素决定的,一个是过程中的最强体验,另一个是结束前的最终体验。

的客户获得极致的体验。

我们再来看看在高铁站和飞机场的餐馆。对这些餐馆来说，核心客户就是因为赶高铁或者赶飞机就餐时间紧张的人群。因此，这些餐馆要更多考虑如何快速出餐以及随时准备方便携带的打包盒满足客户的打包需求。当然，餐馆在菜品的定位上也会选择当地特色菜品，使异地出差的人在离开的时候能再品尝一下当地的特色。

通过上面的案例，我们可以看到，针对不同客户的价值定位，流程管理的关键点完全不同。所以在设计流程的时候，首先需要明确流程服务的客户是谁，并确定流程需要为客户提供怎样的价值。一般来说，流程服务的客户包括外部的客户，如代理商、终端消费者、供应商；内部的客户，如股东、员工；另外，一些审计内控检查类流程的客户会对应外部行业监管机构。找出流程的客户之后，要明确客户的价值诉求是什么，比如大型企业客户更关注产品品质和服务及时性，中小型企业客户可能更关注成本和性价比。不同客户要用不同的流程来处理，如大客户服务流程、小微长尾客户服务流程，还可以对客户做战略取舍，比如当前只考虑服务大型客户，暂时不考虑建立小微长尾客户服务流程等。

明确客户价值后，这个流程的目标就清楚了。围绕这个实现客户价值的流程目标，我们再倒推，将流程横向拉通。要确定在这个过程中，影响客户价值实现的核心要素是什么，比如服务响应太慢是因为"部门墙"严重，每个跨部门的流转都需要多重审批，或者是某个环节的职责定义和业务处理规则不清楚导致经常扯皮。针对这些问题和差距，我们就可以形成对应的流程设计或者优化的正确思路（见图1-2）。

大部分人的惯性思维是"我有什么，我想做什么"，习惯于做自己认为对的事情，而不是客户需要的事情。所以，作为一个管理者，要经常问自己、问团队："我们的客户是谁？要为客户提供什么价值？目前所做的工作是不是客户所需要的？"在这样的思维导向下，去设计有效的业务流程，才能避免大量无效的工作。

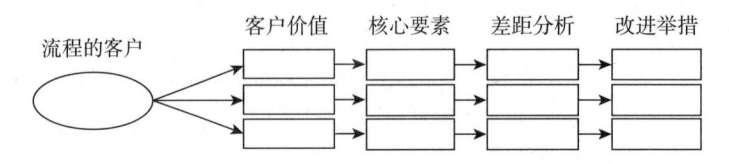

图 1-2　流程设计与优化的正确思路

思考一下，行动起来

结合你当前正在从事的一项团队活动，梳理一下这个活动/项目的客户是谁，客户的价值诉求是什么，然后按照流程的六要素，梳理整个活动过程，思考有哪些需要调整优化的地方。

第 2 章

协同，
以流程为中心实现高效协同

Q： 什么情况下需要流程管理？

A： 多人协作时需要流程管理。流程管理可以让多个人围绕整体目标实现协同共赢。

有组织就有分工，有分工就需要协作，而流程管理的核心就是以实现客户价值的整体目标为导向，推进组织或团队在业务过程中高效协同。所以，只要有多人协作，就需要流程管理。一个人能否和别人协同工作并创造价值，是岗位胜任的基本条件之一。

一位企业家曾形象地比喻："流程就是业务的接力赛跑。"也就是说，业务流程按一个一个环节流转下来，就好像岗位之间进行接力赛跑：做好跨部门、跨岗位的协同工作，就会使流程顺畅、业务运作速度加快，市场冲刺更有劲头。

在接力赛跑中，专业运动员是怎么跑的呢？前一名运动员准确给棒，后一名运动员提前起跑、准确接棒，接棒的运动员不用回头看，整个接棒过程动作干净利落、一气呵成。不专业的运动员怎么跑呢？接棒的人总是回头找棒，结果看到给棒的人已经跑偏了，或者是给棒的人虽然准确到位，但是接棒的人没有提前起跑、并行加速，甚至还在原地等待，这样当然不可能取得好成绩。更有甚者，连棒都掉了，等到捡起棒，一看自己已经被远远地甩在后面，于是士气低落，更没有心思冲刺了。有些人失败以后，不会检讨自己，只会互相埋怨，把责任都推给别人。值得注意的是，夺冠的队伍中未必每一名运动员的奔跑速度都很快，因为夺冠的最重要前提是队员彼此的默契配合和整个流程的顺畅流转。

通过接力赛跑，我们可以总结出实现高效协同的几个关键要点：

- **统一的理念和目标**。所有参赛队员都有明确统一的理念和目标，那就是：齐心协力，以最快的速度跑到终点。只有统一的目标才能保证团队同向同力，追求全局最优而不是局部最优。
- **明确的组织分工**。在充分考虑每个队员的特点和能力的基础上进行分工，比如善于冲刺的一般安排在最后一棒，跑得慢但是嗓门大的可以做啦啦队队员和后勤保障人员。在接力赛跑中，每个队员都各就各位、各司其职。
- **紧密的团队协作**。决定接力赛跑输赢的关键一般都在交接棒环节，即使是队员实力都很强的团队也会在接棒过程中出现失误，与胜利失之交臂。只有在赛前做好交接的动作设计，让负责交接棒的队员多做几次演练和沟通，才能保证更好地协作与配合。
- **及时的信息传递**。在接力赛跑的过程中，每个负责下游环节的队员都要对上游环节的即时进度了如指掌，从而决定自己的配合响应时间。在一个团队中，每个队员都要及时沟通、汇报工作进度，以使所有相关人员之间保持信息同步，这也是一个非常重要但容易被忽视的环节。
- **共享的利益机制**。高效团队一定是一个利益共同体，"一荣俱荣，一损俱损"，就像接力赛跑最终获取的是团队奖。每一个队员都应为共同的目标和集体荣誉而战，从而形成"共建、共担、共享、共赢"的氛围和机制。
- **合格的流程责任人**。负责整个接力赛跑的队长或者教练不仅是团队管理者，更是流程的负责人。负责人应组织所有队员集思广益，推动流程设计、运行、复盘、优化，确保流程的正确有效运行。团队的不断进步与流程责任人的组织协同能力是密不可分的。

对于一家企业来说，所有部门/岗位齐心协力地实现客户价值是其根本目标，所以在管理上，要从以组织/岗位为中心到以流程为中心，从关注分工到关注协作。而协作的基础就是打破组织壁垒，让流程浮现于部门/岗位之上，所有相关部门/岗位围绕着流程的目标和产出协同开展工作，要有统一的目标、明确的分工协作、紧密的工作衔接和信息传递以及相匹配的考核机制，从而保证所有人在高效的过程协同下实现组织目标（见图2-1）。

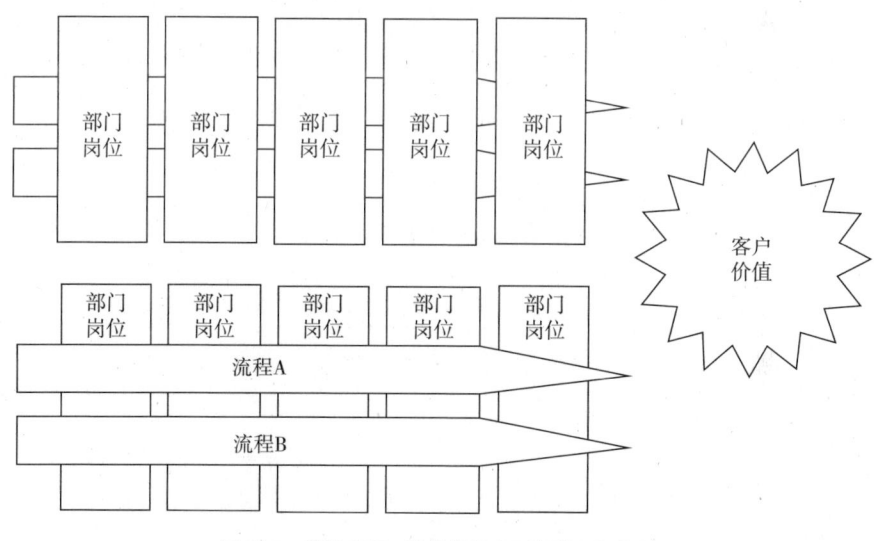

图2-1 从以组织/岗位为中心到以流程为中心

案例　某制造企业新产品流程的失败

C公司是国内有名的制造业企业，近几年公司获得了快速的发展，但是与行业领先企业比较起来，还是有明显的差距。

在每年的销售旺季，行业领先企业会推出一系列的新产品，而且企业内的组织管理流程非常完善，但是C公司总是跟不上市场的节拍。从表面上看，C公司针对新产品开发的流程制作了一本厚厚的流程手册，但是C公司的经营状况并未出现明显的改善，甚至连自己的主要竞争对手都赶不上了。对新产品的市场表现，公司老总总结了八个字"高不上去，低不下来"。具体来讲：

- "高不上去"是指价格高上不去。最贵的产品也就刚刚到国际公司中端产品的价格。
- "低不下来"是指成本低不下来。由于开发活动脱节，本来是想以低价打压别人的产品，但成本比对手还高。
- 新产品利润比老产品低，不同型号产品之间的利润没有差别。
- 产能冲突，市场反应时间长。

在C公司的邀请下，咨询公司的顾问开始进行问题的调研分析，顾问介入后发现了两个有趣的问题。

问题一：流程是多还是少？

咨询顾问与运营管理部的张先生进行了非常多的交流，交流中张先生一直强调的一句话是"我们C公司的流程不是太少了，而是太多了，问题就在于流程太多"。但是与企划、研发、销售等部门交流时，他们提出的观点是"C公司的流程不是太多，而是太少了，很多跨部门接口的地方没有明确规定，存在大量的模糊地带"。

问题二：失败的关键不在流程，是执行出了问题？

在讨论问题出现的原因时，运营管理部和研发、生产、销售等部门都一致认为造成新产品开发不成功的关键因素并不在于流程本身,而在于流程执行环节,也就是说其他部门没有很好地执行流程。

企划部说:"新产品表现不佳,研发部和销售部要负主要责任,企划部已经做出了很好的方案,但是研发一两年都做不出广告,销售又总是更改产品的定位,造成新、老产品定位模糊,不同系列的产品'左右手互搏'。"

研发部说:"关键的原因有两个,第一个是研发部人员太少,企划部、销售部也没有提供有价值的市场信息来指导研发;第二个是在产品设计的初期,邀请生产部、销售部的人来进行评审时,他们都不认真负责,提不出修改意见而只说非常好,但是一旦快要上市了,他们就不断反映问题,把责任都往研发身上推。"

生产部说:"生产部两头受气。研发部老说我们的生产不能有效呈现他们的优秀设计。销售部一边说我们成本太高,一边又提出非常高的品质要求。研发部和销售部还总是不断改要求,我们简直没法生产了。"

销售部说:"新产品没几个好卖的。低端产品成本比同行的售价高、质量好,但是消费者感觉不到质量的差异,更看不到差异的价值。高端产品既达不到国际公司的技术水平,又没有好的概念来炒作。与此同时,销售指标却是一年一年的快速上涨,还是卖老产品比较保险一点。"

流程已经有了,业务运作也是按照规定的流程来进行的,问题到底出在哪里呢?

经过仔细分析,顾问发现了一个深藏的症结:新产品开发流程中,5个部门存在5种差异非常大的想法。

我们发现,从部门的角度来看:每个部门都是在按照公司的规定来进行工作的,而且都很努力。流程的每个环节都可以称为是成功的,但是整个新产品却没有成功。用公式表达为:企划成功+研发成功+生产成功+销售成功≠新产品成功≠

公司成功。每个部门的思维方式可参见图 2-2。

| 企划成功 | + | 研发成功 | + | 生产成功 | + | 销售成功 | ≠ | 新品成功 |
| 企划指标 | + | 研发指标 | + | 生产指标 | + | 销售指标 | ? | 成功目标 |

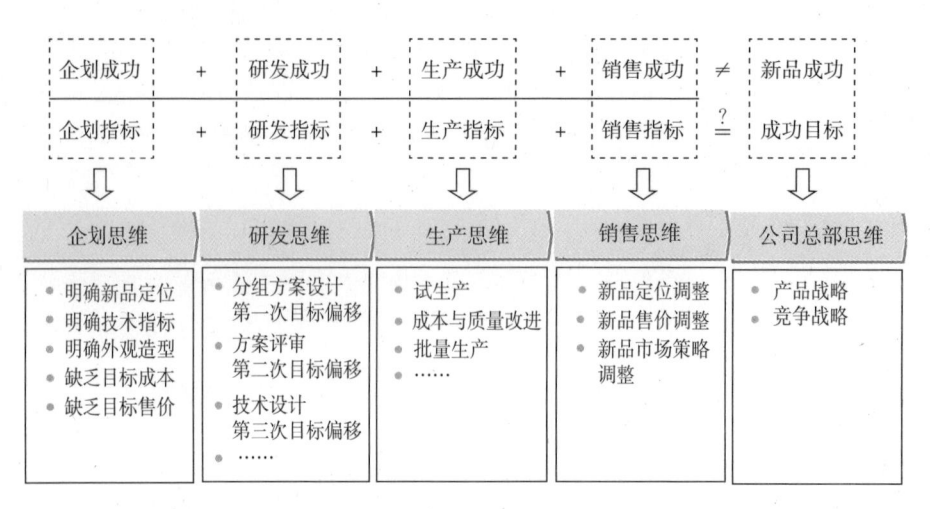

企划思维	研发思维	生产思维	销售思维	公司总部思维

• 明确新品定位
• 明确技术指标
• 明确外观造型
• 缺乏目标成本
• 缺乏目标售价
	• 分组方案设计
	  第一次目标偏移
	• 方案评审
	  第二次目标偏移
	• 技术设计
	  第三次目标偏移
	• ……
		• 试生产
		• 成本与质量改进
		• 批量生产
		• ……
			• 新品定位调整
			• 新品售价调整
			• 新品市场策略调整
				• 产品战略
				• 竞争战略

图 2-2 C 公司新产品开发过程中各部门的思维方式

问题在哪里呢？对于新产品来说，各个部门定义成功的标准是不一样的。企划部认为成功的新产品是引领生活时尚、技术理念的产品。研发部认为成功的新产品一定要有技术创新。生产部认为我们生产部门决定不了新产品的成功，成本和技术都由设计部门决定。销售部认为成功的新产品一定是销量很高的产品，低价格的产品一定是质量比竞争对手好的产品，能够创新的产品一定是在外观和技术上比竞争对手好的产品。公司总部认为能够树立公司品牌形象的产品都是成功的新产品。

在整个流程中，不同的部门各自定义的新产品的成功标准差别非常大，而且这些标准都是各部门自己认定的一个标准，只是部门内部的一个默认常识，从来没有公开过，也没有和流程中的其他部门交流过。更为关键的是，公司的领导谈及新产品的成功理念时也只是泛泛而谈，并没有让流程上的相关部门确切明白。还有一个奇怪的现象，新产品是否成功的考核对象只有销售部门，其他部门不会被考核。而让销售部门困惑的是，公司考核新产品成功的指标不是公司领导和顾问交流时所谈到的"可以树立公司品牌形象的产品"，而是单纯的新产品的销量和利润率。

从这个案例中我们可以清楚地看到：虽然C公司设置了很多流程，但是流程的设计大部分以部门为中心，导致了大量的部门本位主义，且很多跨部门接口的地方没有明确规定，存在大量的模糊地带，造成跨部门的协作中出现很多扯皮、推诿的现象，缺乏整体目标导向的端到端流程和跨部门协同。同时，各部门没有一致的流程最终产出目标、具体执行和具体决策的统一战略指导思想和理念、相对应的考核激励指标，因此出现执行中的脱节和其他问题。

> **思考一下，行动起来**
>
> 结合高效协同的几个关键要点，请你为C公司支招，说明其新产品流程该从哪些方面进行优化？

第 3 章

结构化，
厘清业务逻辑，形成管理闭环

Q： 如何设计或描述一个具体的工作流程？

A： 有终有始、结构合理、逻辑清楚、职责分明，PDCA 循环。

一个企业要想取得成功，最重要的事情之一就是搭建管理体系。流程梳理、优化的过程也是分析、搭建、优化企业管理体系的过程，而流程描述是整个过程的切入点。

流程描述本身是一个思考、体会和模拟业务运作、梳理业务逻辑的过程。流程是业务运作的载体，通过流程可以透视到企业管理体系的各个方面，包括业务逻辑与管理原则、管理精细程度、企业文化等。要做好流程描述，最重要的就是结构化。所谓结构化，简而言之就是有目标、有框架、有条理、有逻辑、有闭环。具体体现在以下几个关键点：

- **有终有始**：流程的目标是什么？为哪些客户创造什么价值？流程的范围有多大？起点、终点在哪？流程的输入、输出有哪些？
- **结构合理**：流程主要由哪几个部分组成？涉及哪些部门/岗位或角色？本流程与其他哪些流程有关联和接口？对于比较复杂的业务流程，是否需要按照管理对象进行分类，或者进一步划分层级？通过建立管理框架、流程分类分级，避免"眉毛胡子一把抓"。

- **逻辑清楚**：任何管理问题都不是线性的，我们需要梳理各业务间的逻辑关系，形成条理清楚的过程管理。例如该流程的触发因素有哪些？在什么事件出现后，该流程开始运行？该流程的前后逻辑和活动顺序，是并行还是串行？在活动执行过程中有没有一些分支？具体的分类判断规则是什么？岗位活动间如何衔接协同（信息传递、时间协同等）？
- **职责分明**：每个岗位具体进行了哪些操作？这些操作产生了哪些单据或报表？这些单据或报表又被传到哪些岗位？为了规避流程风险，有哪些关键的控制点？
- **PDCA循环**[①]：流程的设计和执行也应符合PDCA循环管理逻辑，即目标计划制订—执行—检查反馈—改进优化，从而保证过程可控，实现循环提升。

流程描述有多种方法，如文本、表格、图形。常言道"文不如表、表不如图"，因此我们建议流程描述尽可能用图形的方式，常见的就是"跨功能流程图"。跨功能流程图主要用以表示企业业务流程与执行该流程的功能单元或组织单元之间的关系。跨功能流程图的组成要素包括：企业业务流程、执行相应流程的功能单元或组织单元（见图3-1）。跨功能流程图要能够清晰地界定不同岗位之间的协作过程，让不知道这个流程的人看了能清楚地理解：

- 该流程的流转关系。
- 各部门/岗位的职责、输入输出、运行程序、岗位之间的配合方式。
- 对于审批/评审环节，应明确评审决策的方式，如会议评审还是文件审批，各审批者的审批要素，如招聘程序中事业部和人力资源部各自审批的不同点。
- 重要的时间节点。

---

① PDCA循环是美国质量管理专家爱德华兹·戴明（Edwards Deming）首先提出的，所以又称戴明环。具体包括Plan（计划）、Do（实施）、Check（检查）和Act（处置）。

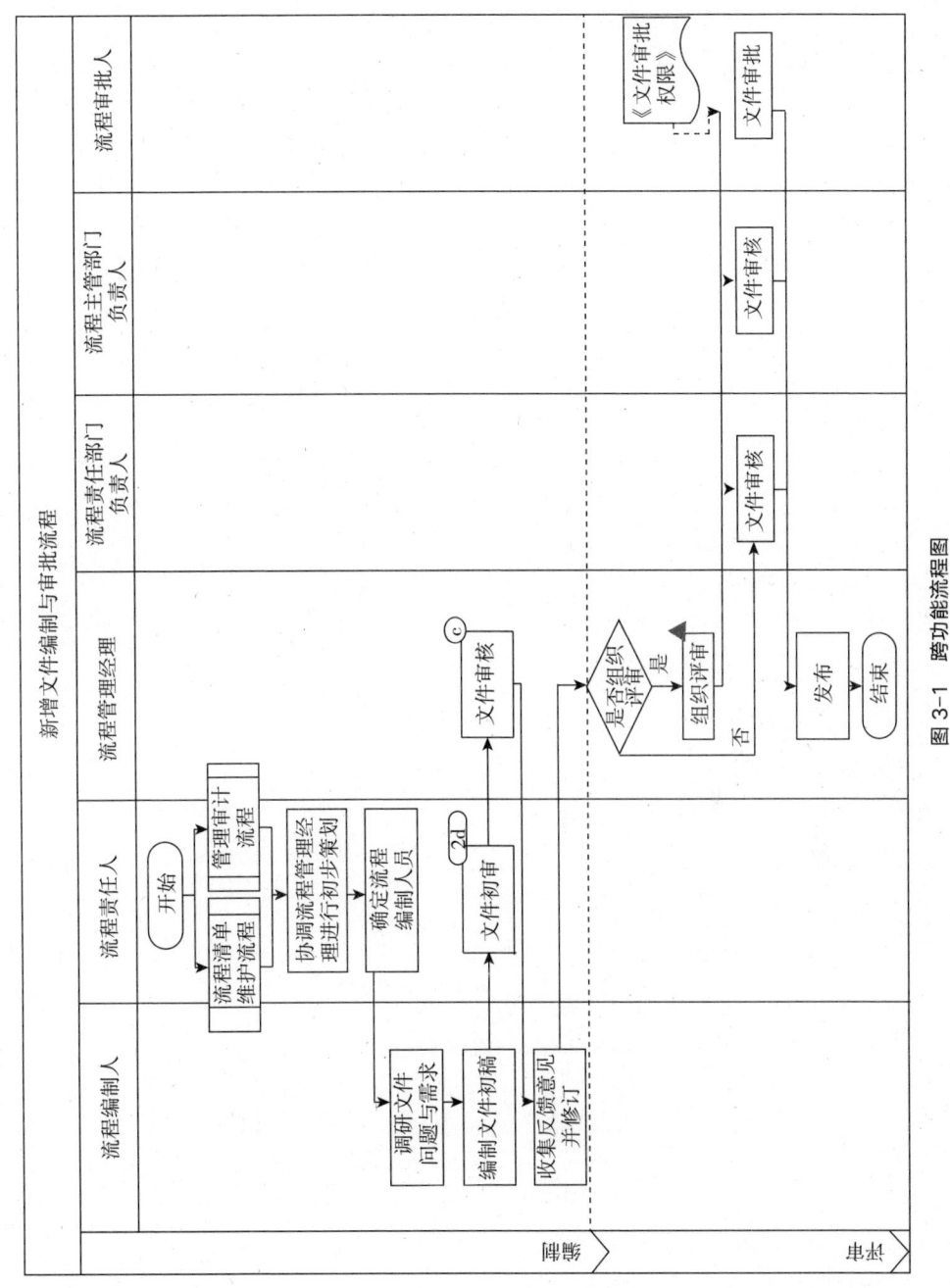

图 3-1 跨功能流程图

注：2d 表示两天；c 表示关键活动；▲表示会议

第 3 章 结构化，厘清业务逻辑，形成管理闭环为了保证流程描述的规范性，企业在用跨功能流程图进行流程梳理前，应先制定流程描述的规范（见图 3-2）：

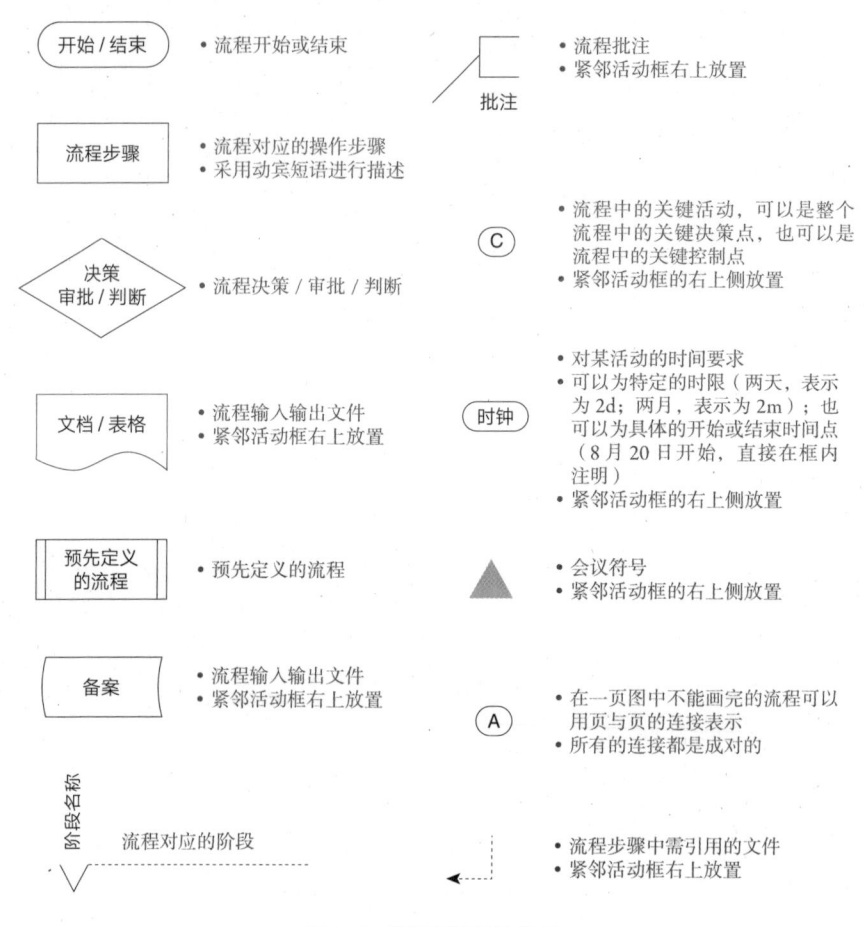

符号	说明	符号	说明
开始/结束	• 流程开始或结束	批注	• 流程批注 • 紧邻活动框右上放置
流程步骤	• 流程对应的操作步骤 • 采用动宾短语进行描述	C	• 流程中的关键活动，可以是整个流程中的关键决策点，也可以是流程中的关键控制点 • 紧邻活动框的右上侧放置
决策 审批/判断	• 流程决策/审批/判断	时钟	• 对某活动的时间要求 • 可以为特定的时限（两天，表示为 2d；两月，表示为 2m）；也可以为具体的开始或结束时间点（8月20日开始，直接在框内注明） • 紧邻活动框的右上侧放置
文档/表格	• 流程输入输出文件 • 紧邻活动框右上放置	▲	• 会议符号 • 紧邻活动框的右上侧放置
预先定义的流程	• 预先定义的流程		
备案	• 流程输入输出文件 • 紧邻活动框右上放置	A	• 在一页图中不能画完的流程可以用页与页的连接表示 • 所有的连接都是成对的
阶段名称	• 流程对应的阶段		• 流程步骤中需引用的文件 • 紧邻活动框右上放置

图 3-2　流程描述符号参考

除了跨功能流程图，我也比较推荐由 IBM 公司开发的 LOVEM（可视化流程建模）（见图 3-3）。与跨功能流程图相比，LOVEM 图突出了几个关键要素：

- **识别流程的目标客户。**在流程中打造与客户的交互。

- **清晰表示与 IT 系统的交互**。在信息化/数字化转型的背景下，有很多流程需要通过 IT 系统和智能工具来操作执行，LOVEM 图可以清晰地表示出人和 IT 系统之间的交互操作以及系统的自动化处理功能和信息数据存储过程。
- **关注流程执行时间**。改进目前的执行时间，从而不断推进流程的效率提升。

当描述一项比较复杂的业务或者一个规模较大的企业时，流程描述可以先不用具体到岗位的流转，而是先跳出流程、"见木又见林"，先描述企业的流程架构总图，再分析每一个流程在企业整体流程中的位置、和其他流程的接口关系。

图 3-4 是某房地产公司的流程架构总图示例，先分析大的业务阶段，再考虑每个阶段的主要流程、流程和流程间的逻辑与接口关系。在结构清楚的流程架构总图基础上，再进一步细化某一个具体流程。

如果"只见木不见林"，一头扎进具体岗位流转的流程描述，不能从整体上来认识流程的话，往往会导致以下几个方面的问题：

- 流程图的描述特别复杂，密密麻麻一大堆，可读性特别差。
- 业务活动的切分不清晰，不知道哪些工作应该归入哪个流程，导致流程描述出现冗余或遗漏：不是两个流程彼此有重复的部分，就是两个流程都有遗漏。
- 个人对业务颗粒度的理解不一致、流程描述口径不一致。有的流程描述特别粗，把业务的颗粒度做得很大；有的流程则特别细，甚至细化到岗位内部执行的各个动作。
- 流程之间的关系不清晰，只注意了本流程的内部，没有把握流程的上游（内外部供应商）和下游（内外部客户）。

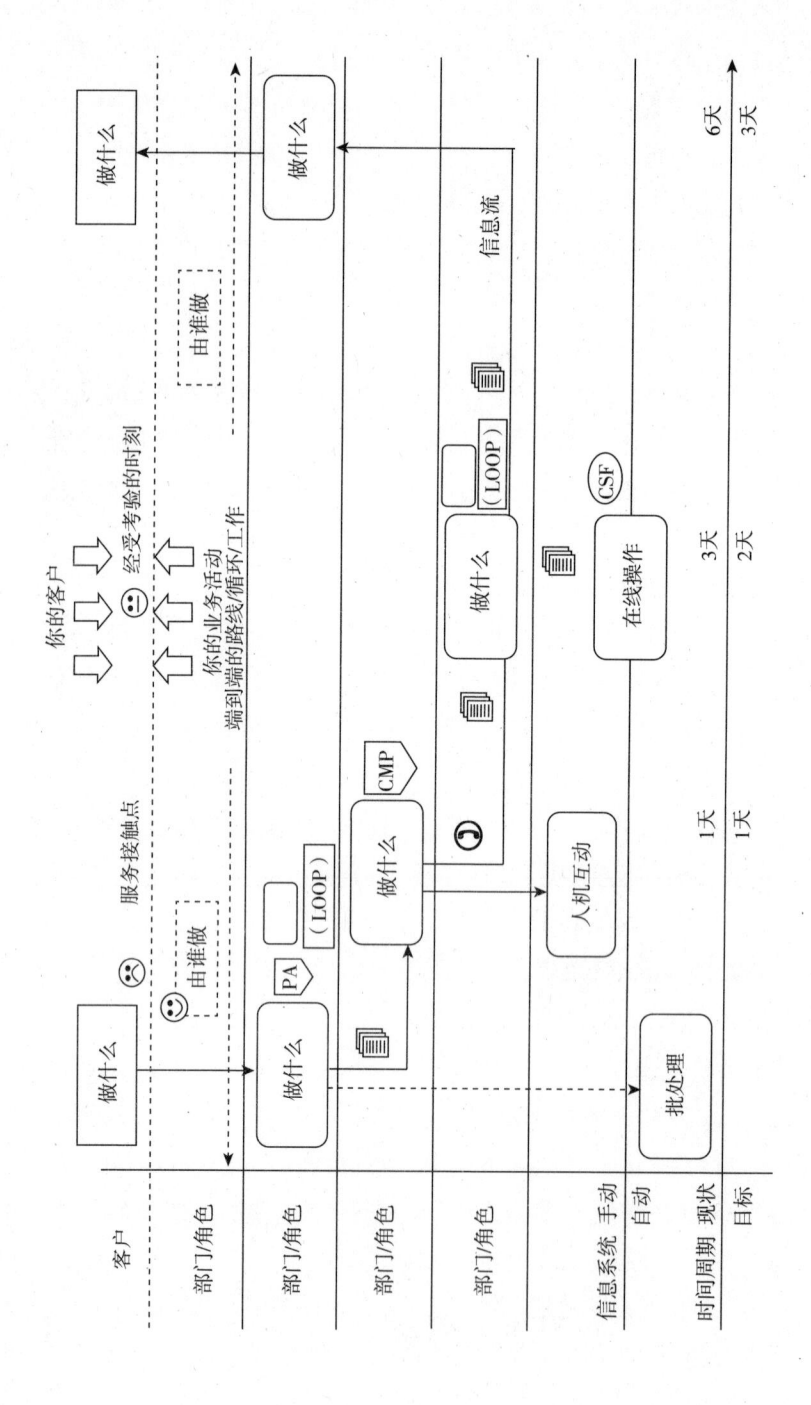

图 3-3 LOVEM 图

注：PA 为问题区域，流程运行中的问题多发区；LOOP 为循环，通常用一对 LOOP 来表示一个信息流回到前面活动的循环；CMP 为关键测评点，需要重点监控、测评，以确保流程满足目标的关键环节；CSF 为关键成功因素。

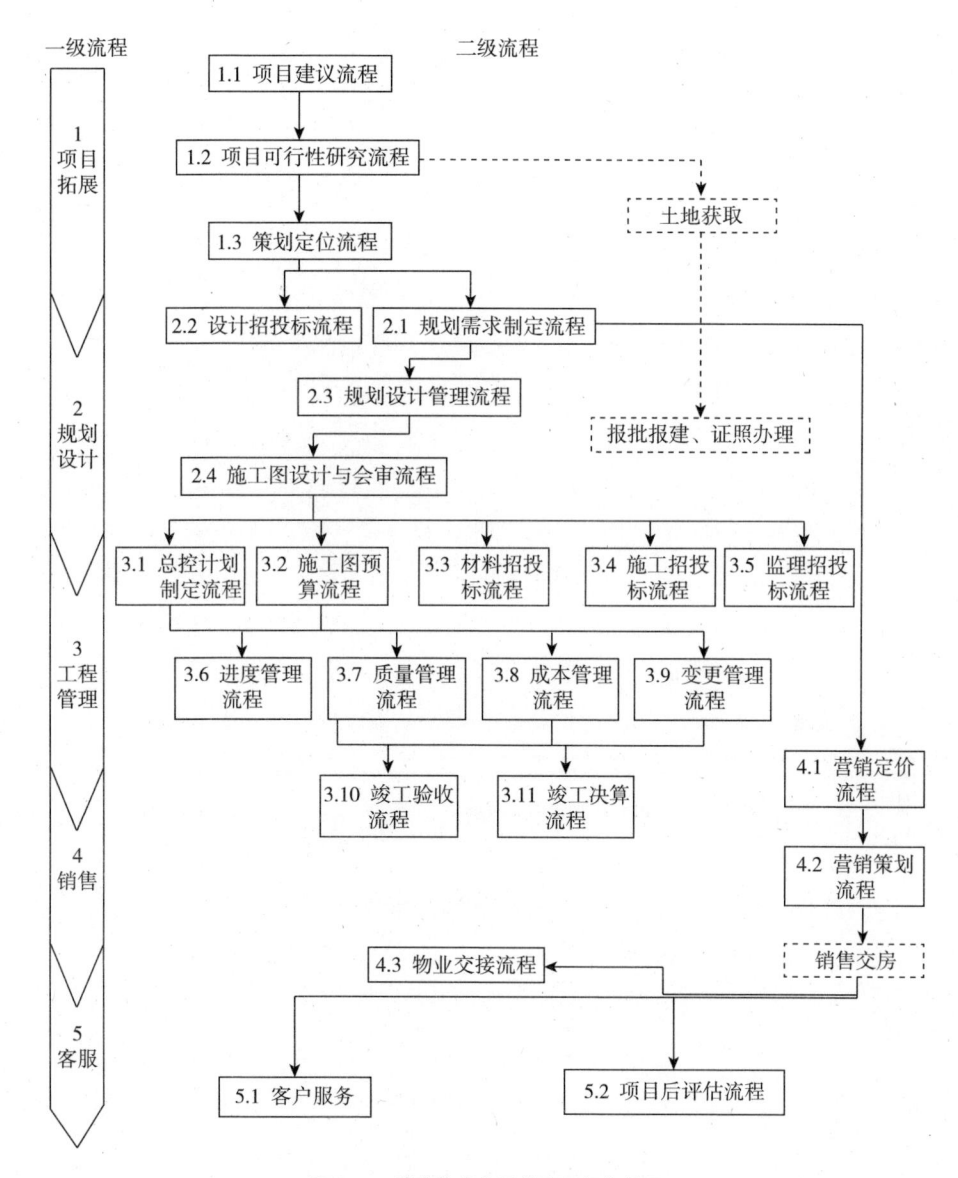

```
一级流程                     二级流程

         ┌─ 1.1 项目建议流程
         │
1 项目    ├─ 1.2 项目可行性研究流程 ----> [土地获取]
  拓展    │
         └─ 1.3 策划定位流程

         ┌─ 2.2 设计招投标流程   2.1 规划需求制定流程
         │
2 规划    ├─ 2.3 规划设计管理流程 ----> [报批报建、证照办理]
  设计    │
         └─ 2.4 施工图设计与会审流程

         ┌─ 3.1 总控计划制定流程  3.2 施工图预算流程  3.3 材料招投标流程  3.4 施工招投标流程  3.5 监理招投标流程
         │
3 工程    ├─ 3.6 进度管理流程  3.7 质量管理流程  3.8 成本管理流程  3.9 变更管理流程
  管理    │
         └─ 3.10 竣工验收流程  3.11 竣工决算流程

         ┌─ 4.1 营销定价流程
4 销售    ├─ 4.2 营销策划流程 ----> [销售交房]
         └─ 4.3 物业交接流程

5 客服    ┌─ 5.1 客户服务
         └─ 5.2 项目后评估流程
```

图 3-4　某房地产公司的流程架构总图

第 3 章　结构化，厘清业务逻辑，形成管理闭环

思考一下，行动起来

请完成一个流程描述的练习：

在投资项目形成采购意向后，某电信公司本地网要对购销意向进行评估：首先，采购人员要确保销售合同有一定的经济效益；其次，审核销售合同是否违反上级有关规定。如果没有问题，则采购人员可以签署合同。其中，如果客户是国外的电信设备供应商并且（请思考如果此处为"或者"，流程有何不同）采购金额超过100万美元，该电信公司的采购人员就要到省公司的计划建设部提交申请，并由省公司与供应商签署合同。同时，省公司的审批权限只有1 000万美元，高于1 000万美元的合同需要集团公司总部的财务部和建设部会签，并由集团公司与供应商签订合同。集团公司总部的财务部和建设部的审批权限只有3 000万美元，高于3 000万美元的合同需总经理办公会审批。但总经理办公会的临时会议需要综合办公室发文才能召开，否则只能等待每月的总经理办公例会。审批通过后，由上级人员签署合同，同时通知本地网人员付诸执行。

- 请考虑并回答上述流程为顾客增加了哪些价值？流程的输入、输出、活动是什么？活动之间（活动的结构）是怎样相互作用的？
- 请自定义业务流程描述符号体系，绘制业务流程图。流程图表达不清晰或不完整的地方可以加用活动附加的属性信息说明。

第 4 章

系统,
企业运营的全局观与系统观

Q: 流程管理与整个企业管理架构是什么关系?

A: 流程是企业运营的主线,它通过环环相扣的业务流程支撑企业战略落地。

一个企业的基本管理架构一般包括战略体系（做什么）、组织体系（谁来做）、流程体系和IT平台（怎么做），它们通过相互支撑，形成企业生存竞争和持续发展的整体系统（见图4-1）。

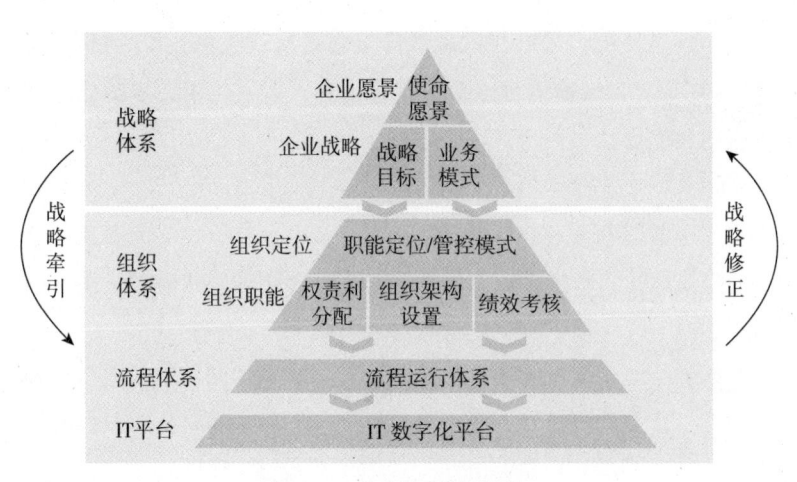

图4-1　企业基本管理架构

战略体系用来确定企业的使命愿景、战略目标和业务模式。战略管理的本质是选择和取舍，包括企业为哪些客户提供哪些产品和服务，具体的业务组合和盈利模式，包括目标客户群的选择、产品和服务内容的选择、价值链模式的选择，比如在产品与服务的生产和交付过程中哪些环节外包、哪些环节自营等。企业需要在各种市场机会和发展路径之间，结合自身的资源和能力不断选择和取舍，从而通过战略聚焦，形成自己的品牌口碑和提升专业能力。

组织体系包括组织定位，即不同部门的职能定位、总部和分公司的管控模式等。组织职能，包括组织架构设置、权责利分配和绩效考核等。组织管理的本质是专业化分工与激励。人类社会分工的优势，是让每个人做自己擅长的事情，使平均社会劳动时间最大程度缩短、生产效率显著提高。能够提供优质高效劳动产品的人或组织，才能在市场竞争中获得高利润和高价值。专业化分工会形成"物以类聚，人以群分"的现象，不同的部门如研发部、销售部，其本质是以专业人才为中心，即让从事同类型工作的人聚在一起更好地实现专业化发展，以及通过适配的激励体系更好地激发他们的主观能动性。

流程体系和IT平台指流程运行体系和IT数字化平台。在战略体系的目标方向指导下，在组织体系的资源支撑下，企业最终的业务运作和客户价值的实现是通过流程。战略目标和举措只有落实到流程上才能变得可执行，而IT数字化平台是流程运行体系的支撑工具，数字化新技术的应用将对流程进行重构和优化。

迈克尔·哈默在《超越再造》(*Beyond Reengineering*)中提到，以流程为中心的组织形式将传统企业里的职能部门改建成两种机制（见图4-2）：

一是做具体工作的流程执行人团队。在团队里，所有不同岗位和专业的人员都有一个共同的目标——通过流程协同为其服务的目标客户创造价值。

二是以提高技术和培养人才为己任的专业人才中心。专业人才中心是公司内部的专业部门，是按照专业分工的一批具有某项技能的人员。专业部门的负责人更像是教练，为所有专业人员提供专业指导和赋能。

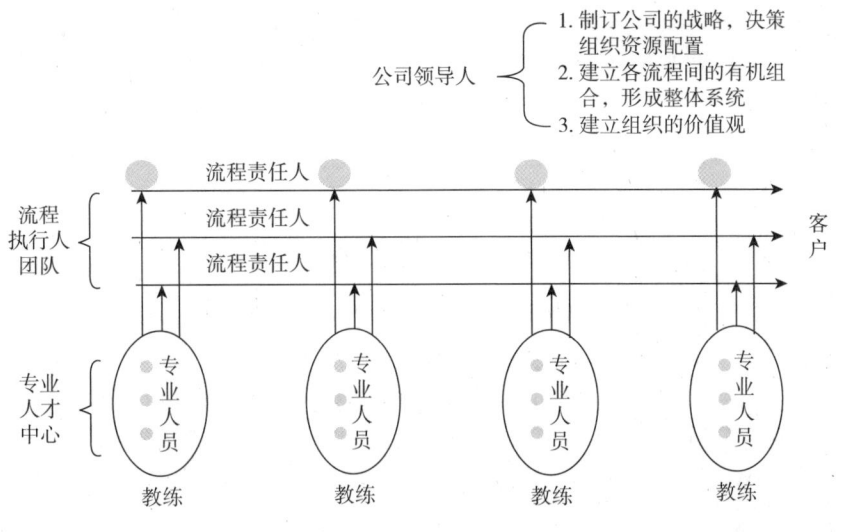

图 4-2　以流程为中心的组织形式

我们看到，这种以流程为中心的组织，从为客户创造价值开始，进行跨专业领域的人力资源连接，将传统的职能部门转变为专业支持和服务平台。这应该是互联网时代组织变革的新方向。

我们再举一个例子来说明战略、组织和流程间的关系。比如，我们要过一条河，从成本和便利性等方面考虑，决定从左岸的 A 点到右岸的 B 点架一座桥。要架桥的时候，我们会先建设桥墩，桥墩建好后铺设桥面。在这个例子中，桥面是流程，桥墩是组织，要过河是战略目标。基于要过河这个战略目标，我们首先确定了从 A 点到 B 点的端到端流程，在这个端到端流程落地的时候，我们要先匹配合适的组织，也就是桥墩；在铺设桥面的具体流程时，可能又会反过来对桥墩的高矮等进行一些调整。所以说战略决定了企业的高阶流程，也就是企业级的端到端流程；高阶流程决定了企业的组织架构，组织架构对流程的运行提供支撑，根据流程运行的需要也会对组织的设置进行一些优化调整。在这个过程中，要切记"桥面通车"的端到端流程的为客户创造价值的核心，这也是我们"以流程为中心"的组织建设的意义。

在实际的企业运行中，往往是多条端到端流程配合，形成企业的流程运营全景图，以支撑企业的战略目标得以实现。图4-3是某制造企业的端到端业务流程运营全景图，具体包括了销售流程（从客户产生购买意向到货物送到客户手中）、生产制造流程（从订单生产计划到生产完成、入库准发）、采购流程（从采购需求到供应商货款支付），其中还有两条流程主线，一条端到端研发流程（通过市场调研不断研发推出新产品以支撑销售流程）与一条客户服务流程（从客户投诉、问题受理到问题处理完成，再到同类型问题批量整改和总结反馈）。这5条端到端流程构成了该制造企业的整体业务运营逻辑，每一条流程都和其他流程有关联，如研发的新产品是否成功会影响到销售的绩效，销售和生产制造的衔接决定了是否能够向客户准时交付货物等。

所以每一个企业都是一个有机的整体，任何一项业务活动或者业务单元都不是孤军奋战的，它们相互衔接、整体协同。所以我们要站在全局的、系统的视角去理解一个企业的运作，从而实现从"局部最优"到"全局最优"，避免"按下葫芦起了瓢"。

迈克尔·波特（Michael Porter）在《哈佛商业评论》上刊发的《什么是战略》一文中提出战略配称是创造竞争优势最核心的因素，它可以建立一个环环相扣、紧密连接的链，将模仿者拒之门外。战略配称可以分为三层，第一层面的配称是保持各运营活动或各职能部门与总体战略之间的简单一致性；第二层面的配称是各项活动之间的相互加强；第三层面的配称超越了各项活动之间的相互加强，我把它称为"投入最优化"，即尽量避免冗余，减少投入力量的浪费。

在三个层面的配称中，整体作战比任何一项单独活动都来得重要与有效，竞争优势来自各项活动形成的整体系统。这里环环相扣、紧密连接的链就是企业的流程体系，即建立和企业战略目标一致的流程目标，通过组织、流程和IT的协同支撑，形成企业战略实施的整体作战图。

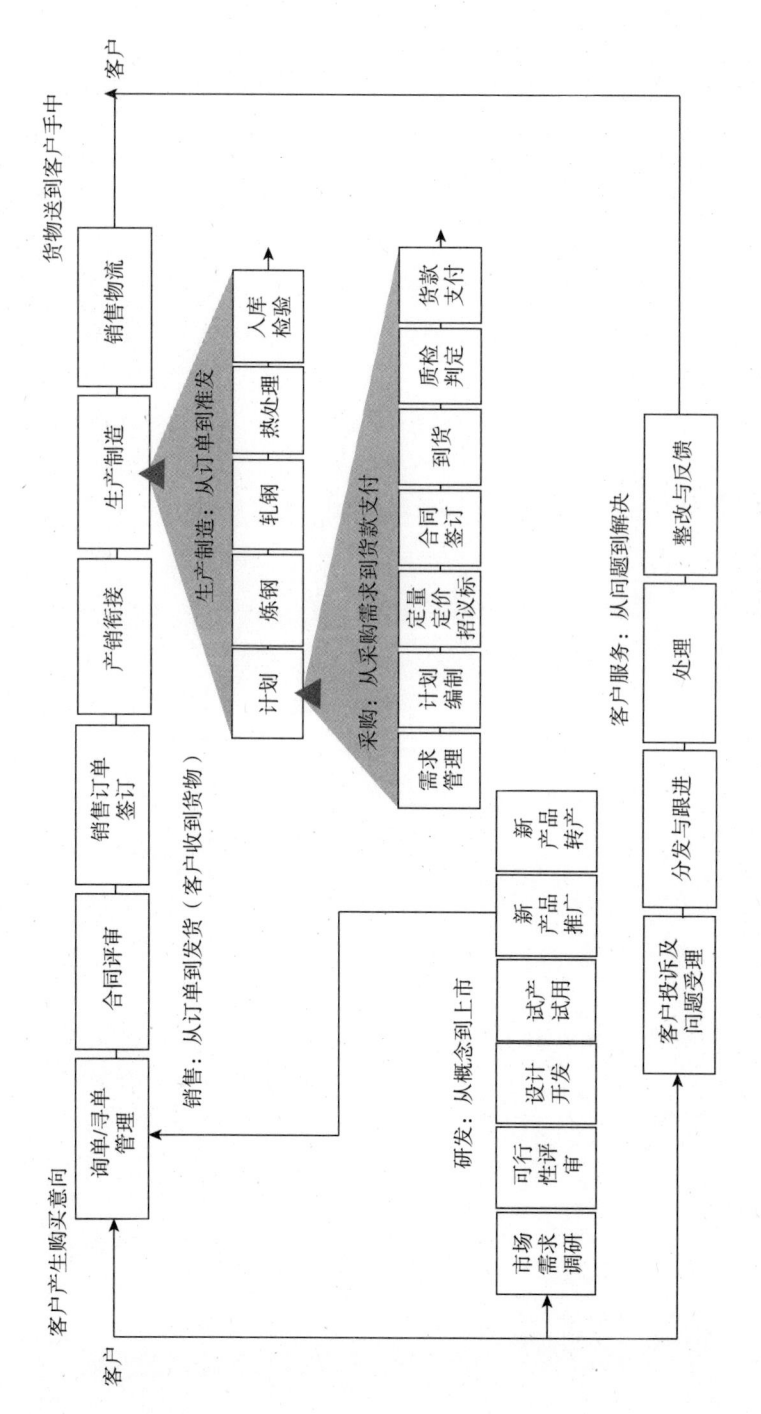

图 4-3 某制造企业端到端业务流程运营全景图

第 4 章　系统，企业运营的全局观与系统观　　039

思考一下，行动起来

选择一个你熟悉的企业，分析它的主要端到端业务流程，画出流程运营全景图。在这个运营全景图的基础上思考：企业的战略如何落实到具体的流程上？

第 5 章

融合，
基于流程的管理体系集成

Q: 有很多不同的管理体系，它们和流程是什么关系？

A: 流程是管理体系的集成器，实现多种管理要求、管理体系的一体化。

"手表定律"中提到，两块以上的手表并不能帮人更准确地判断时间，反而会制造混乱，让看表的人失去对时间的精准感知。在组织管理中，我们会面临战略、质量、风险、行业法规等不同领域的管理要求和标准，需要综合考虑多种管理要素和资源的融合统一，这个时候我们就需要通过流程进行管理体系的集成，从而形成一套管理文件以有效指导业务的开展。

为什么是通过流程来集成？因为流程是业务运营的载体，所有的管理要求最终都需要落实到具体业务活动的执行上，流程是用来承载和实现业务的，所以我们说流程是企业管理体系的集成器。

场景一：管理标准的融合

企业为了提升管理水平，引入了各种管理标准，建立了各种管理体系，比如说ISO质量管理体系、风险内控管理体系、安全管理体系、HSE管理体系等，还有一系列的行业法规，结果就是每个工作人员都有一堆厚厚的工作手册，但是具体干活的时候却不知道该怎么做，因为不同体系里面的要求不一样。很多企业，尤其是一些国有企业和大型制造企业，引进了太多管理体系，却没有去消化融合，其实，企业需要多标合一，就是通过流程实现对各管理体系的集成，从而形成一套统一的对实际业务运作的描述和指导（见图 5-1），以实现最基础的目标："让具体干活的人知道怎么干活。"

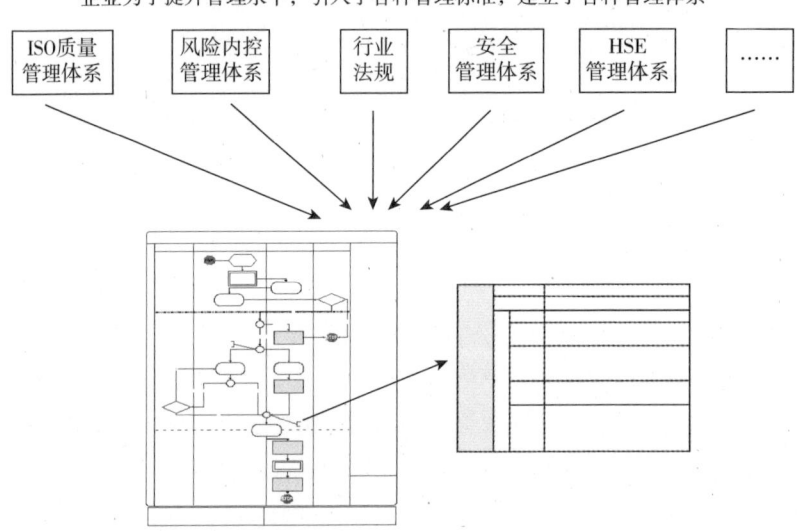

图 5-1　以流程为主线多标合一（具体流程略）

所有的这些管理体系和流程之间是什么关系呢？每一个管理体系都是从某一种管理视角出发，归纳总结形成的一套最佳实践。比如 ISO 质量管理体系，就是从质量管理这个视角去总结：提升质量应该在哪些业务环节的关键节点去进行把控和管理。再如风险内控管理体系，它指出在哪些环节、哪些场景容易发生哪些风险，并要求负责人在相应节点去进行风险管控等。

在流程上的不同活动节点，比如说采购流程，按照质量管理体系要求，要在采购入库这个环节加强质量检验。本来在流程的这个环节就有质量检验的活动，所以可以在这个活动上挂接标签，并与质量管理体系中的某一条对应起来，明确质量管理体系对这个活动的具体要求。同样，风险内控管理体系的落实也可以在流程中的相关活动节点挂接标签。比如，在这个流程环节，从内控的角度指出可能会存在哪些风险，应该要开展哪些风险管控的举措等。所以说，沿着流程的这条业务运作主线，我们可以把所有体系对不同活动节点的要求都挂接上去，为这个流程做标签。大家可以把流程想象成葡萄藤，上面挂接的标签就是藤上的叶子。沿着这一条藤，形成统一的流程管理手册，而流程相关活动节点的操作者，只需要看这一套流程手册就知道，这个活动节点在质量管理体系上有哪些方法可以借鉴，在风险内控管理体系上有哪些风险需要规避。

同时，每一类体系认证也都要求闭环管理，即要定期检查体系在企业贯彻落实的情况。对于体系管理人员来说，这提升了体系和业务的融合程度，能将体系的要求都扎实地落实到业务流程上去。一些比较大型的企业可以考虑通过一些流程管理的建模工具，建立流程活动和组织/岗位、不同体系文件的对应关系，其实就是把不同体系的要求作为流程活动的标签进行关联，使体系管理人员可以很方便地通过系统展示出和质量体系相关的流程和活动节点。这样一来，年度审计等工作开展起来就方便很多，相关人员也可以非常清楚地知道这个体系的要求是否在流程的某些节点得到了落实。

场景二：制度文件的融合

很多企业都是在发展壮大的过程中不断补充制度文件，这样形成的制度文件大多基于微观或局部的角度，如同补丁，破了就补一块，时间长了，这些制度文件就如同百衲衣一样，许多地方重重叠叠，简直就是"交叉、重叠、相互矛盾"的代名词。那么，如何梳理这些纷繁杂乱的制度呢？

要解决这个问题，我们需要先分析一下制度文件的构成。首先，制度的范围往往比较宽泛，既有工作的标准（什么可以做，什么不可以做），又有流程性质对业务活动执行的说明和要求。如果把某企业的制度文件拿去做分析，我们会发现这些制度文件里面的颗粒度、层级完全不同，有一些是原则或者政策导向性的内容，这些内容往往是在制订流程时需遵循的指导原则，比如严格控制预算等。其次，制度文件中会有很大篇幅的业务过程描述，比如具体的工作步骤，这些其实就是流程活动的流转。最后，还有一些内容是对某些业务活动执行中的操作指引，它会细化到每一个岗位执行步骤的具体要求等。总之，制度文件洋洋洒洒，往往有厚厚的一摞，最后还会加一句"本制度解释权归某部门"，可想而知，这样的制度文件对于业务的指导性相当有限。

因此我建议，当企业形成了自上而下、分类分级的流程体系规划之后，在具体流程的优化过程中，就可以将现有的制度文件进行盘点，将制度文件里面有效的内容进行拆解：将里面原则导向型的内容，作为流程上的指导原则；将具体活动流转的内容通过流程图的方式加以描述，避免文字描述得冗长烦琐和不清晰；将具体岗位操作规范的内容作为流程节点上的业务规则、表单和模板。建议尽可能用图表的形式呈现，使管理的规则和要求一目了然。我们要回归制定制度文件的本质：让干活的人清楚地知道怎么干活（见图5-2）。

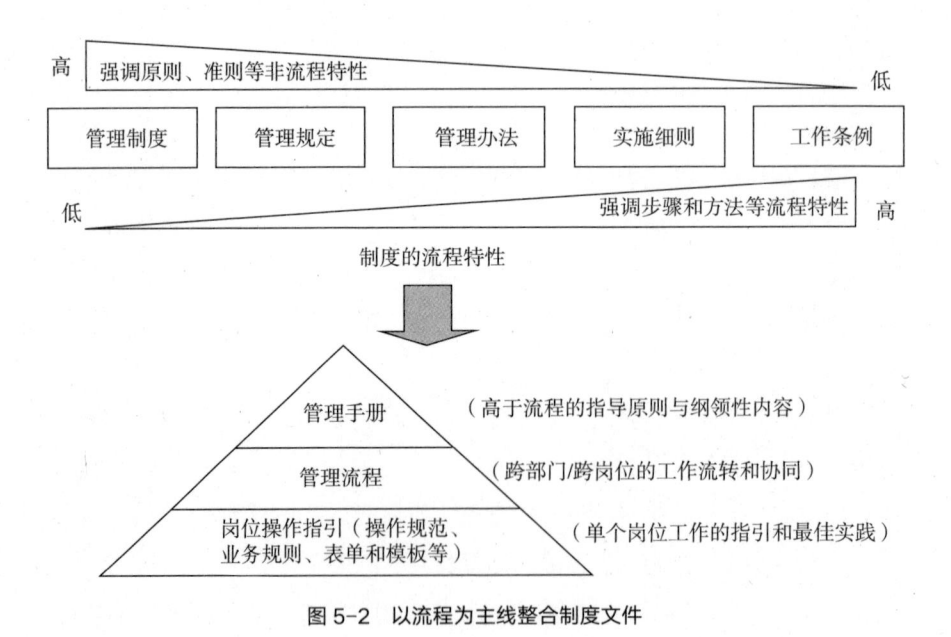

图 5-2 以流程为主线整合制度文件

场景三：项目型组织的"1+1+1"解决方案

在各行业中，有一类项目型组织，如建筑房地产公司、工程公司、咨询等专业服务公司、大型集团下的研究院或者研发中心等，这类组织以项目为主要运营管理单位，虽然每个具体项目都是一次性的，但同类型的项目在运营中是不断重复发生的。如何实现项目管理的标准化、规范化和可复制，AMT 提出了"1+1+1"（即"项目管理 + 流程管理 + 知识管理"）的解决方案，将项目管理、流程管理和知识管理这三种管理方法进行有机的融合，用流程的主线把管理的不同层面串起来，用"1+1+1"把管理整合到一个平台上。

"1+1+1"解决方案具体实施要点如下：

- 业务运作项目化：以项目的计划任务作为业务管理的主线，强调目标的达成。对项目进行分类分级，针对每一类项目进行工作任务分解，形成不同类型项目的标准化 WBS（项目分解结构），实现项目运作的可复制。
- 项目管理流程化：将业务活动之间关联复杂、重复性的工作，以及项目中的管控和协同事项流程化，强调效率的提升。许多项目工作，如项目启动、变更、评审、材料采购、验收等，在项目管理中总是重复发生，可以运用流程管理方法对这些重复性的工作进行有效的管理。
- 流程执行知识化：将组织在项目管理和流程管理中形成的各种知识视同组织的资产进行管理，将知识管理体现到具体的项目工作与流程活动中去。如在业务活动的执行过程中明确各环节必须完成的关键交付物，完成知识的积累；在业务活动开展前进行相关可参考文档的推送，实现知识的复用。通过将项目和流程的执行与知识的积累和复用相结合，实现业务流、知识流的同步。

图 5-3 给出了一家房地产公司的"1+1+1"解决方案：

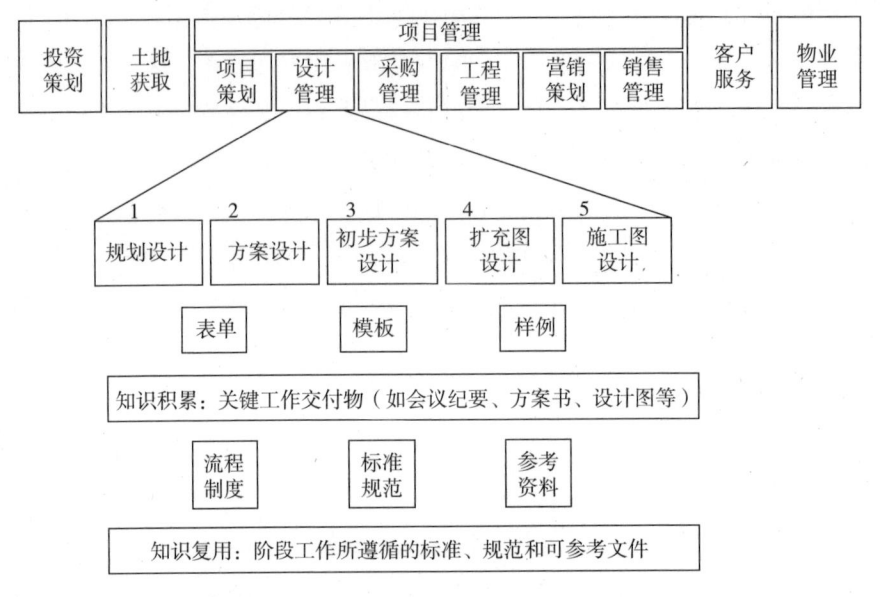

```
┌────┬────┬─────────────────────────────────────────┬────┬────┐
│投资│土地│              项目管理                    │客户│物业│
│策划│获取├────┬────┬────┬────┬────┬────┤服务│管理│
│    │    │项目│设计│采购│工程│营销│销售│    │    │
│    │    │策划│管理│管理│管理│策划│管理│    │    │
└────┴────┴────┴────┴────┴────┴────┴────┴────┴────┘
```

   1   2   3   4   5
┌──────┐┌──────┐┌──────┐┌──────┐┌──────┐
│规划设计││方案设计││初步方案││扩充图││施工图│
│   ││   ││ 设计 ││ 设计 ││ 设计 │
└──────┘└──────┘└──────┘└──────┘└──────┘

   [表单]   [模板]   [样例]

[知识积累：关键工作交付物（如会议纪要、方案书、设计图等）]

  [流程   ]   [标准   ]   [参考   ]
  [制度   ]   [规范   ]   [资料   ]

[知识复用：阶段工作所遵循的标准、规范和可参考文件]

图 5-3　某房地产公司的"1+1+1"解决方案

随着互联网时代的多元化发展，"融合"成为一个频繁出现的词，除了前文提到的企业管理体系的集成融合，其他比如一二三产融合、产教融合、产城融合、东西融合、西浦大学提出的融合式教育等，这些词背后都隐含着将多个目标、多方主体、多种要素、多维资源沿着流程价值创造的主线进行有效整合，形成统一的目标纲领和整体协同的行动计划的意思。

席西民教授曾指出："随着人工智能和机器人的发展，人才会向两级转移，要么更加专业，要么更加融合。"

因此，流程思维将成为培养复合型人才的基础。以流程的融合思维去进行连接和协同整合，也将为我们提供在互联网时代构建生态体系的行动指南。

思考一下,行动起来

在你的工作场景中有哪些关于"融合"的词?请思考其背后的核心要义以及如何将融合的要求贯彻落实到具体的行动计划和执行流程上去。

第 6 章

数据，
流程与数据的互促优化

Q： 数据和流程是什么关系？

A： 数据取于流程、用于流程。流程与数据相互集成、互促优化。

大数据是移动互联网时代一个非常火热的词，但仅有大数据无法满足人们的需求，人们真正需要的是通过数据带来的决策分析和行动改进。打个比方，数据如同食材，但人们真正需要的是一盘可口的饭菜。虽然冰箱里储存的食材已经琳琅满目，但对于一个不善厨艺的人来说，其还是不知道该如何做菜；或者做菜的时候，才发现所需的食材还不够。所以对他来说，最有效的方式是先确定需要做什么菜，然后再去确定食材的选择或采购。同理，想让大数据真正发挥作用，就要先了解不同企业的业务流程场景和决策分析需求，明确企业需要哪些数据支撑，再考虑应该如何采集这些数据。

基于流程的数据采集

大数据的来源是多样的，企业可以从外部获取数据，如行业的宏观数据、相关媒体或网站的数据，也可以异业联盟，如卖母婴用品的企业可以与卖孕妇装的企业合作，获取客户数据。同时，企业还有内部数据，这些数据是随着企业经营和业务流程运转产生的，具体包括流程执行的数据，如客户服务响应的时间、订单生产到交付的时间、接待客户数量、流程表单上的业务数据（订单流程上记载的客户需求和购买信息）等。

哈默流程管理的 9 大原则中提到"从信息来源地一次性地获取信息"，即最有效的数据采集方式是在流程活动发生的时候，及时地储存需要的数据。对于企业来说，最重要的一类数据是对客户行为和个性化需求的洞察，只有深度洞悉客户的偏好和行动习惯，才有可能实现以客户为中心的个性化定制和精准营销。这一类大数据的采集最直接有效的方式，就是结合企业与客户的互动流程进行采集。例如，我们以前通过购买环节的 POS 机可以知道某个门店在什么时间卖了什么衣服，但如果我们现在想要知道是什么人买了这件衣服，即想要精准的客户画像，就可以在顾客付款环节设置会员模式，采集客户的画像信息。

所以，在设计优化流程的时候，就要多考虑一个因素，即面向未来决策，确定需要采集和存储哪些数据。不要让数据采集工作变成一个业务流程外附加的工作，它是流程环节上一个必经的过程。当然，这个数据采集过程要尽可能地减少数据提供者的负担，以避免数据提供者出现抵触心理。

图 6-1 是一个企业在展会中的流程和数据管理设计。作为企业营销推广和与客户互动最重要的一个渠道，传统的展会最终留下的信息可能只有参会人签到表和一沓名片。然而，结合流程的数据采集和应用机制设计，可以让这个过程产生更多的价值。整个展会流程分为会前推广预约、入场签到、过程参观、游戏互动、会后传播五个阶段。在会前推广预约阶段，企业通过官网 App、微信公众号和官网 Minisite（活动网站）等各渠道提供便捷的报名入口，通过报名表收集客户注册信息、客户预约时间、客户兴趣点。在入场和参观环节，企业通过展品二维码、虚拟盖章等，采集客户的参观路径以及签到信息。整个过程的数据采集都尽可能地通过二维码等互联网手段便捷化。展会以游戏互动的方式让客户感兴趣，引导客户参与投票及发表评论，并以大屏滚动展示留言的形式全面提升客户参与的体验感。当客户的参观路径、参观体验、精选照片和留言等第一手信息数据都被有效采集后，展会组织方就可以将之用于参展人流引导、后续企划与传播。

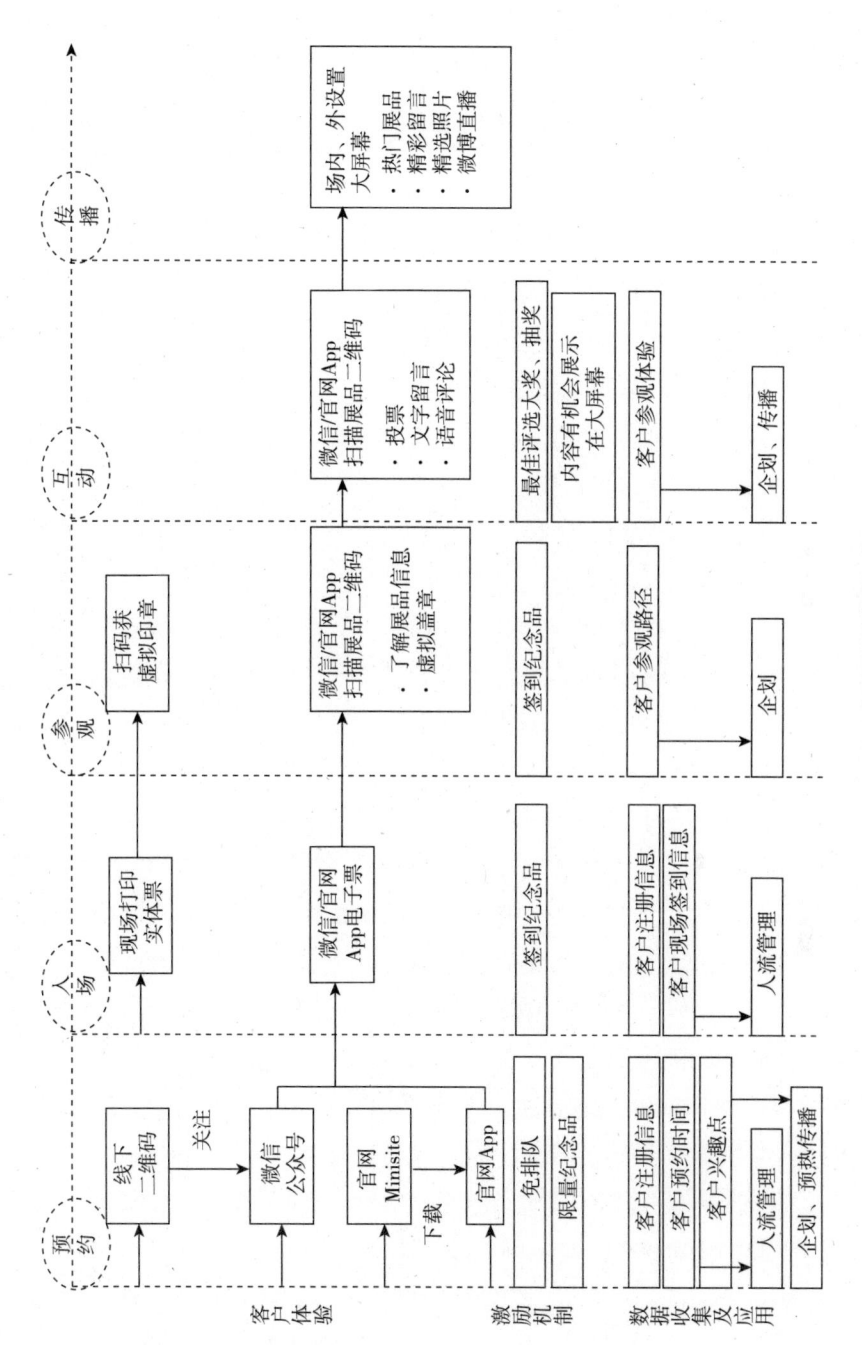

图 6-1 展会中的流程和数据管理设计

第 6 章 数据，流程与数据的互促优化

通过各类实践案例，我们可以总结出流程数据采集过程中的4个关键点：

- **数据采集过程自动化**。随着各种物联网传感器、视频识别技术和智能设备的应用，业务流程过程的数据采集可以实现自动化，这节省了数据采集过程所需的大量人力，并且保证了数据的真实性。所以基于应用场景和投入产出分析，未来可以更多地在流程过程中应用自动化数据采集技术。

- **数据标准化/表单字段化**。在人工采集并录入数据的过程中，要保证数据的标准化。我们建议流程的表单设计要使表单字段结构化、字段选项标准化。举个例子，我们要帮助某公司搭建客户信息共享平台，对客户的信息字段进行梳理时要将客户的信息分解为100多个字段，并对字段尽可能地设置标准化选项。比如，客户所在行业不能由销售人员录入，销售人员应在系统标准化选项中选择客户行业。这样，既减少了信息录入工作量，也保证了最终形成的数据标准化，便于后续的统计分析。在和客户的互动流程上，比如客户走访流程，相关业务人员在流程执行环节中不断完善客户的信息表单的同时，也要在后台进行集成共享，使不同职能部门可以按照不同维度进行统计分析；研发部门可以在系统中实时查看客户的产品需求信息和改进建议；客户管理部门可以基于客户所在行业以及其增长性进行分析，形成新的客户价值模型，以制定更具前瞻性的客户服务策略。

- **设置数据采集的激励机制**。在数据采集的过程中，为了保证数据提供者的积极性，对内、外部人员可以采取不同的策略。对于外部的客户，可以采取上述展会流程，设置一些对应的激励手段，或者用一些具有趣味性的环节吸引更多的参与者；而对于企业内部人员，可设置流程执行环节的考核，使数据的提供者同时成为数据的获益者，这样，数据的提供者可以及时地了解数据分析的结果，以优化工作。

- **单一创建、多处引用**。数据管理中强调"单一创建、多处引用",也就是说要避免数据的重复采集,从信息来源地一次性采集数据后,要结构化地存储这些数据,后期再根据不同的管理要求对数据进行引用。很多集团型企业都存在总部各职能管理部门分头向各业务单位下发数据收集表的情况,下属业务单位因每月都要填很多格式的表单而叫苦不迭。其实,这些表单有很多重复的信息字段。这就是典型的信息收集脱离流程和重复采集的例子。通过构建统一的数据共享平台,将各流程和业务系统中的数据进行集成共享,就可以实现数据的多维分析应用。

基于数据的经营分析与流程改进

管理学大师彼得·德鲁克(Peter Drucker)说:"如果不能衡量,就无法管理。"基于执行业务流程的数据积累,我们就可以进一步开展经营分析和流程改进。

案例　某企业的营销经营分析改进

某企业的营销流程由营销推广、商机确认与分配、销售转化三个阶段构成(见图6-2)。在营销推广阶段,该企业会通过各种线上线下的营销推广渠道和市场活动,吸引潜在客户拨打热线电话或者在线咨询;在商机确认与分配阶段,会有专门的客服人员与潜在客户进行沟通,在判断客户需求是不是真实有效后,将真实有效需求纳入有效线索,并根据分配规则分配给对应的专业销售人员进行销售跟进;在销售转化阶段,有专业销售人员和客户进一步沟通需求,提供解决方案并进行商务沟通和合同签订。每周/月营销部门都要召开经营分析会,对其关键经营指标进行分析。

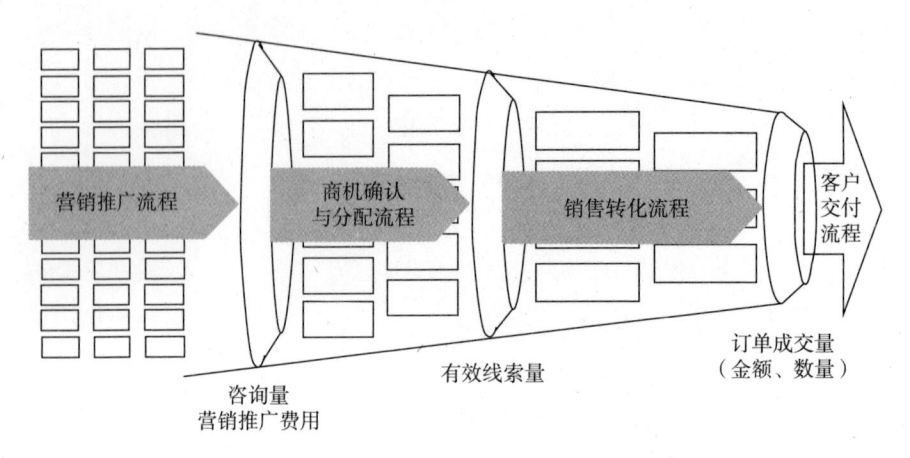

图 6-2　某企业营销漏斗分析

（图中标注：营销推广流程 → 商机确认与分配流程 → 销售转化流程 → 客户交付流程；咨询量、营销推广费用；有效线索量；订单成交量（金额、数量））

在长期的经营过程中，该企业已经形成一套稳定的经营分析结构，从而能实现基于数据的量化分析，可以及时地发现问题并改进经营。我们将其主要分析指标进行了整理，见表 6-1。

从表 6-1 中可以看出，衡量营销部门主要业绩的指标（结果指标）就是最终的订单成交量，包括签订合同的客户数量和具体订单成交金额，而在达成这个结果指标的过程中会涉及几个关键的过程指标，即咨询量、营销推广费用、有效线索量，相关的衍生指标有咨询有效性、单线索成本、有效线索转化率、费销比。

我们来举几个典型的分析场景：如果近期订单成交量下降，应当分析咨询量是否有下降；如果咨询量下降，则进一步分析客户来源渠道，讨论线上线下各类营销推广渠道、相关市场活动是否有效以及该如何改进；如果咨询量比较多，但是咨询有效性比较低，说明推广的精准度与目标客户的匹配度出现问题，则需要进一步优化推广文案，排查是否有第三方无效渠道的干扰；如果有效线索量不少，但是有效线索转化率比较低，则进一步分析哪些销售人员转化率高、哪些销售人员转化率低，如何帮助相关人员提升转化率；还可以从产品类型维度分析哪些战略性产品还需要加强品牌投放和专业能力建设。

表 6-1　某企业经营分析指标

指标类型	指标名称	指标定义	分析维度	分析目的
结果指标	订单成交量	签订合同的客户数量	按客户分类、按产品分类	衡量经营业绩结果
		具体订单成交金额	按客户分类、按产品分类	
过程指标	咨询量	电话或者在线咨询的潜在客户数量	按潜在客户来源渠道分类	衡量营销推广效果，识别机会市场
	营销推广费用	企业线上广告投放、搜索引擎优化（SEM/SEO）、线下市场活动等费用	按费用投放渠道类型分类	衡量营销推广投入
	有效线索量	咨询的潜在客户中有真实需求的商机	按客户分类、按产品分类、按潜在客户来源渠道分类	衡量营销推广效果和精准性
衍生指标	咨询有效性	有效线索量/咨询量	按潜在客户来源渠道分类	衡量营销推广精准性
	单线索成本	营销推广费用/有效线索量	按费用投放渠道类型分类	衡量营销推广效果和精准性
	有效线索转化率	订单成交量/有效线索量	按销售人员分类、按产品类型分类	衡量销售转化过程有效性
	费销比	订单成交金额/营销推广费用	按产品类型分类	衡量营销整体投入产出比

以上描述只是一个大致的分析逻辑，在实际操作过程中可以按照不同分析维度来进一步地细分对比，如同比（和去年同期对比）、环比（和上周/上月对比）、目标值/经验值对比等。

企业在长期的经营过程中，会不断形成一些经验值常数，比如：单线索成本一般在什么区间范围内、有效线索转化率在哪些值以下属于待改进的情况等。要对数据产生敏感度，能及时地识别问题、制订或改进行动计划，及时地发现机会。比如，某段时间关于某类需求的咨询量突然增多，企业要分析判断类似需求是否有更多的市场机会，是否需要聚焦更多的资源去关注和投入等。

通过以上案例，我们可以看到，建立基于业务流程的经营分析结构，可以帮助企业管理者建立数据思维，及时地识别问题和发现机会，并进行改进和行动。具体包括以下5个关键步骤：

- **建立经营分析指标**。即对流程绩效结果和过程的衡量指标。这些指标随着流程的执行而自然产生，是为了统计分析而形成的一些衍生指标。
- **确定经营分析结构**。即通过哪些维度的对比，识别问题、发现机会。这些分析结构和企业的客户、产品、组织特征等密切相关，需要企业结合自身的管理需要不断提炼总结。
- **采集和分析数据**。明确哪些数据可以通过信息化/数字化的工具和系统来自动采集、哪些数据需要人工统计，确保数据来源的统一性和标准化，避免因数据口径的不一致而导致分析偏差。
- **定期召开经营分析会**。企业应该召开固定周期的经营分析会，对指标和数据背后的问题进行及时的讨论分析，并形成对应的改进计划。
- **形成闭环改进行动**。具体的改进行动包括对于流程本身的优化和改进、对于流程执行人员技能的提升培训、新的业务计划等，这些改进行动也需要设置相应的PDCA循环管理机制，以保证得到落实。

基于数据的智能化流程

当我们获得了各种基础数据后,除了基于经营分析的改进,我们还可以将数据的智能化分析决策嵌入流程的执行环节,以实现智能化流程,这将成为未来的趋势。

图 6-3 展示了某海关如何通过大数据分析优化海关查验流程。传统模式依靠人工随机抽取或者行政命令形成的布控指令表对海关进出口货物进行抽检。在引入大数据分析模型后,海关内部通过对企业的信用数据积累,结合税务系统、征信系统等数据,可有效识别高风险货物特征,并用以此形成的基于大数据分析结果的布控指令表来指导进出口货物的查验,从而在流程查验环节,使低风险的进出口货物可以快速通关,使高风险的进出口货物得到重点查验,显著提升查获率。

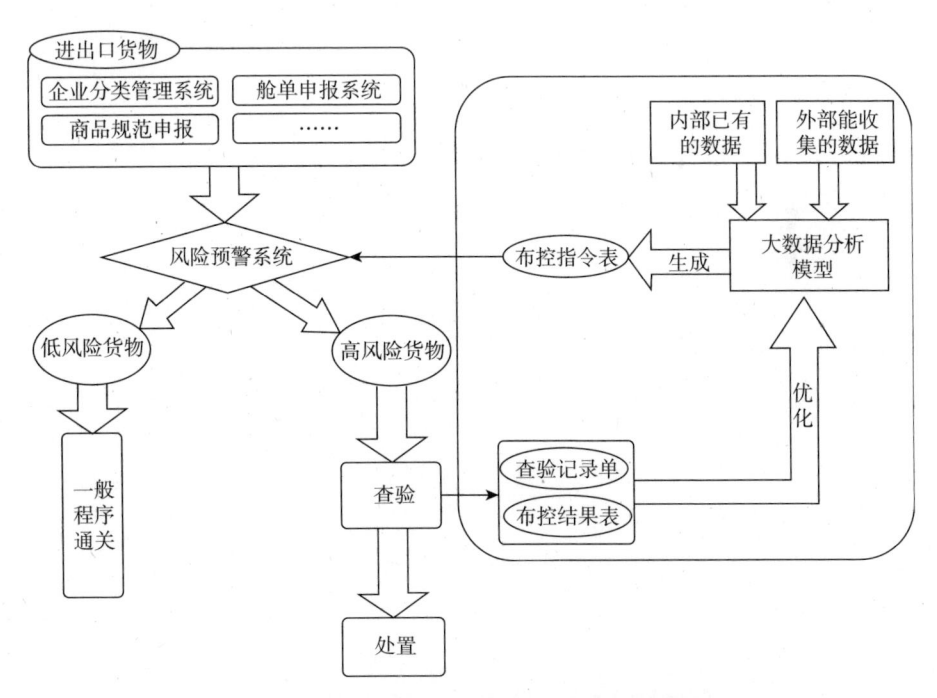

图 6-3 某海关通过大数据分析优化海关查验流程

再举一些例子，比如基于客户的历史浏览记录形成客户画像，以此在营销推广的过程中进行进一步的客户自动化精准推送，还有无人超市的自动补货系统等，都是将数据的分析变成流程执行上的智能化决策，实现流程自适应优化。大数据的应用带来很多商业模式和流程价值链的创新，如很多设备制造商进行制造业服务化转型，即通过销售和服务流程再造，实现从卖产品到卖服务的转型。

思考一下，行动起来

选择一个你熟悉的流程，分析在这个流程中：哪些环节可以通过数据分析进一步优化；哪些环节可以通过大数据和人工智能技术进一步自动化。在以上过程中需要哪些数据基础；如何实现数据的有效采集。

第 7 章

连接,
边界打破与端到端延伸

Q: 移动互联网时代给流程管理带来哪些新的变化?

A: 更快速地感知、更高效地连接、更敏捷地响应。

移动互联网时代已经来临，人与人、企业与企业之间的边界随着新技术的应用不断被打破，从而形成了更广泛的连接。AMT这样总结未来数字化企业的本质：更快速地感知、更高效地连接、更敏捷地响应。

也就是说，通过互联网和数字化的流程，企业可以实时地了解终端客户的需求和变化，并快速将之传递到流程的上下游部门和上下游企业，实现整个链条的快速响应。互联网数字化的信息协同手段，使管理幅度不断增大，端到端的流程边界从一个部门延伸到一个企业，继而延伸到整个产业链生态。

端到端流程

首先，我们来看一下什么是端到端流程。所谓的端到端是指一项业务有始有终、有发起有完成，或者具有PDCA循环等特征。我们可以想象一下，当你驾车想从A城市到B城市去时，如经过的是宽阔的四车道高速公路，你就能开得飞快；如经过的是一段拥挤狭窄的马路，你就很难加快速度，还可能因为堵塞长时间一动不动，这就是典型的A到B的端到端流程没有打通。

为什么要强调端到端？因为流程的关键是打破组织壁垒，实现跨部门/跨岗位的协同。

由于组织规模的不断变大，为满足专业化分工的需求会出现越来越多的部门，此时，纵向职能管理和本位主义，也就是常说的"屁股决定脑袋"，就会使企业内部形成很多部门墙。每一项工作要先在一个部门内部经过层级审核，然后艰难地翻越部门墙，到达下一个部门，这种流程俗称"爬墙式管理"（见图7-1）。

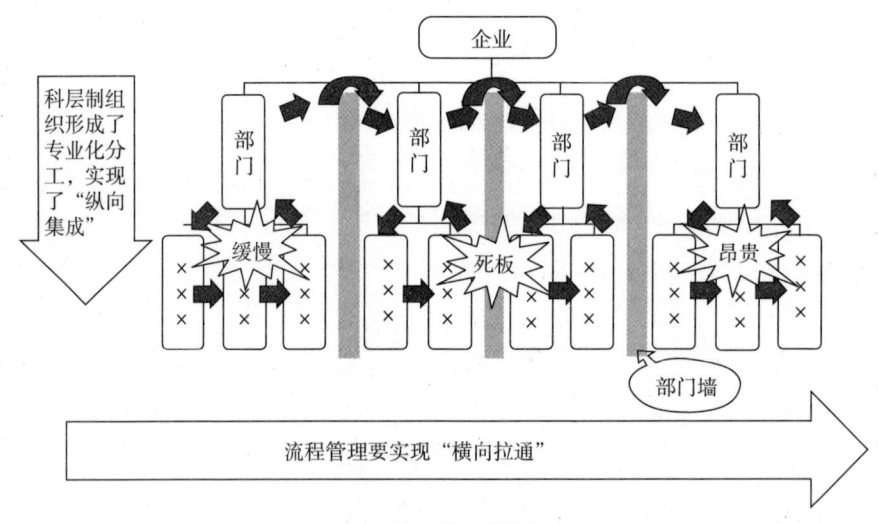

图7-1　爬墙式管理

每个部门都只梳理自己部门内的流程，涉及跨部门的地方要么职责不清，要么管理交叉，部门间的扯皮和推诿现象严重，导致业务执行整体效率低下。这就和前文提到的在狭窄的马路上开车的感觉一样。

在这种状态下，组织内部无法增强"客户导向"意识。所以，此时就需要引入流程管理来"横向拉通"。通过打破部门墙，实现跨部门、跨岗位的协同，实现对客户的快速响应。因此，企业级的端到端流程再造，就是要从部门级流程转化为企业级端到端流程（见图7-2）。

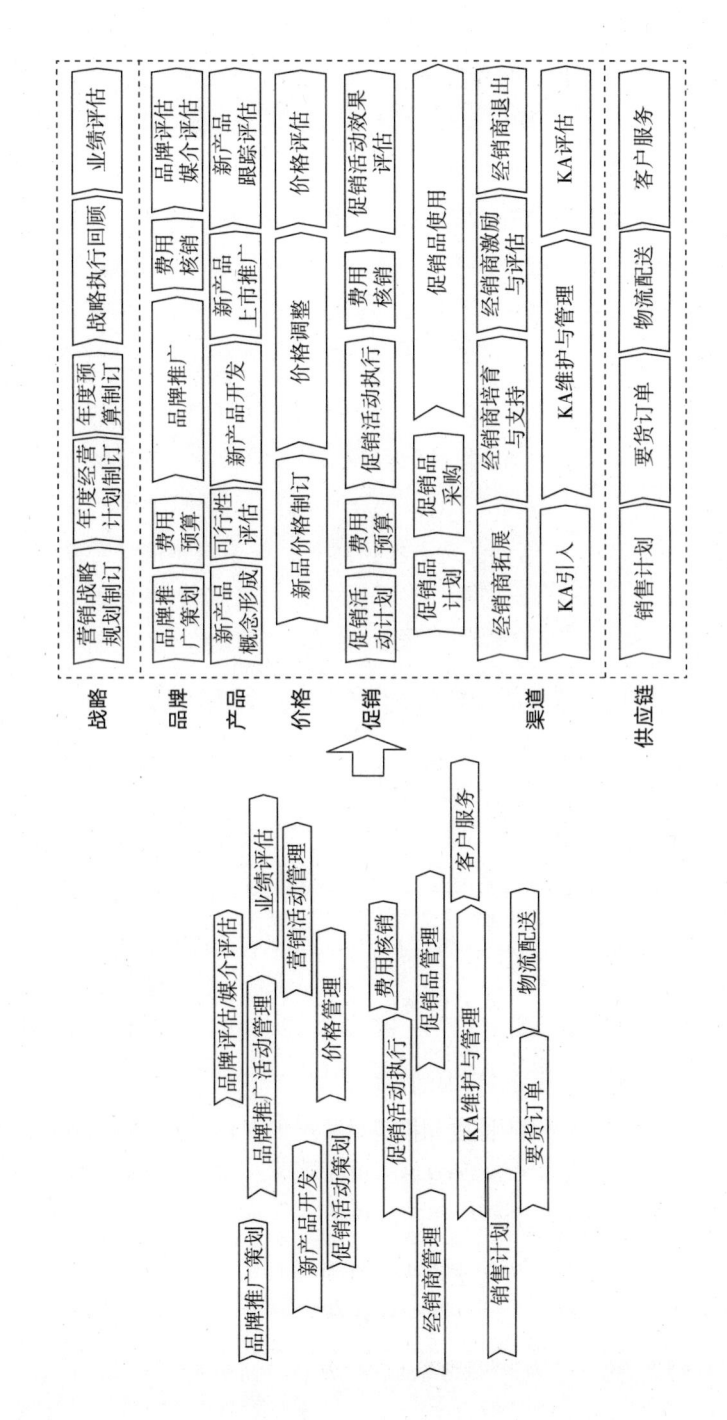

图 7-2 从部门级流程转化为企业级端到端流程

注：KA 的全称为 Key Account，俗称为重点商家或大客户，指营业面积大、客流量大和发展潜力大的连锁门店。

第 7 章　连接，边界打破与端到端延伸　067

举个例子，很多企业生产部有生产管理流程，销售部有销售管理流程，如果这两个流程都是在部门内进行，销售部只考虑如何销售，生产部只考虑如何生产，没有跨部门协同，企业将出现缺货（卖了生产不出来）或库存积压（生产出来卖不掉）的问题。所以，为了将这两个部门级流程打通，很多企业就有了"订单管理流程"或者"产销计划衔接流程"，这就是很好的跨部门协同。

"端到端"是一个相对的概念，如果流程优化的主体是集团的子公司，即可能只有一个制造单元，你能做到的端到端就是这个制造单元的计划、排产与交付；如果优化的主体是集团，那这个端到端则是整个大的研产销链条。我们发现："端到端"两端的端点拉得越长，整个链条能够带来的优化空间也就越大。

从企业级端到端流程到产业级价值链优化

互联网能打破一切边界：不仅能打破组织壁垒，还能打通整个产业链中上下游企业的连接，这为实现从企业级端到端流程到产业级价值链的优化带来可能。因此，产业互联网（见图7-3）的概念应运而生，大量的产业互联网平台型企业出现。

AMT这样定义产业互联网：产业互联网是数字时代各垂直产业的新型基础设施，由产业中的骨干企业牵头建设，以共享经济的方式提供给产业生态中的广大从业者使用。通过整个产业链的资源整合和价值链优化降低整个产业的运营成本，提高整个产业的运营质量与效率；并通过新的产业生态为客户创造更好的体验和为社会创造更多的价值。

以纺织服装这条产业链为例，从整体环节来看，上游是原材料生产加工（如棉花的种植和采摘），中间是纺织印染环节，然后是服装生产加工，最后是分销零售。在这样一条产业链上，每一个环节都有大量的企业。如果这个产业级价值链上的每个企业各自为政、信息不对称，就会出现供需失衡。

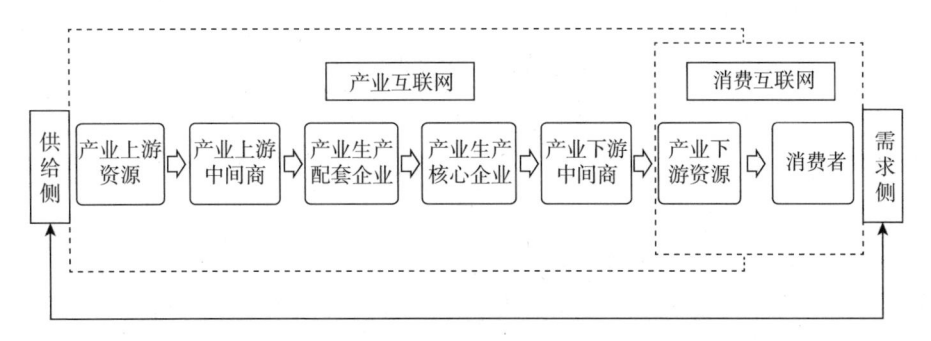

图 7-3　产业互联网：全产业链的流程打通与数字化升级

针对传统产业链的这些问题，我们国家提出了深化供给侧结构性改革的政策方针和一系列的推进举措。什么叫供给侧结构性改革呢？在需求端，由于消费互联网的兴起，每一个消费者的衣食住行都已经被各类互联网平台改造了，人们对美好生活的向往和互联网的便利性带来了消费升级。然而从供给侧来看却存在着大量的发展不充分、不平衡的现象，原因是传统产业链的供给侧链条长、小而散，有很多信息不对称造成的冗余浪费。此时，我们可以从产业链的角度出发，思考端到端流程优化的方法：哪些是产业链条中的冗余环节，如何进行简化，比如消灭掉一些多级分销流转环节，该环节本身不创造价值，只是通过信息不对称赚价差；哪些环节可以从串行改为并行，并行中哪些环节可以合并同类项。所谓合并同类项就是指我们可以通过产业互联网平台提供共享服务，如集中采购、集中物流配送等，以获得集约化效应（详见本书第三部分）。

对于那些从产业链的格局和视角打造产业互联网平台、开展产业链价值链优化的企业家，我们给予他们一个新的称呼——"产业家"。产业家不满足于企业内部的流程优化，他们会站在整个产业的视角，推动整个产业的转型升级。关于产业互联网以及产业家的详细展开，欢迎大家阅读《产业互联网：全产业链的数字化转型升级》进行详细了解。

思考一下，行动起来

选一个你熟悉的流程，用端到端的思维方式，想一想是否可以往前后两端进一步延伸，从而发现更多的优化空间？

第 8 章

开放,
与客户的交互式创新与共创

Q: 仅仅是连接还不够,如何能和客户更紧密地协同与共创?

A: 以开放的思维,打造与客户充分互动的流程。

移动互联网新技术的应用，使人们获取信息和发生交互的方式迅速变化。互联网时代提倡"粉丝员工化、员工粉丝化"等一系列新思维，这意味着组织的边界正在被打破；跨越组织边界的交互带来信息需求的及时共享，可有效减少价值链中的信息传递等非增值环节以及由于信息不对称等造成的资源浪费，为产品快速迭代、优化客户体验提供了基础。

传统的企业价值链以厂商为中心，是一个研发—采购—生产—销售—服务的链式结构，只有在最终环节才会面向客户，可以说整个企业是一个封闭的系统。而互联网时代，企业的价值链要从链式变为交互式。要快速了解和满足客户需求，最有效的方式是在整个过程中引入与客户的互动，通过去中介化，实现与客户距离更近、沟通更直接、响应更快速的目标。客户不再是被动的产品购买者和服务接受者，他们可以通过全流程的接触点更多地参与到企业的价值创造过程中来，实现交互式创新（见图8-1）。

所谓交互式创新，就是企业和客户、供应商等上下游伙伴共同致力于新产品或新服务开发的持续、动态的合作创新模式。在这种模式下，我们可以看到企业的产品研发流程、生产制造流程、营销及客户服务流程等都发生了改变。

```
研发 → 采购 → 生产 → 销售 → 服务
```

传统模式：以厂商为中心、封闭的链式管理、只有在最终环节面向客户

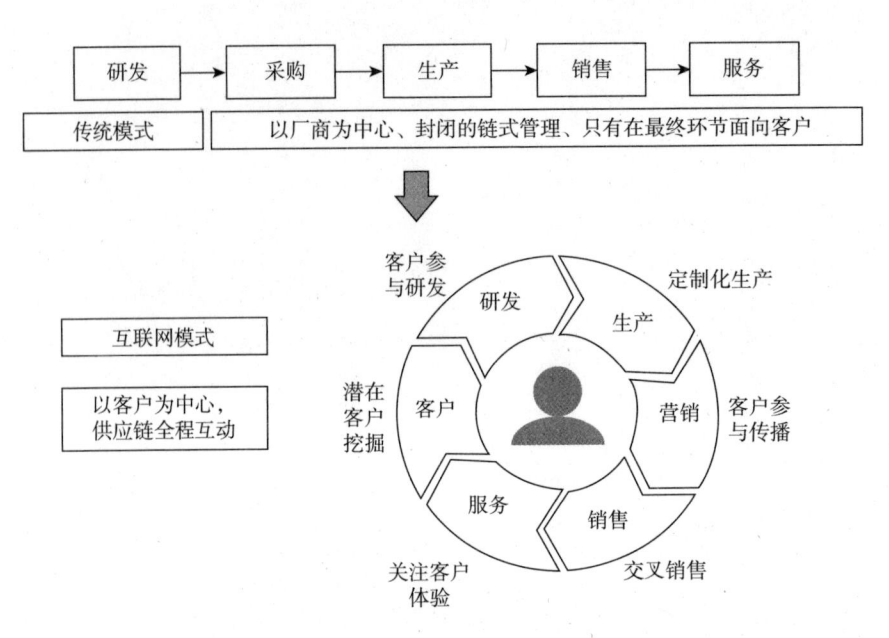

互联网模式：以客户为中心，供应链全程互动

客户参与研发　定制化生产　客户参与传播　交叉销售　关注客户体验　潜在客户挖掘

研发　生产　营销　销售　服务　客户

图 8-1　从封闭的链式管理到开放的交互式价值链

在研发领域，以前的研发人员会很自豪、很骄傲地说，实验室就是他们的天下，所有的科研人员都在实验室创作。而在互联网时代，很多研发机构都在强调开放式创新，提倡"全世界都是我的实验室"，强调"一杯咖啡吸收宇宙能量"，强调和外部客户、这个行业中最厉害的人一起来交流互动、收集研发的需求、获取研发的创意、进行产品和服务的共创。研发人员通过各种客户交流平台建立起与客户的互动，根据客户的反馈快速开发、改进产品，实现产品的快速迭代。

在生产领域，过去是大规模生产，现在越来越多的企业会开展定制化生产。比如海尔数科推出卡奥斯大规模定制平台，基于客户输入的个性化的需求来进行定制生产，并可以让客户参与到制造的全流程。

在营销领域，传统广告媒体时代已经过去，互联网时代更多强调有客户参与的传播。比如，一家餐厅的餐具设计得特别新颖，菜品摆放也特别有创

意,来餐厅吃饭的客户如果用手机拍照、发朋友圈,这就参与了餐厅的营销传播。通过这种社群化、口碑式的营销传播,相关企业基本上不用花任何广告费,餐厅的知名度也会非常好。

案例　不同企业与客户交互创新

面向终端消费者(B2C)的交互案例:小米公司有一个庞大的客户粉丝团,叫"米粉"。针对所有米粉的建议、疑问,客服团队都会实时线上回应。米粉提出的所有问题,都会在15分钟内得到回复。在和米粉互动的过程中,有效的建议会被筛选出来给到后端产品工程师,工程师们会快速地进行产品改进和创新,不断进行产品版本的迭代更新。

面向企业客户(B2B)的交互案例:宝钢的汽车板生产业务,通过供应商的早期介入系统,建立起与下游汽车厂从研发到生产的各个环节上的对接和互动。针对汽车厂的一款新的车型,宝钢的工程师可以提前了解这种车型对钢板材料的要求,以提前进行研发;针对汽车厂的生产需求,宝钢相关工作人员可以通过已打通的和汽车厂的ERP(企业资源计划)系统,实时了解其生产计划和采购需求,从而保障采购订单的供应。

许多组织已经通过一部分客户活动完成了对他们业务流程的彻底改变。例如,很多加油站由司机自己完成加油工作,司机还可通过加油卡进行自动支付;很多果园让消费者自己去进行采摘,这既销售了水果,又在产品销售中为消费者提供了娱乐体验。

我们看到,让客户参与到企业流程,甚至成为企业流程中的一部分,可以进一步创建一个能够节省企业资源并创造更好客户体验的环境。

建立和客户互动流程的三步法

第一步,建立客户旅程图。所谓客户旅程图就是从客户首次接触直至下单并享受产品或服务的与企业互动的全过程。企业首先必须全面地了解目标客户的行为和习惯,识别所有可能的互动接触点,通过线上、线下多个数字渠道与传统渠道的全流程整合建立"连接",并提供"无缝融合"的跨渠道客户体验(见图8-2)。而移动互联网的发展,为企业随时随地、全网络、全渠道地与客户建立互动提供了条件。在接触客户的过程中,必须建立统一的客户信息平台,打通每个接触点,从而使企业在线上、线下的每个接触点都能够有效地识别客户,同时,这个平台还应提供针对客户个性化需求的互动交流。

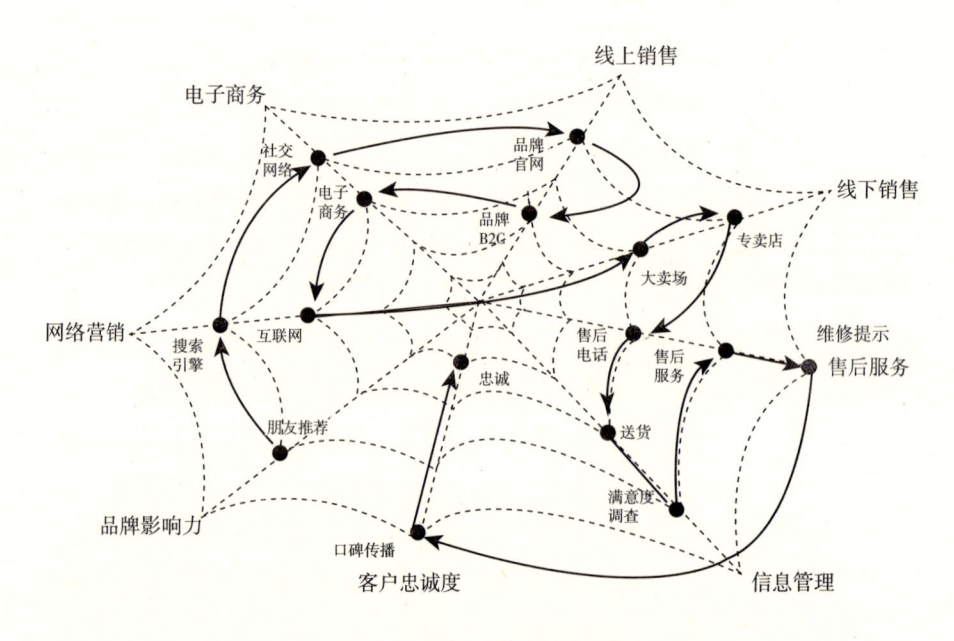

图8-2 全网络、全渠道地接触客户

第二步,增加客户交互点。从整个客户旅程图对应到企业内部的流程,找出哪些流程环节可以增加与客户的交互点。比如,现在很多电商公司的物流处理流程,增加了给客户的物流信息提醒,以减少客户的等待焦虑。

还要找出增加哪些交互点可以更好地收集获取客户的信息和需求反馈，比如客户对产品的使用和优化建议，以及哪些交互点可以使更多的客户参与共创等。

第三步，优化每个接触点的客户交互过程和服务体验。比如在一个常规的采购过程中，客户旅程图是寻找供应商—比较选择—下达订单—修改或者查询订单—等待收货—交易完成，在其中每一个环节，客户都有相应的体验期望：比如在寻找供应商的过程中，客户的需求就是能快速获得产品的详细准确信息、能够很方便地联系到客服，那么企业就要考虑相应流程和客户界面该如何优化。

对企业来说，每一次互动都是打动客户的机会，但也可能会存在交互体验差导致的客户流失风险。因此，每一次互动都需要在流程上详细定义，并进行有效的测量评估。

我们看到很多企业尝试使用各种类型的CRM（客户关系管理）软件或者自动应答系统进行客户沟通。交互过程设计得好，不仅能够节约资源，还能够有效地提升客户满意度；但如果整个互动过程缺乏有效的设计优化，自动应答可能会使整个互动更加混乱。如客户在和某客服系统进行交流时，发现自动应答系统给出的选项没有一种可以应对当前的状况，客户体验会非常不好。在线的自动化系统需要接受更多的测试，从而确保客户交互过程令人愉快。

移动互联时代，企业成功的关键已经不仅限于每一次交易的成功，还在于和每一个客户都建立充分的黏性。每一次交互对提升客户忠诚度都至关重要。企业需要更好地了解、识别和挖掘客户的需求，深度思考如何与客户进行互动，然后利用最新的互联网技术和工具，在每一次交互过程中更好地洞察客户、改善客户的体验，甚至让客户成为企业价值链的一部分。

思考一下，行动起来

图 8-3 显示了一个客户的购买行为以及与企业的交互过程，按照以下思路讨论这个流程该如何进行优化。

- 分析客户旅程图中，客户在每一环节的体验期望。
- 识别客户有哪些交互需求，在对应企业流程上设置/增加更多交互节点。
- 对交互环节进行优化设计，从而给客户带来更好的服务体验。

| 客户 | 寻找供应商 | 比较选择 | 下达订单 | 修改订单 | 查询订单 | 等待收货 | 交易完成 |

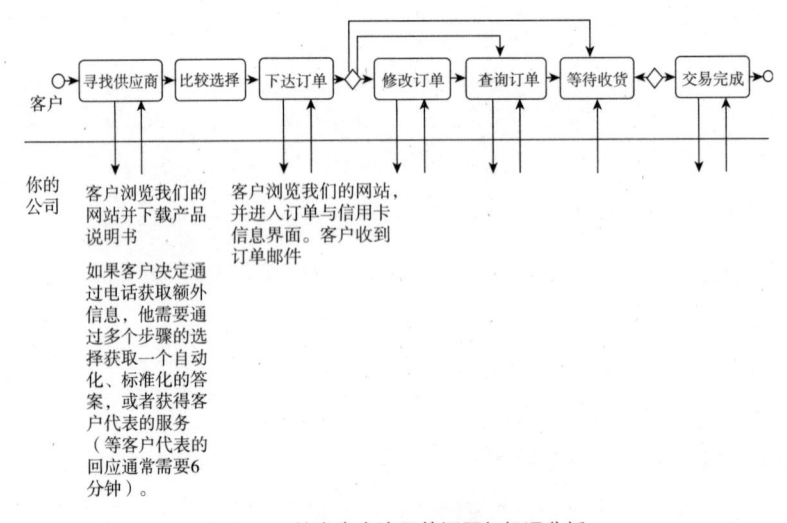

你的公司

客户浏览我们的网站并下载产品说明书

如果客户决定通过电话获取额外信息，他需要通过多个步骤的选择获取一个自动化、标准化的答案，或者获得客户代表的服务（等客户代表的回应通常需要6分钟）。

客户浏览我们的网站，并进入订单与信用卡信息界面。客户收到订单邮件

图 8-3　特定客户流程的问题与机遇分析

第 9 章

迭代,
例外管理例行化与动态演化

Q： 流程如何在快速变化的互联网时代与时俱进?

A： 一方面持续积累,打造可复制的专业能力；另一方面持续迭代,在演化中动态发展。

在自然界，植物生长有一种"自举"现象，即在植物茎的顶端，有一个生长点，生长点不断进行细胞分裂而生成新的细胞（软结构），新的细胞不断形成植物的枝干（硬结构），并推举着生长点不断往上和进一步分裂发育。在这个过程中，通过硬结构支持软结构、软结构对硬结构进行建构的循环，植物得以生长。

组织的发展和植物的生长也有相似之处。面对 UACC[①] 时代，西浦大学执行校长席酉民教授提出了基于和谐管理理论的组织发展解决思路（见图 9-1）：结合环境变化、未来趋势与组织情境等确立愿景和使命，愿景和使命是发展的定位和长远目标，一般具有相对稳定性和战略意义；根据当下的情境辨识和谐主题，和谐主题是特定时期的阶段性发展目标和要解决的关键问题，可能随发展调整或演化；在特定的和谐主题下，通过耦合、和则与谐则共同应对 UACC 并不断地动态调整，其中，谐则是通过科学设计和优化降低不确定性的规则和主张，例如制度、流程和架构建设等，谐则需要不

---

① UACC 是 Uncertainty（不确定性）、Ambiguity（模糊性）、Complexity（复杂性）和 Changeability（多变性）英文首字母缩写。这个概念由席酉民于20世纪90年代提出。——编者注。

断的设计和优化。和则是以参与者能动性的诱导演化应对不确定性的规则和主张，例如激励机制、工作环境和文化建设及创新生态的营造。

简言之，在UACC时代中，面对特定情境中的问题时，决策者需要在遵从愿景和使命的基础上，分析特定阶段的和谐主题，并根据和谐主题来构建适当的和则与谐则体系以及耦合方式，并在发展中根据环境和运行情况不断进行动态调整，直到进入下一个"愿景和使命—和谐主题—和则与谐则体系—和谐耦合"的循环。

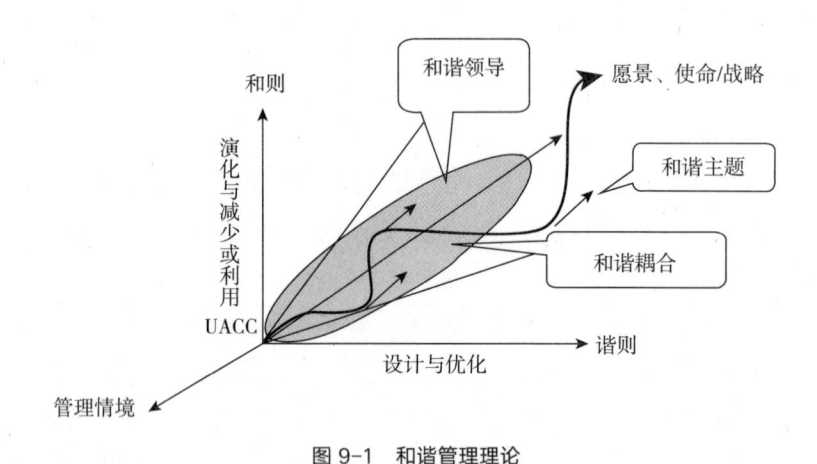

图 9-1　和谐管理理论

来源：西浦大学执行校长席酉民教授。

席酉民教授的和谐管理理论，可以帮助我们从企业系统的角度更好地理解流程思维中的"迭代"概念。在愿景和使命的长期战略与和谐主题的阶段性目标指引下，通过和则激发团队成员在动态变化环境下的主观能动性和创新性，形成组织的软结构；通过谐则对流程管理体系进行科学设计和持续优化，建构组织的硬结构。

管理者的重要工作就是利用自己的知识和智慧，在业务发展过程中创新突破，并解决遇到的各种例外事项，同时将例外事项的解决方法固定成有效的流程和规则设计，从而不断将例外管理例行化。以软结构对硬结构的建构

（和谐耦合），将创新不断发展成可复制的流程管理体系，实现企业专业能力的可持续积累。

案例　九州通的成功秘诀——以流程、规则的确定性应对不确定性

当2020年新型冠状病毒感染刚暴发的时候，有一则新闻标题吸引了全国人民的眼光：《红十字会半个月没搞明白的仓库，九州通接管后2个小时就整完了》。具体内容就是大量的全球捐赠物资源源不断地到达武汉红十字会，却发不出去。为进一步提高物资分配效率，武汉疫情防控指挥部指派全国最大的医药分销公司九州通协助武汉红十字会分装物资。九州通接管后，2小时内即实现了从物资的入库、分拣到最后的分发。

网友们评价说："让专业的人干专业的事儿，这就对了。"

为什么九州通能够成为那个专业的"人"，干出专业的、让大家都非常称赞的工作成果呢？我们总结了一下九州通的秘诀，就是长期积累形成的"规范化的流程管理＋精细化的管理表单＋九州云仓管理软件"。

首先是规范化的流程管理。它涉及如何分类每一个到手的紧急物资，如何分门别类地进行入库登记，如何上报物资，如何和各方不同的主管单位去进行沟通，在获得物资的明确调拨指令以及接到调令之后，如何快速地将这些物资分发到位。在整个过程中，九州通每一个环节、每一个岗位之间的协同配合都非常紧密和有序。

其次是精细化的管理表单。整个现场有几十个人在共同工作，而每一个九州通的员工都会按照操作表单等详细的标准进行工作，比如说物资在入库的时候就会用非常详细的表单去登记它的类别、型号等，这样能保证物资入库之后不会混乱，不

会像原来武汉某机构那样，将货物、物资堆成一堆，很难查找也发不出去。

最后是整个IT系统的支持。员工可以通过云仓管理软件快速地进行信息的实时查询和核对。

在这个案例中我们看到，在充满突发和不确定性因素的环境下，九州通的快速应对离不开流程标准化管理体系和长期的专业能力积累，这是以流程、规则的确定性应对不确定性的典型例子。当然，这个捐赠物资的分发属于过去没有的场景，九州通也必然在这个过程中，针对新的环境进行了流程体系的快速适应性调整和创新，从而保证了任务的顺利完成。

全球化的动态经营环境、新技术带来的商业革命，使一切都在快速地发生着变化。按照达尔文的理论，那些能够生存下来的生物并不是最聪明和最有智慧的生物，而是那些最善于应变的生物。因此，对于企业管理者来说，一方面必须加强流程标准化管理体系等可复制能力的建设，另一方面要不断总结反思和创新探索，从而形成一个"快速迭代"的执行与优化循环。

传统流程优化的做法，比如反复漫长的论证过程、层层审批会签的文件生效过程等如今已经不再适用，因此，不管是业务流程的设计，还是流程持续优化机制的设计，都需要引入快速迭代的思想。

首先，流程的设计应减少刚性的管控节点，增加更多柔性的知识型活动。如对于营销活动管理，只需要做到对预算总额的刚性管控，而对于具体的营销活动创意方案设计和执行，则需鼓励一线人员更多地创新，给予他们更多灵活的空间，让"听得见炮声的人"来决策；同时，要增加一个新流程，即对营销活动的分析总结、对最佳营销方案的识别和快速推广，以提升一线人员的行动反思和学习能力，从而改善整体的绩效。这样也能促使总部后台职能部门、后方管理人员从权力管控向知识输出/教练指导的服务职能转变，使组织成为一个赋能的平台。

其次，移动化、实时化的 IT 技术手段，打破了时间和区域的限制，使我们无须回到办公室就能执行流程，信息沟通和决策的过程可以随时随地发生。

因此，在流程的运行支持上需要引入更多的移动化、实时化管理系统或者工具，如通过微信请求指示、接收指派任务、分享信息、寻求资源协助等，或者通过在线会议及时地沟通决策，形成改进方案和优化后的新流程。

最后，使流程持续优化的管理常态化。UACC 时代，当变化成为常态，变革管理也将成为一种必备的能力，因此需要常态化和流程化的管理。常态化和流程化的管理，在流程持续优化机制设计上需要重点考虑以下几个重要方面：

- 从组织保障上，建立常设的流程与变革管理办公室，实现以流程为主线的管理体系集成和综合改进，保证对战略和业务变化的快速响应。
- 从流程建设上，一方面，例外管理例行化，所有可能重复发生的工作在完成从 0 到 1 的创新之后，通过流程显性化和例行化，实现可复制推广；另一方面，变革管理应作为常态化的管理对象，成为企业的常设流程，基于流程不断沉淀形成变革管理的方法、工具和能力。
- 从治理机制上，基于企业动态经营新思维（见图9-2），建立快速迭代的流程持续优化机制，以提高对环境变化和改进建议的快速识别和响应，缩短对流程回顾优化的周期。
- 从变革能力上，行动式学习能力成为重要的能力，因此需要管理者掌握行动式学习的群策群力、团队学习和思考工具，行动、认知、反思、再行动。

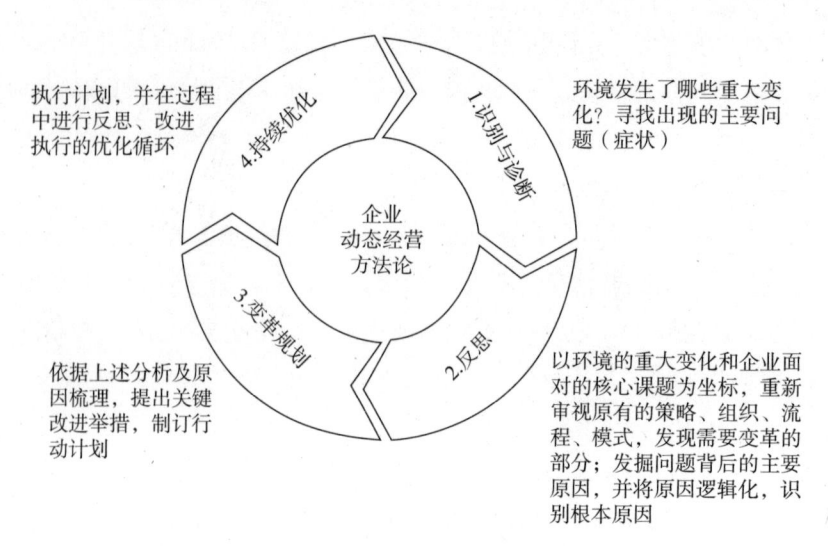

图 9-2　企业动态经营新思维

图中内容：

企业动态经营方法论

1. 识别与诊断：环境发生了哪些重大变化？寻找出现的主要问题（症状）

2. 反思：以环境的重大变化和企业面对的核心课题为坐标，重新审视原有的策略、组织、流程、模式，发现需要变革的部分；发掘问题背后的主要原因，并将原因逻辑化，识别根本原因

3. 变革规划：依据上述分析及原因梳理，提出关键改进举措，制订行动计划

4. 持续优化：执行计划，并在过程中进行反思、改进执行的优化循环

思考一下，行动起来

想一想实践中有哪些工作可以通过例外管理例行化，形成可复用的流程和规则？还有哪些以流程规则的确定性应对外部环境变化的不确定性的典型案例？

第二部分

借助流程思维
认知企业商业逻辑

阅前思考

- 如何以流程思维看待企业的不同？
- 如何快速建立对一个企业整体商业逻辑的认知？
- 不同行业、不同企业流程架构有哪些关键的特征？
- 如何通过流程思维理解企业产品研发管理、营销管理、供应链管理、采购管理、服务管理？
- 如何建立业务领域的管理框架？有哪些常见问题和最佳实践借鉴？有哪些数字化转型下的创新发展模式？

导读

在理解流程思维的基础上,进一步从企业整体和典型的业务领域,如产品研发管理、营销管理、供应链管理、采购管理、服务管理等方面来介绍,我们如何通过流程思维理解企业的商业逻辑,如何建立基本的管理框架和管理问题优化思路,同时,我们还能了解不同业务领域在数字化转型下的新趋势和新模式(见图0-2)。

第10章从顶层视角整体地观察企业,帮助读者识别企业整体价值链,建立企业一级流程架构,建立对企业整体商业逻辑的认知。第11章将不同行业、不同类型企业的流程架构作对比,剖析其商业逻辑差异。

第12章自上而下理解企业管理,帮助读者通过结构化的分类分级、逐层细化,进行企业流程体系规划,理解如何通过流程实现战略的层层落实。

第13～17章将企业整体价值链进一步展开到具体业务域的流程解读,不同的案例解析可帮助读者了解该领域的管理优化思路。优化思路包括:

- **产品研发管理:** 对标 IPD(集成产品开发),介绍产品研发管理的流程框架和最佳实践以及基于开放思维的产品研发创新。

- **营销管理**：介绍 B2C、B2B 不同类型客户的全网、全渠道营销策略和流程框架，这套优化思路基于数据的客户洞察和精准营销案例实践。
- **供应链管理**：从传统的 SCOR 模型（供应链运作参考模型）、端到端数字化供应链、产业供应链集成服务平台的高度，介绍从企业供应链到产业供应链三种处在不同发展阶段的供应链运作模式和实践案例，帮助读者深刻理解流程思维中提到的端到端连接和系统观。
- **采购管理**：采购管理的流程框架和最佳实践，可帮助读者建立从局部到全局的系统思维，体会结构化分类与集约化管理优化策略。
- **服务管理**：在客户价值最大化的目标导向下，从被动服务到服务化延伸介绍不同行业服务管理框架，以流程打造极致客户体验和卓越服务链。

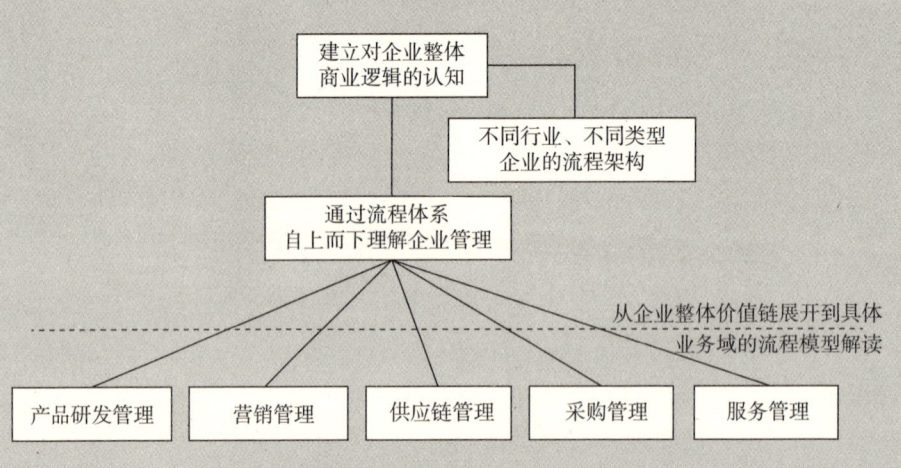

图 0-2　借助流程思维认知企业商业逻辑

第 10 章

建立对企业
整体商业逻辑的认知

Q： 如何快速地了解一家企业的整体商业运作逻辑？

A： 通过构建企业整体的价值链模型来了解。识别企业价值创造过程，明确不同价值链特色。

我们如何能够快速地了解一个企业的整体商业和业务运作逻辑？只看企业的组织架构图，往往不能得到我们想要的答案，因为企业的组织架构图不能反映其价值创造过程和业务运作逻辑，同时，组织架构也会经常发生调整和变化，而企业的运作流程则相对稳定。所以，企业管理者需要更多地从流程角度认识企业创造价值的过程，从而构建企业整体的价值链模型（也叫企业一级流程架构）。

企业一级流程架构始于从顶层视角整体地观察企业，图 10-1 给出了某啤酒企业一级流程架构的示例。首先，我们看到这张图中间的部分是由资本运营、产品运营两条价值链构成，这是企业的核心价值创造流程，即该企业强调一方面通过资本运营实现外延式增长，从而为股东创造价值；另一方面通过产品运营，即啤酒的生产销售，实现内涵式增长，服务经销商和消费者。在啤酒的生产销售过程中，该企业强调品牌管理和技术质量管理的重要性，并将之贯穿生产销售的全过程。

其次，在核心价值链之上，是企业的战略及执行保障管理流程，该企业强调从总部到各级子公司在统一的战略牵引下，通过各环节的战略配称保证战略的执行一致性。

最后是企业的职能支撑流程，包括人力资源、财务、资产等的资源保障，法律、公关、内控等对风险的管控，组织变革与流程优化、知识与创新、IT 的管理体系和平台支撑。职能支撑流程最下面的文化建设是基石。

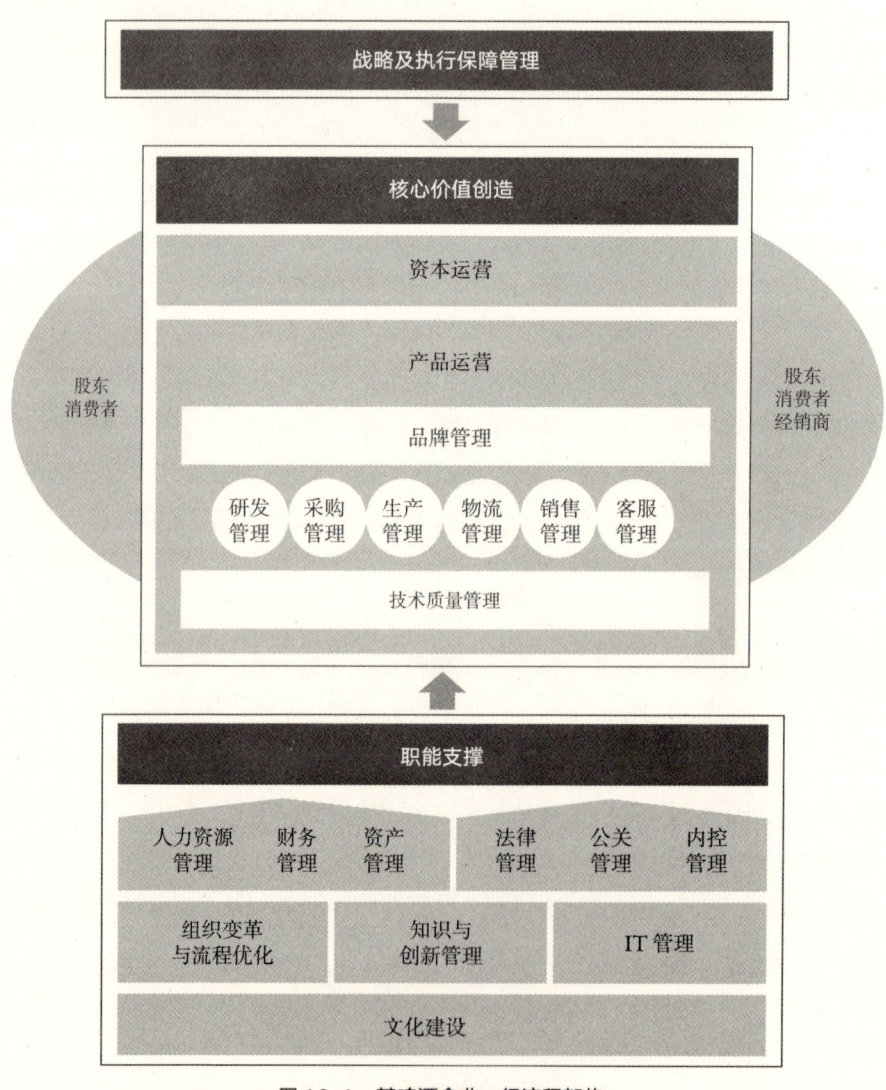

图 10-1 某啤酒企业一级流程架构

这个企业整体价值链模型体现的是企业最高管理层对企业的整体认识，它既要能反映企业的业务模式特点，又要能表达出企业各业务领域的定位和相互间的逻辑关系。通过企业一级流程架构，企业各部门可以清楚地知道自己在企业价值创造过程中的定位。

从图 10-1 中可以看出，企业一级流程架构最重要的就是对企业价值创造过程的识别，即横向来看企业价值链，明确企业不同业务的价值实现模式以及业务运作各环节的协作方式。

为了实现企业的稳健发展，企业往往有多条价值链组合。图 10-2 是某军工研究院所的价值链模型。该军工研究院所一方面通过技术创新和前沿研究，承接国家和军方的重大科研项目，并在某些前沿技术领域获取技术专利等知识产权，通过技术转让获得利润；另一方面，通过军需转民用，将领先的军用设备和技术转向民用产品的生产和销售，通过市场化的客户需求获取和研发生产、销售及服务，提升企业的市场化能力和盈利能力。两条价值链互相协同和增强，形成企业的整体竞争力。

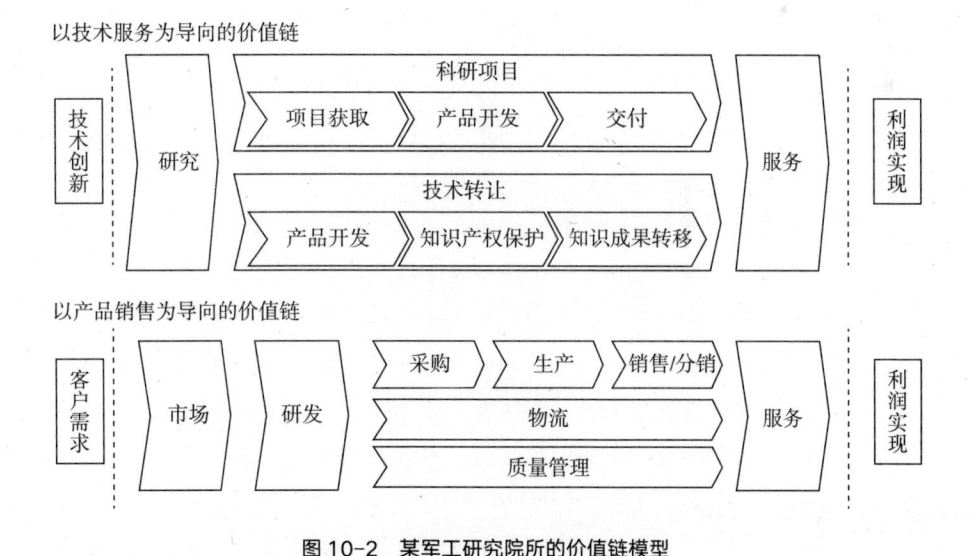

图 10-2 某军工研究院所的价值链模型

一个完全市场化运作的企业，需要兼顾短期、中期、长期的发展，所以企业既要有满足现有市场的现金流业务，又要考虑长期布局的战略性业务。比如，某企业是生产制造企业，过去主要是以产品的生产销售为主要业务，但是，考虑到近几年客户需求的变化以及服务化转型要求，该企业正在进行向客户提供整体解决方案的创新业务拓展，那么这个企业的核心价值链就包括了传统的产品型研发、制造、销售的价值链以及提供解决方案服务的价值链。产品销售是企业成熟的现金流业务，而提供解决方案的创新业务是企业的战略性业务，企业需要进行不断地进行创新投入和能力拓展，为未来做准备。

这种短中长期价值链的结合，也可能体现在不同的业务领域，比如在产品研发管理流程上，既有现金流产品的研发改进，也有战略性产品的全新研发；在营销管理流程上，既有传统渠道的销售，也有新的互联网渠道以及线上线下全渠道营销的布局。

如何去描述企业一级流程架构？一个好的企业一级流程架构需要具备以下特征：

- **体现战略导向**：能够清晰地传递企业的战略定位，并将战略的要求落实到具体的流程价值链上去。
- **体现行业价值链特色**：能充分反映行业特征和价值创造的客观逻辑（详见第 11 章）。
- **基于水平业务视角，而不是垂直职能视角**：一级流程架构一定要避免成为一堆工作事项的罗列或者部门职能的归集，要更多地从做"事"的视角去找到业务运作的逻辑主线。
- **具有端到端打通理念**：一级流程架构是站在企业整体视角的端到端流程的呈现，所以决策者必须从全局的角度去思考，并形成企业级的"从客户来到客户去"，打通 PDCA 循环的端到端流程。

- **不重不漏、共享集成**：一级流程架构上的每一个部分之间应相互衔接，既不能交叉，也不能遗漏，要能清晰地展示出企业的运营全景。
- **结构清楚、主次分明**：要注意一级流程架构上的每一个部分之间的逻辑关系，比如前后逻辑顺序关系（有的企业是先销售再生产，有的企业是先生产再销售，其体现在价值链上的顺序完全不同），或者上下的支撑关系（质量管理对研产销的全过程提供支撑）等。

有了企业一级流程架构，就可以进一步在此基础上进行分类分级，细化到二级流程、三级流程、四级流程等（详见第12章），形成企业完整的、结构化的流程体系，以此进一步指导企业的信息化/数字化规划，发现哪些业务没有数字化平台的支撑，哪些信息孤岛需要打通，哪些IT系统需要进行集成等。

思考一下，行动起来

选择你熟悉的企业，帮助企业构建一级流程架构，并进一步说明该架构如何体现行业价值链特色以及企业的战略重点。

第 11 章

不同行业、不同类型
企业的流程架构

Q： 如何了解不同行业、不同类型企业的业务运作特色？

A： 从通用架构到个性化构建，通过不同流程架构了解行业和企业特征。

为了更好地从流程视角理解一个组织的运行，实现跨行业的对标，美国生产力与质量中心（以下简称 APQC）推出了跨行业通用版的流程架构模型（也被称为 APQC 模型，见图 11-1），并持续迭代更新。该模型目前已经被众多企业在流程体系规划中借鉴。

APQC 给出的是通用版流程架构模型，没有对行业特征和属性进行区分。考虑到一些企业运营上的差异，有研究者将公司级的流程架构模型设计进一步分为两类：

第一类：POS（Plan Operation Support）模型，包括规划类、运营类和支撑类三层流程。规划类指战略管理相关流程，解决公司战略发展方向、计划预算和执行保障等问题；运营类流程由价值链各环节组成，解决如何为客户创造价值、业务如何运作的问题；而支撑类流程考虑的是为了保证业务有效、顺利开展需要提供哪些支撑服务。POS 模型的特点是强调战略牵引，企业掌握发展主动权，主动追踪和引导客户需求，并按照从战略规划到落地执行的思维来设计整体架构。APQC 模型就属于 POS。

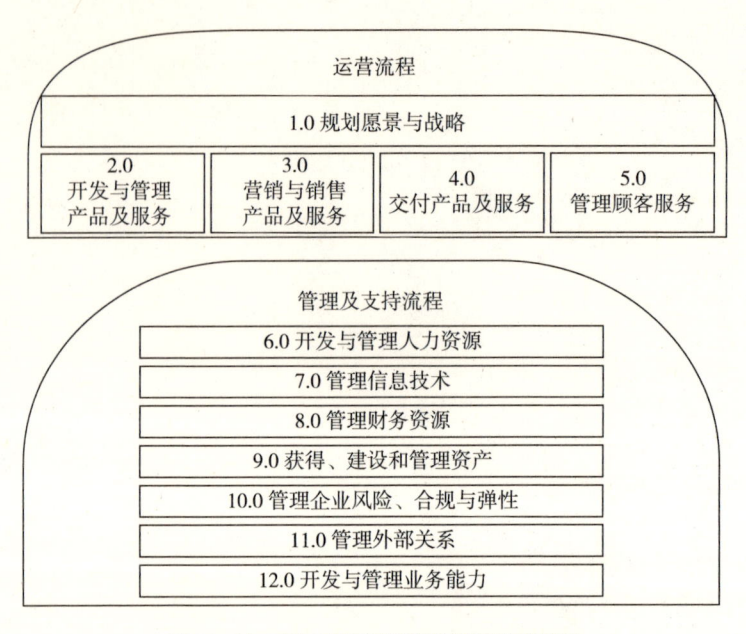

```
                    运营流程
        ┌─────────────────────────────┐
        │      1.0 规划愿景与战略       │
        ├──────┬──────┬──────┬────────┤
        │ 2.0  │ 3.0  │ 4.0  │  5.0   │
        │开发与│营销与│交付  │管理顾客│
        │管理  │销售  │产品  │服务    │
        │产品及│产品及│及服务│        │
        │服务  │服务  │      │        │
        └──────┴──────┴──────┴────────┘
```

```
                  管理及支持流程
        ┌─────────────────────────────┐
        │    6.0 开发与管理人力资源    │
        ├─────────────────────────────┤
        │       7.0 管理信息技术       │
        ├─────────────────────────────┤
        │       8.0 管理财务资源       │
        ├─────────────────────────────┤
        │   9.0 获得、建设和管理资产   │
        ├─────────────────────────────┤
        │10.0 管理企业风险、合规与弹性 │
        ├─────────────────────────────┤
        │      11.0 管理外部关系       │
        ├─────────────────────────────┤
        │   12.0 开发与管理业务能力    │
        └─────────────────────────────┘
```

图 11-1　APQC 跨行业通用版流程架构模型

第二类：OES（Operation Enable Support）模型，也称前中后台模型。前台是直接面向客户提供端到端产品或服务的业务运营类流程；中台是为响应业务流程需求，支撑业务流程价值实现的职能类流程；后台是为共享基础性流程，为前台或中台高效、低风险运作提供管理支撑的流程。

OES 模型的特征是更强调以客户为中心，公司的战略是跟随型战略，基于客户需求随机应变，它更适合一些服务型机构（如金融机构）和以项目交付为主的生产配套企业（如华为的电信运营商业务、为主机厂提供配套汽车配件的生产商等）。图 11-2 展示了一个生产配套企业的一级流程架构。

POS 和 OES 两种模型更多的是从战略流程来区别企业在产业链和市场竞争中的定位。为了让企业的流程架构能够更好地传递企业的战略、体现企业的价值链特色，大部分企业都会结合自身特色进行流程架构的个性化设计。

业务运营流程	1.0 营销：市场策略管理、品牌管理与市场推广、渠道管理、商机管理、销售计划管理、客户关系管理
	2.0 研发：需求管理、研发规划、软件技术开发、工艺技术开发、行业标准解决方案开发、技术管理
	3.0 制造：生产计划管理、生产执行管理、生产工艺管理、生产设备及工装管理
	4.0 交付：系统交付、单机交付
	5.0 售后：服务策略与计划、服务受理管理、服务响应管理、备件管理、满意度测量与评估
职能流程	6.0 战略与执行：战略制定与评估、年度经营计划管理、投资管理、变革管理、组织设计与调整
	7.0 项目管理：单项目管理、项目群管理
	8.0 供应链管理：计划管理、采购管理、仓储管理、物流管理
	9.0 质量管理：质量策划与计划、质量保障与改进、监视和测量设备管理、质量管理体系运行维护
支撑流程	10.0 财务管理：预算管理、资金管理、收支管理、固定资产管理、税务管理、成本管理、运营分析、财务报告与信息披露、会计基础管理、客户信用管理
	11.0 人力资源管理：人力资源规划、招聘与配置、培训与发展、绩效管理、薪酬福利管理、员工关系管理、企业文化建设
	12.0 流程与IT管理：IT规划、IT系统建设、IT系统运维、数据管理、信息安全管理、流程与知识管理
	13.0 风险与控制：风险管理、内控管理、审计管理、法律事务
	14.0 综合管理：行政与后勤、基础设施建设与维护、HSE管理、公共关系、党工团建设

图 11-2　某生产配套企业的一级流程架构

每一家企业都有其运营的特色和差异，即使处于同一产业/行业，结合不同的战略定位和价值链构成，每家企业的流程架构也会截然不同。图 11-3 和图 11-4 显示了房地产行业两家不同类型企业的一级流程架构，你能够从中发现什么区别吗？

两家房地产企业创造价值的方式不同。图 11-3 是一家典型的房地产开发企业的一级流程架构，从图上可以看出，该企业主要业务是房地产的开发建设，以直接销售住宅地产、租赁商业地产来获取商业利润。图 11-4 是一家房托公司，它是专业化的资产管理机构，通过对商业地产的基金投资、资产管理和商业化运营，从资产增值、业务运营中获取商业利润。

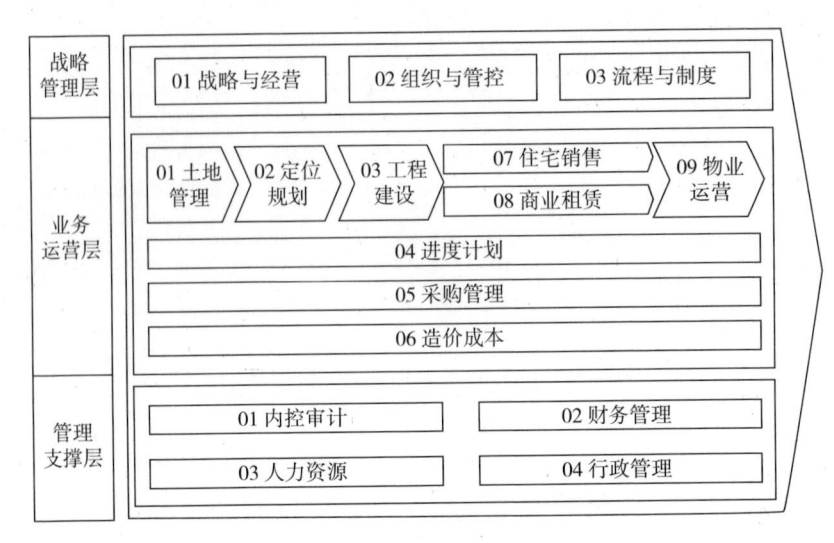

```
┌─────────┐ ┌─────────────────────────────────────────────────────┐
│ 战略    │ │ 01 战略与经营    02 组织与管控    03 流程与制度      │
│ 管理层  │ │                                                     │
├─────────┤ ├─────────────────────────────────────────────────────┤
│         │ │ ┌──────┐┌──────┐┌──────┐ 07 住宅销售   ┌──────┐    │
│ 业务    │ │ │01 土地││02 定位││03 工程│              │09 物业│    │
│ 运营层  │ │ │管理  ││规划  ││建设  │ 08 商业租赁   │运营  │    │
│         │ │ └──────┘└──────┘└──────┘               └──────┘    │
│         │ │              04 进度计划                            │
│         │ │              05 采购管理                            │
│         │ │              06 造价成本                            │
├─────────┤ ├─────────────────────────────────────────────────────┤
│ 管理    │ │    01 内控审计            02 财务管理                │
│ 支撑层  │ │    03 人力资源            04 行政管理                │
└─────────┘ └─────────────────────────────────────────────────────┘
```

图 11-3　某房地产开发企业一级流程架构

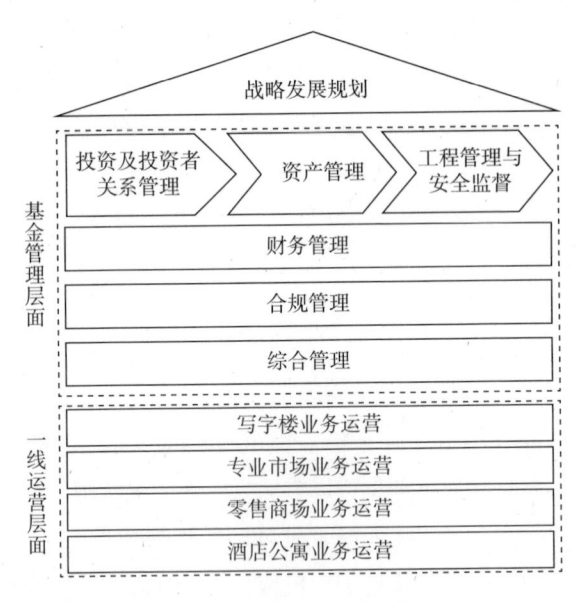

```
                    战略发展规划
         ┌─────────────────────────────────┐
         │ 投资及投资者 → 资产管理 → 工程管理与 │
基金     │ 关系管理                安全监督    │
管理层   │         财务管理                   │
层面     │         合规管理                   │
         │         综合管理                   │
         └─────────────────────────────────┘
         ┌─────────────────────────────────┐
一线     │        写字楼业务运营              │
运营     │        专业市场业务运营            │
层面     │        零售商场业务运营            │
         │        酒店公寓业务运营            │
         └─────────────────────────────────┘
```

图 11-4　某房托企业一级流程架构

思考一下,行动起来

通过图11-5和图11-6描述两个机构的商业运作逻辑,并总结其价值链的主要特色。

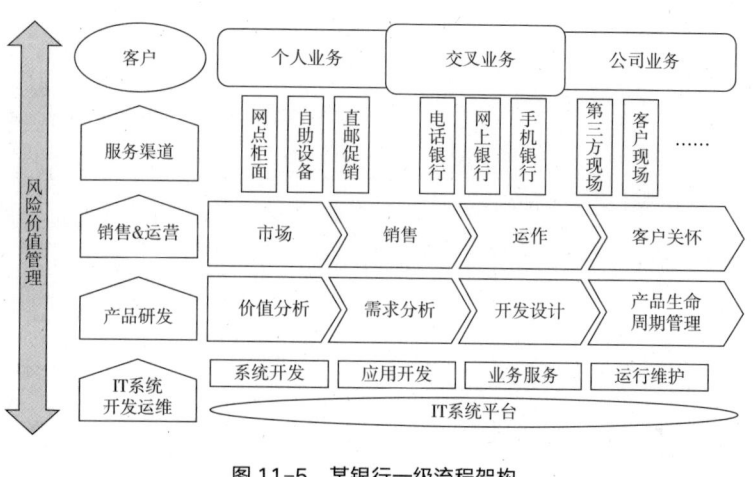

图11-5 某银行一级流程架构

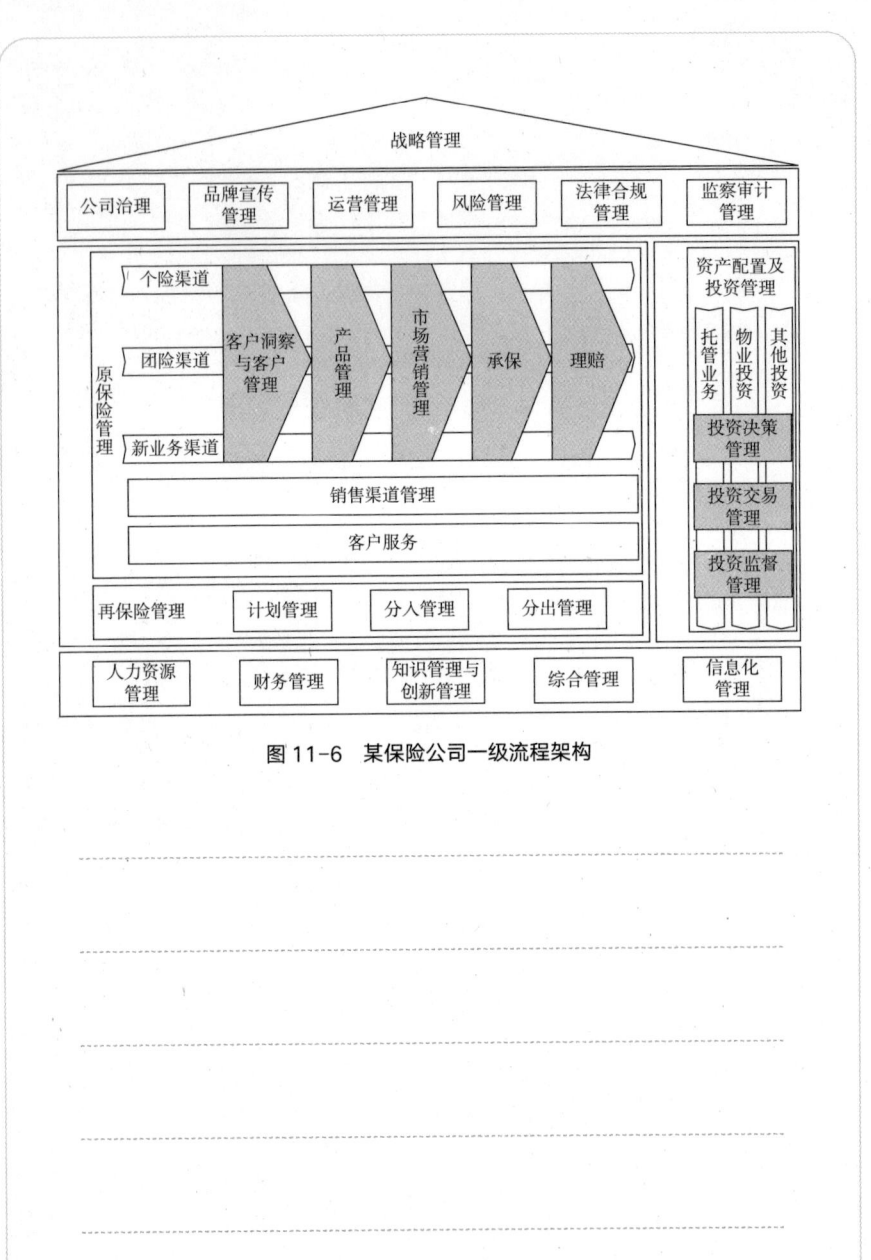

图 11-6　某保险公司一级流程架构

第 12 章

通过流程体系
自上而下理解企业管理

Q： 企业的组织架构是分层级的，流程是否也分层级？

A： 流程体系分类分级，要自上而下、逐层细化，实现战略的层层落地。

前面两章讲了从企业整体视角构建一级流程架构，也就是流程体系的顶层设计可以帮助我们建立企业运营的整体观和全局观。当组织规模越来越大、管理复杂程度越来越高时，我们就需要进一步对流程进行分类分级，要自上而下、逐层细化，形成体系化、结构化的流程体系（见图12-1）。

将一级流程进一步展开，就形成具体业务域的流程模型（详见第13~17章），将业务域进一步展开，就形成具体的跨部门/跨岗位的业务流程，继续分解就可得到具体的岗位操作指引，也被称为SOP（岗位标准作业程序）（见图12-2）。

自上而下、逐层细化，我们可将企业整体价值链模型逐渐往下分类分级细化，形成一级流程、二级流程、三级流程、四级流程等，直到形成完整的流程清单（见表12-1）。这份流程清单对于着手进行流程体系建设和管理的企业意义重大，就如同企业HR（人力资源）制作人员管理的"花名册"。流程清单上必须有清晰的上下级结构以及对本身属性的清晰描述，这样才能保证相关的流程制度文件之间接口清晰，不出现交叉或者缺失。

一级流程
企业模型 — 市场管理 / 集成产品开发 / 客户关系管理 / 集成供应链 / 客户服务

二级流程
业务域模型 — 概念 / 设计 / 开发 / 验证 / 发布 / 产品生命周期管理

三级、四级流程
业务流程（流程图）

岗位操作指引
操作手册/表单/模板等

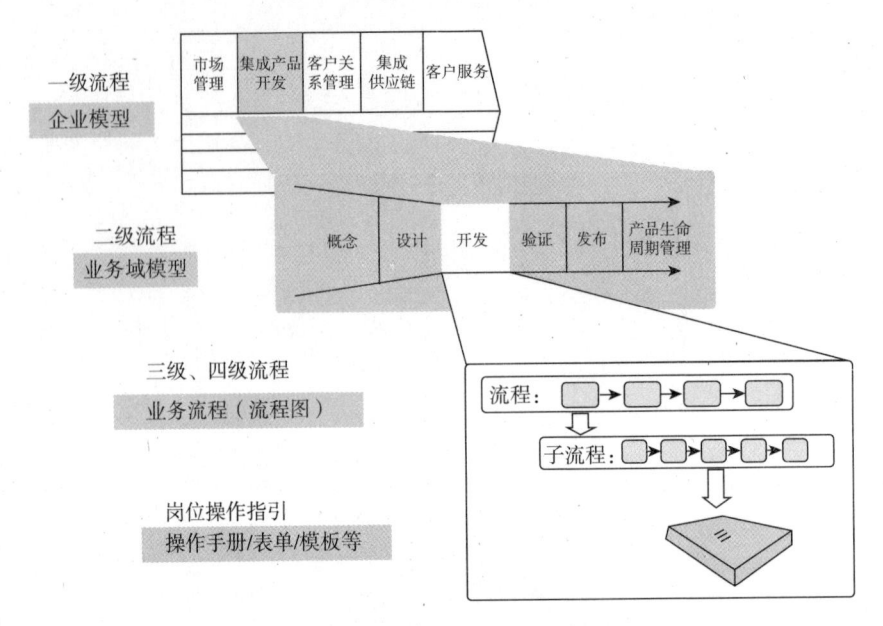

流程：□→□→□→□
子流程：□→□→□→□

图 12-1　体系化、结构化的流程体系

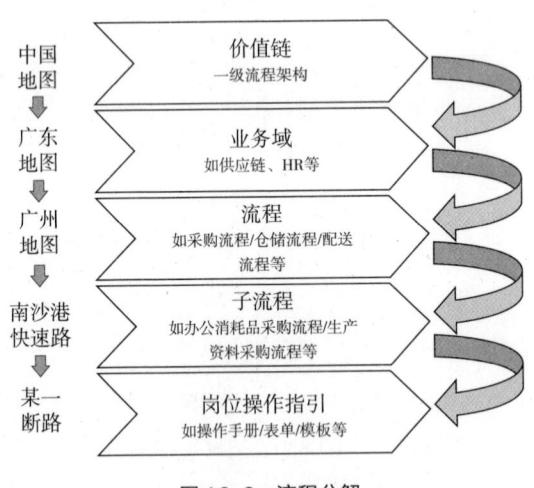

中国地图 → 价值链 —— 一级流程架构
广东地图 → 业务域 —— 如供应链、HR 等
广州地图 → 流程 —— 如采购流程/仓储流程/配送流程等
南沙港快速路 → 子流程 —— 如办公消耗品采购流程/生产资料采购流程等
某一断路 → 岗位操作指引 —— 如操作手册/表单/模板等

图 12-2　流程分解

110　流程思维

表12-1 流程清单

一级流程	二级流程	三级流程	四级流程	流程简介			流程责任人
				流程起点	流程内容概要	流程终点	
产品管理	战略性新产品开发上市管理流程						营销总裁
		新产品需求管理流程		提出新产品需求	需求的收集、分析、评审及实现	需求实现及反馈	品牌管理总部总经理 品牌管理总部品牌总监
		新产品开发规划及年度计划制订流程		进行新产品开发方向分析	市场分析—确定开发方向—制订开发规划和计划—评审开发规划和计划	发布新产品开发规划及年度计划	品牌管理总部总经理
		新产品概念开发流程		新产品背景信息收集	收集并整理新产品基本信息—提出概念—完善概念—概念评审决策	概念评审决策通过	品牌管理总部品牌总监
		新产品工艺开发流程		编制研发项目实施任务书	制定实施任务书—工艺开发设计—试生产—转产	下发新产品技术标准	研发中心副主任

流程体系的分类分级方法

流程体系的分类分级要从管理对象出发。不同管理对象的流程的目标和流转环节差异较大，因此，可依据管理对象的不同将流程进行分类。比如，房地产企业的项目管理流程，可以按照商业属性分为住宅地产和商业地产；也可以按照区域分为异地项目和本地项目。那么选择哪个作为流程的分类，主要看每一个分类下管理差异的大小。比如，住宅地产和商业地产在销售运营阶段有很大差异，那么就可以分为住宅销售流程和商业地产运营流程；如果在施工建设阶段，本地项目和异地项目的管控差异较大，也可以对之进行分类。也就是说，流程分类首先应区分管理对象的差异，通过分类建立多样化流程，以应对不同的管理需求，切忌为追求流程描述简单而用统一的流程应对所有类型业务，这样就会出现我们说的粗放式、一刀切式的管理弊端。

流程的分级一般是从一个大的复杂的流程分解为多个下级流程，比如研发流程可以进一步分解为下一级的概念阶段、设计阶段、测试阶段等；多个流程都会用到的公共流程也可分解出来作为单独的流程，如"合同签订管理流程"，所有与采购相关的流程都可调用此公共流程。流程一层层往下分级，分级的颗粒度怎么把握呢？一般我们建议，描述跨三个以上岗位的即可描述为流程，描述一个岗位的多个工作步骤，称为流程之下的 SOP。SOP 不出现在流程清单上，而是作为流程的附件存在。

流程清单的表现形式一般类似树状，从一级流程到四级流程逐级分解。对于流程清单中的每个流程，首先，建议在流程命名上做到尽可能清楚，比如可以命名两端，从需求到订单，或者从需求到回款流程，而非笼统地称之为销售流程；其次，通过流程起点、流程概述和流程终点来进行流程间关联关系的界定。流程起点包括三种情况：

- 此流程在什么条件下触发，如基于年度计划、临时申请、每月固定时间触发。

- 本流程属于某一上级流程的子流程，由于在上级流程中表述比较复杂，被作为一个子流程单独列出。
- 被某个流程触发，如新员工入职培训流程被入职管理流程触发。

流程概述描述这个流程的主要内容以及和哪些流程会存在逻辑引用关系；描述流程终点即本流程结束的标志，或者描述触发的下游流程，如新员工入职管理流程，触发新员工入职培训流程等。

不同层级的流程对应不同的流程责任人。所谓流程责任人，就是对流程的绩效结果负责的人。比如，企业的最高管理层是一级流程架构的责任人，其主要职责是制定企业的战略，同时通过构建企业的价值链，使企业里的各业务域流程能紧密衔接、形成整体系统，从而支撑战略的实现；研发流程的流程责任人是负责研发的管理者，确保研发端到端流程的运作绩效以及持续的优化。在这个逐层分解、梳理流程清单的过程中，要明确不同的管理层级应为不同层级的端到端流程负责。

如何评价一个流程清单分解得是否科学？

一方面，要看流程分类是否结构清晰，同一层级颗粒度差别是否太大；另一方面，要平铺开每一个层级的流程，标识清楚各流程间的逻辑关系，科学的流程清单应该没有重复、没有遗漏，可形成一张企业流程运营全景图。

将战略要求和经营理念融入流程建设

流程体系自上而下、逐层分解的过程，同样也是企业战略要求和经营理念层层落地的过程，我们把这个战略落地过程总结为"端到端流程的6层深入"（见图12-3），具体如下：

金字塔图（从顶到底）：
- 理念
- 端到端流程浮现
- 流程的绩效指标
- 高于流程的流程导向原则
- 流程分类分级细化
- 岗位标准化工具箱

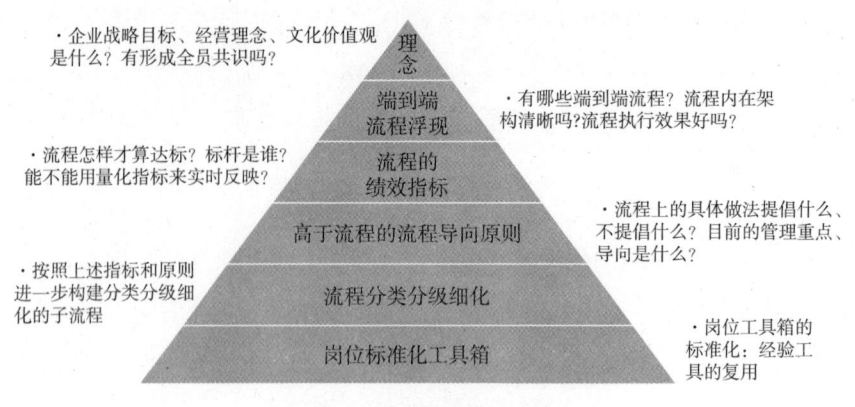

左侧注释（从上到下）：
- 企业战略目标、经营理念、文化价值观是什么？有形成全员共识吗？
- 流程怎样才算达标？标杆是谁？能不能用量化指标来实时反映？
- 按照上述指标和原则进一步构建分类分级细化的子流程

右侧注释（从上到下）：
- 有哪些端到端流程？流程内在架构清晰吗？流程执行效果好吗？
- 流程上的具体做法提倡什么、不提倡什么？目前的管理重点、导向是什么？
- 岗位工具箱的标准化：经验工具的复用

图 12-3　端到端流程的 6 层深入

- **理念**：明确企业整体的战略目标、经营理念、文化价值观。

- **端到端流程浮现**：围绕企业战略实现，构建企业的整体价值链模型，识别其中的端到端流程，比如研发管理的端到端、供应链管理的端到端。

- **流程的绩效指标**：通过设置端到端流程的绩效指标，可以有效衡量流程目标达成情况。比如研发流程通过指标"新产品上市成功率"衡量和评判这个流程是否达标。

- **高于流程的流程导向原则**：切勿着急进入具体流程，先思考有哪些高于流程的流程导向原则。所谓流程导向原则，就是当流程出现争议的时候，我们参照的统一原则和最佳实践。比如，企业要求提升利润率，从规模型向效益型转变，此时业务部门该不该招人？这时可以设定一个原则：启动招聘流程的标准是人均效益必须达到多少。这样，业务部门和人力资源部门就有一个统一的参照标准了。流程导向原则需要根据战略、业务发展以及市场变化不断总结提炼并与时俱进。

- **流程分类分级细化**：从一级流程到四级流程，明确跨部门、跨岗位的协同。

- **岗位标准化工具箱**：将管理要求最终落实到流程上每一个岗位的具体操作指引上，如 SOP、标准化工具箱等。

我们要通过战略目标、经营理念、文化价值观和管理原则的输入，流程绩效指标的量化测评和管理，流程岗位节点的经验积累，使流程成为包含丰富的管理思想和实践经验的有思想、有灵魂的流程。

案例　华为接待流程

接待工作在很多公司是由行政后勤部门负责管理的。很多人认为，接待就是接机、参观和请客吃饭，但是事实并非如此。让我们通过华为一套系统的接待流程了解接待工作的意义（见图12-4）。

- 接待工作指导思想：将接待工作视为一种投资活动
- 接待工作管理原则1："双赢目标"，即客户满意，我们也满意
- 接待工作管理原则2：统一规范、归口管理、分类分级、信息共享
- 接待工作管理原则3：分散资源、集中控制

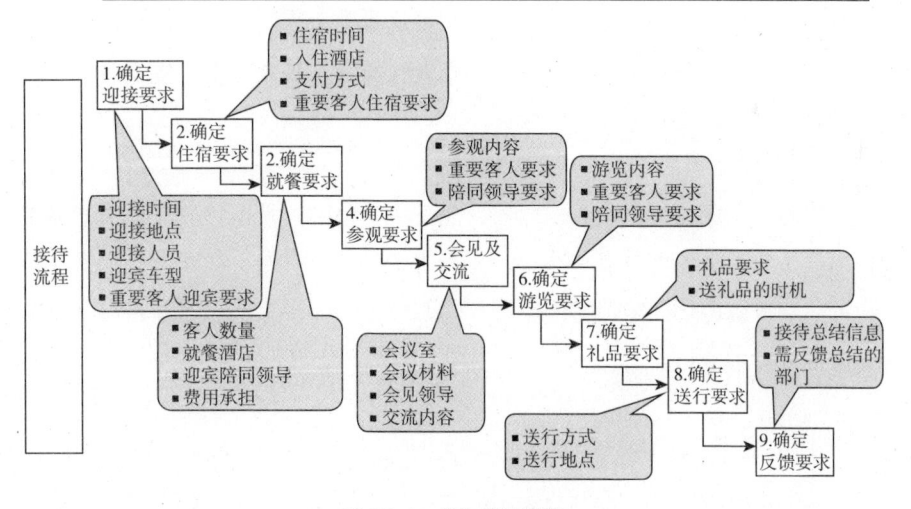

图12-4　华为接待流程

首先，从整个战略层面确定指导思想：接待工作不是行政性事务，它是一种投资活动。邀请客户到华为进行参观，华为

可以通过整个接待参访过程，让客户感受到华为是一个从产品到服务、从业务到管理都很优秀的公司，从而实现客户满意，将接待的投入有效转化为客户的认可和订单。

其次，在上述的战略指导思想下，明确具体的管理原则，包括坚持"双赢目标"原则，即客户满意，我们也满意；业务指导遵从"统一规范、归口管理、分类分级、信息共享"原则；接待工作的组织采用"分散资源、集中控制"的原则，由公司统一制定接待工作的方针、流程、接待标准、行为规范。不同的客户按分类分级有统一的归口管理和不同的接待要求，各部门资源配合，开发外部接待资源并进行部分工作外包，从而提升接待的专业化和投入产出比。

最后，在具体的流程设计上，从迎接到送行和总结反馈，给出非常详细的操作指南：不同的客户，在什么时间、什么地点迎接，用什么迎宾车型；不同民族的客人，相关的餐食安排是否有特别的民族差异和需求；在参观环节如何给客户准备惊喜小礼物、纪念品等。华为通过整个接待过程，使客户感受到华为是一家细节都做得很好的企业，客户自然会对华为的产品质量和服务水平放心。

因此，企业在优化流程的时候，先不要着急进入具体的活动细节，要先跳出具体流程来考虑有哪些指导思想和管理原则。比如，在很多公司里，销售部门和供应链部门是经常吵架的部门，销售部门要求快速响应客户，而供应链部门要求节省和控制成本。

从他们各自的立场来说谁都没错，但问题是针对客户的个性化需求，企业是该快速响应还是从控制成本角度放弃这个订单？这时，如果没有一个统一的指导原则，双方的争执就会陷入死循环。解决这个问题的根本，就是公司层面要明确战略导向：是个性化快速定制，还是标准化、规模化成本优先，到底要打造什么样的竞争优势？所有的管理层要对以上问题达成共识。

指导思想和管理原则是比具体流程怎么流转更高层次的东西，因此，管理者应该更多地思考流程背后的指导思想和管理原则，从而在解决问题时，起到提纲挈领的作用。如果没有这些思想和原则，直接进入流程的细节策划，很多专业人员就会拿出各种方案进行争论，甚至一个方案开始执行时就被推翻重来，耗费人力物力。比如很多企业做预算，如果没有一个明确的预算指导原则，如毛利率控制在多少、费销比不低于多少，那么这个预算审核流程估计要反复很多回。

思考一下，行动起来

选择你熟悉的企业，通过分类分级、逐层细化，梳理流程清单，并思考在每一个端到端流程上有哪些指导思想和管理原则。

第 13 章

用流程思维
理解产品研发管理

Q： 产品研发管理由哪些流程构成？

A： 对标 IPD，从需求到规划、到产品全生命周期管理闭环，确保产品研发的成功。

随着市场竞争越来越激烈，客户的个性化需求增多，很多企业开始重视如何加强产品研发创新、如何打造满足客户需要的成功产品、如何使企业获取更高的市场竞争力和利润等问题。提到产品研发管理，业界公认的最佳模式就是 IPD 研发管理体系。IPD 来源于 PACE（产品及周期优化法），是在大量成功的研发管理实践的基础上总结出来的，已被证明为高效的产品研发模式。经 IBM 和华为等一批企业的实践发展，IPD 已经成为一套重整企业产品研发模式的方法论。

IPD 是一套领先的、成熟的研发管理思想、模式和方法。图 13-1 显示了一般通用的 IPD 流程框架模型，具体包括需求管理流程、市场管理与产品规划流程、集成产品开发流程三大部分。IPD 最核心的管理思想，一是强调以市场需求作为产品开发的驱动力，因此在产品开发之前，需要通过需求管理流程、市场管理与产品规划流程，充分开展需求收集、需求分析、市场定位、产品规划等工作，从而正确定义市场需求和产品概念，形成市场与产品规划、产品路标规划、项目任务书等作为产品开发项目的有效输入，实现以客户为中心的设计。二是将产品开发作为一项投资来管理，跳出单一研发部门和技术视角来看产品和技术开发，从企业整体的视角用投资的理念和方法来管理产品开发,从而在产品规划和开发过程中进行正确的决策评审以及跟踪评估产品全生命周期的效益。

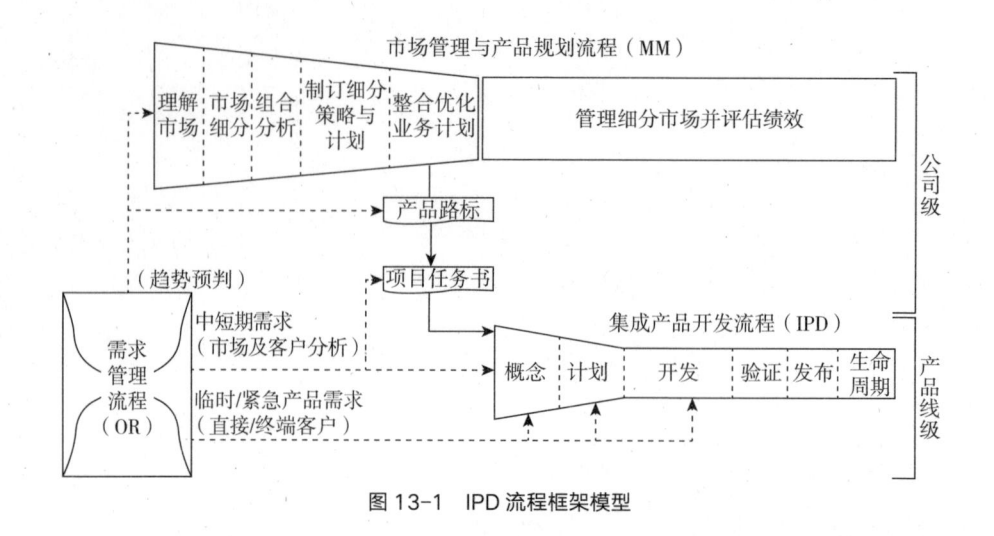

图 13-1　IPD 流程框架模型

我们来具体看一下每一个流程的常见问题和解决策略。

需求管理流程

需求管理流程的重点在于系统的需求收集、有效的需求筛选分析、精准的需求传递以实现需求端与设计端的畅通一致。因此,需要建立需求收集、分发过程、评审和验证的管理流程,规范需求定义和描述的框架、需求分析筛选的标准,保证有效需求的识别及精准传递,实现对需求生命周期的管理,从而为后端规划和产品开发提供有效输入,提升产品规划与研发的命中率。

由于互联网时代的客户需求更为个性化、多变和挑剔,因此产品研发需要进一步以客户为导向,加大对市场和客户的调研与了解,系统收集、整理、论证、决策产品需求,提高开发源头的准确性。然而大部分企业都缺少需求收集的系统管理,未构建规范的外部需求收集和传递渠道,散点式的信息和情报收集不能系统地、完整地为产品开发和规划提供输入,从而造成大量的产品研发与市场脱节,产品部门或者研发部门"闭门造车"。因此,在需求收集环节,我们建议从两方面着手优化:一方面,建立企业内客户信息及需求的统一管理,不管是前端销售人员、市场人员,还是供应链等中后端人员,都需将客户信息和需求的收集反馈纳入与客户接触的每一个流程环节中,而不是将需求收集视为额外工作。企业建立相应的激励机制以引导员工重视需求的收集工作,不要通过统一的 IT 平台进行管理和分析;另一方面,互联网时代更强调开放式创新,因此要建立更多与客户直接交互的渠道,借助互联网平台和各类 App 去中介,充分挖掘全网全渠道各种触点,自动采集、获取客户的建议、发动客户参与产品创新(详见第 8 章),还要分析客户的行为大数据,洞察市场需求。

市场管理与产品规划流程

市场管理与产品规划流程的主要目的是规划和选择企业战略实现的业务路径,确保产品开发与业务推动节奏和企业发展战略相一致、合理规划和协调产品开发资源、确定各类产品开发优先级。随着外界环境的快速变化,企业靠单一爆款产品很难保持持续的生命力,因此我们应更强调"产品组合"管理,通过产品组合的不断迭代,持续满足客户的新需求。

大部分企业的市场规划与产品规划流程相对缺失,这个和企业自身的规划能力不足有关。而且,很多企业更注重具体执行等战术层面的优化,忽略战略层面的规划。产品规划没有与企业的业务计划结合,会导致后端研发计划及产品上市计划经常受到临时项目的冲击,造成供应链紊乱。

因此,企业应建立规范、系统的市场管理与产品规划流程,具体建议包括:承接企业发展战略,增加产品中长期规划,明确制定产品中长期规划的标准和依据,提前进行研发战略布局;将中长期规划分解落实到年度产品开发计划,综合考虑产品中长期规划、各类新需求以及产品上市后的追踪分析，形成可落地的业务计划；因为客户对产品更新迭代要求加快，为了提高对市场的响应速度，需要设立定期的计划执行回顾与优化调整流程。

为保证产品规划和决策评审的专业性和前瞻性，企业应设立公司级的产品决策委员会，从总体上把控研发方向、分配资源，从而提升所有产品的上市成功率。

集成产品开发流程

集成产品开发流程以需求管理和产品规划为输入，解决研发项目立项—产品开发设计—产品上市及全生命周期管理闭环。在这个全生命周期管理的过程中，有以下 5 个关键要点。

1. 研发项目的分类分级

企业的产品研发包括基于趋势预判的战略型产品、基于市场和客户分析的改进型产品、基于促销活动或者 BUG 修复的临时或紧急需求的产品，不同类型产品开发过程的投入和风险截然不同，比如越是战略性的产品，其投入越大、不确定性和风险越高、对开发过程评审和决策管理要求越高。因此，为确保研发资源的有效投入，必须对产品研发项目进行分类分级管理，形成"差速研发"的不同类型产品开发管理流程。

2. 项目管理与结构化的开发过程

在产品开发过程中需要引入全面的项目管理制，以统一的过程管理实现全链条的协同和研发资源的最大化利用，确保在项目进度、质量、成本、变更、风险管理的基础上，提升需求到价值的转化率。为了保证项目管理的有效性，很多企业引入产品经理制来对产品研发项目进行全过程的协调和管理。

产品开发过程中，负责人需要在计划（确定性）与需求变更（不确定性）之间不断寻找平衡，从而保证过程受控，因此需要对产品的开发过程制定结构化的开发流程。

- 从产品开发的阶段到任务、活动、再到步骤，明确关键环节，保障产品开发流程没有重大缺失。
- 尽量并行产品开发的各项活动，让各方面的专业人员尽早参与进来，以缩短开发周期，保证质量。
- 在开发的全流程中设置里程碑（包括技术评审和决策评审的节点），以确保产品开发活动不会被随意调整而使过程失控。

3. 跨部门协同的机制和流程

产品的开发过程涉及研发、营销、生产、采购、物流、质量、财务等众多部门，比如营销部门要对产品进行市场销售评估；生产部门需参与产品的生产工艺研发；采购部门要提前评估产品所使用的原材料的获取难度和成本；财务部门要参与产品成本的测算与定价等。由于部门之间的职能化壁垒以及沟通协调的复杂性，仅依靠部门之间的分工协作难以保障产品开发的质量和速度。所以，要成立跨部门的核心小组，通过协同的方式来开展工作，以确保过程沟通、协调和决策的高效。

在跨部门的协同中，容易出现问题的环节之一就是与后端供应链的协同环节，主要反映在：研发的考核往往注重于产品的实现，导致其对后端生产的工艺、质量和成本考虑不足，因工艺不稳定或者原材料采购困难，有些产品在工厂很难量产；样件试制过程，研发和工厂协调难、效率低；供应链部门在产品研发过程中往往介入晚，导致部分新产品的材料采购计划滞后，容易出现交期问题等。解决这些问题都需要对产品开发流程进行优化，使供应链部门更早地参与到前端的跨部门沟通评审活动中去。

另一个需要加强跨部门协同的环节是产品上市及发布流程环节。新产品上市涉及研产销各环节的联动、线上线下各类渠道的宣传推广等，是典型的"海陆空"联合作战。因此，需要对新产品上市进行统筹规划和有效管理，具体建议包括：

- 制订统一的上市运作时钟，如产品发布会、媒体宣传计划、铺货计划、分渠道的上市计划等，形成全公司统一的上市时间表。
- 制订统一的宣传物料、培训材料以及行销辅助品等。
- 制订新产品上市的激励方案，以避免销售人员没有动力主动推销新产品，依旧推销早已上市的成熟产品。

4. 产品全生命周期评估跟踪

产品是企业的重要管理对象，企业需要对产品进行全生命周期的管理。然而很多企业的产品生命周期管理存在一定程度的缺失，表现为"重新产品上市，轻老产品淘汰"，这使它们无法对产品的运营情况进行有效评估和改进，导致产品退市决策无依据等问题。因此，我们建议，对产品上市后的表现建立全方位的追踪指标体系（如销售情况、盈利能力等），形成规范的分析模板，从而通过定期的分析评估，针对投入期、成长期、成熟期、衰退期的各个阶段建立相应的评价机制和推广策略。

5. 与流程目标匹配的绩效考核机制

新产品开发需以产品最终的市场表现来进行衡量，这与 IPD 强调的"将产品开发作为一项投资来管理"的理念相契合。以产品全生命周期为导向的绩效考核和激励机制，可确保参与创新的组织与个人的物质回报来自其创造的价值和业绩，即根据价值结果获取利益。考虑新产品上市推广有一定周期性，企业可以在项目研发完成初期给予相关人员适当激励，产品投入销售后，再根据产生价值与参与人员共享收益，从而最大化激发组织活力。

以上是对集成产品开发流程常见问题的分析。落实到具体企业时，要根据具体行业和产品特征进行 IPD 的个性化设计，以匹配企业的需求。以下是一个具体企业的产品研发管理流程优化案例。

案例　某定制家居企业的产品研发管理流程优化

A 公司创立于 20 世纪末，是中国定制家居行业的先行者，专注于全屋定制家居的研发、生产与销售。

定制家居行业的发展历史不长，从 20 世纪 90 年代中期开始至今，仅有 20 多年的时间。在短暂的发展历程中，家居行业经历了从单品类到多品类再到全屋定制的过程。如今，定制家具行业的发展有两大鲜明特点，这也给行业的发展带来六大挑战。

特点一：从单品类竞争到多品类竞争。

从供给端来说，在全屋定制已成为行业发展趋势的大背景下，企业的竞争从单品类竞争逐渐走向多品类竞争，因此带来三大挑战：

- 单品类产品竞争向多品类产品竞争发展，企业如何确保产品的研发能力？
- 多品类产品的风格如何在研发过程中融合统一？
- 原有优势品类面临更多竞争者的挑战时，企业该如何保持优势品类的竞争力？

特点二：数字化时代消费者个性化需求更多。

从需求端来说，在互联网思想的影响下，消费者的话语权变大，消费者的个性化需求也越来越多。因此，定制家居行业

的产品研发需要进一步以消费者为导向,由此也带来三大挑战:

- 如何真正地以消费者的需求为导向?
- 如何平衡产品丰富度和SKU(最小存货单位)总量?
- 单品类与全屋定制模式如何更好地共存?

针对上述六个方面的挑战,结合A公司的现状,可梳理出当前需要解决的三个核心问题:

- 在定制家居企业里,如何平衡好全品类和单品类的研发。研发要二者兼顾,不能丢弃其一。这涉及如何进行产品管理的顶层设计问题。
- 把握消费者的需求对于产品研发来说会变得越来越重要,这是来自需求端的挑战。在消费者多元化需求越来越高的情况下,企业需要考虑如何平衡好产品的开发和后端供应链的压力。
- 家居定制企业如何建立设计研发人员的激励机制,解决研发人员的激励问题。

回答好以上三个问题,也就有了三个层面的通用建议。

第一层:产品管理顶层设计,搭好骨架。

产品管理的顶层设计内涵比较丰富。面对客户诉求,顶层设计的内涵主要包括几个方面:第一,产品管理究竟包含哪些内容;第二,在产品管理的范围之内,需要匹配什么样的组织模式,才能将产品管理运作起来;第三,创新产品管理机制,怎样以产品经理理念重塑产品背后的运作模式。

基于以上分析,首先形成A公司的产品管理架构(见图13-2),建立起整体管理闭环。

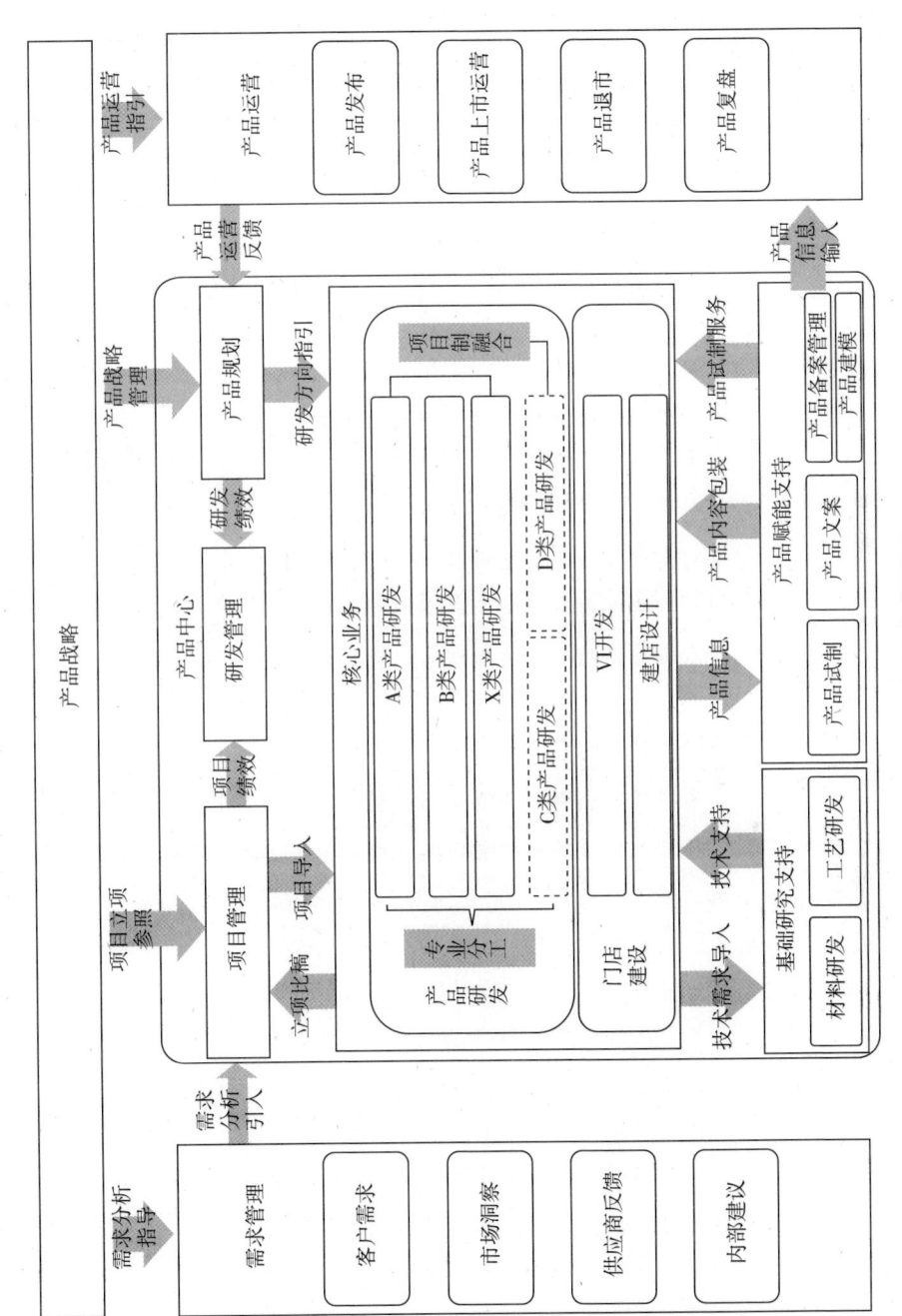

图 13-2　A 公司产品管理架构

其次，在这个闭环的顶层架构设计之下，设计对应的产品管理的组织模式，融合前中台的概念，把相对比较共性的管理内容抽出来作为一个中台去支撑，然后把橱柜研发、衣柜研发等作为单独的前端专业线进行管理，这样，产品研发就可以在研发部门内部以项目制的形式推进，以确保多品类的融合。

最后是产品经理思想的应用，即采用"二分式"产品经理各管一块的方式，重点关注前后端的协同。

产品经理统筹负责从产品的孕育到最终产品上市运营、再到产品的退市全过程的管理。传统定制家居行业发展时间并不长，从时间线来看，家居定制整个行业的人员能力和素质实际上远远比不上产品经理理念盛行的互联网行业，也比不上产品经理理念发源端的快消品行业。这样，一个问题也就凸显出来：组织内部很难挑选出一个人去承担产品经理的角色。

我们先来看看产品经理的职责。

产品经理需要承担的职责主要分两个部分。一个部分是在研发端，产品经理需要考虑如何开发产品，或者说如何提出符合消费者需求的创意产品的策划；在开发过程当中，产品经理还需要保证产品开发的理念在执行过程中与初期需求和定位保持一致，并找出符合需求的产品创意，让产品开发的速度跟上市场的需求。另外一个部分在市场端，产品上市运营以后，产品经理需思考如何去做产品追踪以及产品的运营，以带来更高的收益。

因此，A公司的优化方案也按照这个思路把产品经理的角色拆成两个部分，一部分是在市场端，一部分是在研发端。

在市场端选择一个项目经理，在研发端也选择一个项目经理，两人共同承担产品开发、产品管理，共同完成产品经理的工作职责。两端的项目经理各负责一端，重点关注前后的协同。

第二层：前中后协同，打通端到端流程。

如何形成需求端和产品端、产品端和供应链的协同，保证充分满足消费者的需求？本层面上的优化方案从产品的需求开始到最终产品退市结束,把端到端的产品管理流程做了系统的梳理。

在 IPD 指导之下,我们可把产品管理的过程分成五个部分:需求管理、市场产品规划、产品开发设计、新产品发布和产品上市运营。在具体流程的设计上,强调三个重点和一个数字化时代下的新要求。

第一个重点是从市场端到产品端需求传递的过程。这个概念并不新鲜,但执行起来非常困难,原因在于两方面。一方面,定制家居企业的产品交易、销售模式都是在线下进行,线上对于消费者的需求把握能力不充分或者发育不完整。另一方面,线下渠道依靠经销商,而经销商的导向是销售业绩,他们对收集客户需求的动力不足。

A 公司的项目组通过两个方面的举措来解决需求收集问题:一方面,为收集客户需求的经销商制定激励机制,一旦采纳了经销商收集上来的有效需求,就会给予经销商一定金额的奖励;另一方面,形成市场端人员定期和不定期的需求收集机制,从而解决需求收集的痛点。

同时,若收集到的需求杂乱无章,可使市场、产品开发以及供应链等部门共同组成评审委员,负责需求的筛选。在研发筛选出来的需求时,为了保证研发方向的正确性,由前端产品经理,也就是市场端经理,进行需求的传递以及后续跟踪,前端产品经理与研发端的产品经理协同,方可保证市场需求的传递。

第二个重点是产品开发过程的管理。消费者需求变化越来越大、越来越快,企业研发的项目也会越来越多。不是所有的研发项目都需要相同的资源,企业需要思考如何进行研发资源的平衡。优化方案应对研发项目进行分类分级管理,对不同级别、不同类型的项目进行相应的研发过程的管控,采取不一样的力度来平衡资源的投入,即形成"*差速研发*"的理念。

第三个重点是产品与后端的协同，使供应链端尽早介入产品设计。产品设计开发完以后，企业将会有很多新的材料、新的 SKU，可能还会有很多新的供应商，这会给后端的生产端和供应链端带来比较大的压力。

那么，企业应该如何平衡好 SKU 单品数量，尤其是平衡好供应商的数量、平衡好生产供应的过程呢？针对这些问题，A 公司的项目组采取了两个方面的设计。一方面，在产品开发立项的过程中就把供应链端的人加入进来，提前让供应链的同事去了解立项的方向，让他有充足的时间进行准备；另一方面，产品开发成型进入样件试制之前，将供应链端和产品端组成供应商开发小组，产品端负责材料以及供应商的挑选，供应链端负责供应商管理的流程。两端协同，由此打通产品端和供应链端。

数字化时代下的新要求：不能以数字化形式交付的研发项目，就不是成功的研发。在交付家居设计的过程中，越来越多的消费者不希望看 CAD（管理软件计算机辅助设计）的图纸，也不希望看到的是平面效果图，消费者想看到的是自己选择的家具的真实、立体效果。

因此，定制家居企业在做效果图设计或者帮助消费者选材料、选柜子的时候，越来越多地使用三维软件。这对于产品开发来说是新型的挑战。产品的设计开发过程，基本上是一个基于 CAD 设计的过程。CAD 这种二维设计很难跨越到三维或者 3D MAX 模型。针对这个问题，A 公司的项目组对产品开发的过程向后端做了一定的延伸，要求所有的产品开发设计必须有三维模型（由公司专业的建模人员组成的部门承担），以此来保证只要有新产品，消费者端就能够看到三维的模型，实现数字化的交付。

第三层：研发激励机制，激活组织活力。

顶层设计做好了，流程也梳理清楚了，就该重点关注研发人员的激励问题了。

A公司的研发项目激励方案：项目激励由项目绩效奖金和项目效益奖金组成。定制家居企业有一大特点：新产品研发出来后，真正产生现金流、为市场所接受，大概需要一年的时间。对于这个产品的设计师来说，一年后的绩效很难界定。原因在于，中间隔了一年的时间，产品利润的产生到底是归功于产品研发设计还是归功于销售很难被界定。

所以，在设计研发项目激励方案的时候，一方面必须有针对项目的固定额度的奖金，另一方面可以从后续产生的销售额和利润中设计一部分提成作为奖励指标。因此，A公司的项目组设计了"1+1"的项目激励方式，固定的部分叫作项目绩效奖金，提成的部分叫作项目效益奖金。

绩效奖金由产品中心年度的研发预算和公司专项补贴构成，按照一定的比例对研发项目组进行奖励。

效益奖金完全与销售额挂钩，但是只计产品发布后经销商订货销售额或者年度促销活动的销售额，按一定的比例对研发项目组进行补贴。同时，这一部分的奖金也考虑到了后端供应链、后台人员的付出和支持，以保障后端的积极性。

为保障产品管理变革的有效落地，除研发项目激励方案以外，A公司的优化方案还设计了研发设计师岗位职级和宽带薪酬方案，完善"双通道"、匹配市场薪酬以及引入项目激励，这些共同组成"职级、晋升、薪酬、考核激励"的完整管理激励方案。

对于家居定制行业来说，产品管理是重中之重。通过顶层设计建立产品研发管理的管理架构和创新模式、前中后端的端到端流程打通、相匹配的研发激励机制，A公司的项目组为A公司产品研发管理的优化提升提供了完整的解决方案，全面提升了公司的市场竞争力。

思考一下,行动起来

选择熟悉的企业,梳理其产品研发管理架构,剖析其特点和难点。

第 14 章

用流程思维理解营销管理

Q： 营销强调灵活作战，还需要流程管理吗？

A： 需要，针对 B2B、B2C 不同客户制定不同营销策略和流程，以客户为中心全网全渠道协同作战。

在不同的行业和企业之间，营销管理应该是差异最大的领域。不同的目标客户群体、不同的品牌定位、不同的产品服务特性、不同的数字化程度，决定了企业的营销模式和流程完全不同。为了快速建立对营销的基本框架认知，本章内容只做一些大的分类和共性内容的介绍。

从营销面对的客户群体来看，可以将其分为 B2C 和 B2B 两大类。从营销的具体执行来看，可以将其拆解为"营"和"销"两大领域。所谓"营"，从字面可以理解为"经营""营造"等，一般对应企业品牌管理和市场推广，即通过与目标客户匹配的"传播内容＋推广渠道"，让更多目标客户知道你、认可你，在需要的时候想到你，它关注的是企业品牌的长期性和广泛性。而"销"对应的就是销售，让更多目标客户转化为购买客户，实现产品服务的变现和回款。面对 B2C 和 B2B 客户群体，基于产品服务的标准化和复杂程度，"营"和"销"的流程有很大差异。

随着数字化营销的兴起以及互联网去中介的趋势，越来越多的企业更加关注私域流量、客户全生命周期运营和客户忠诚度等。基于大数据获得的清晰客户画像，使营销更多回归到客户本身，从而有可能实现与客户更长期的合作，大幅提高营销资源的投入产出比。

我们通过以下具体案例来分析每一个领域的特点。

B2C营销流程架构

图14-1是某快消品企业的营销流程架构，它显示了该企业在营销领域的主要流程。

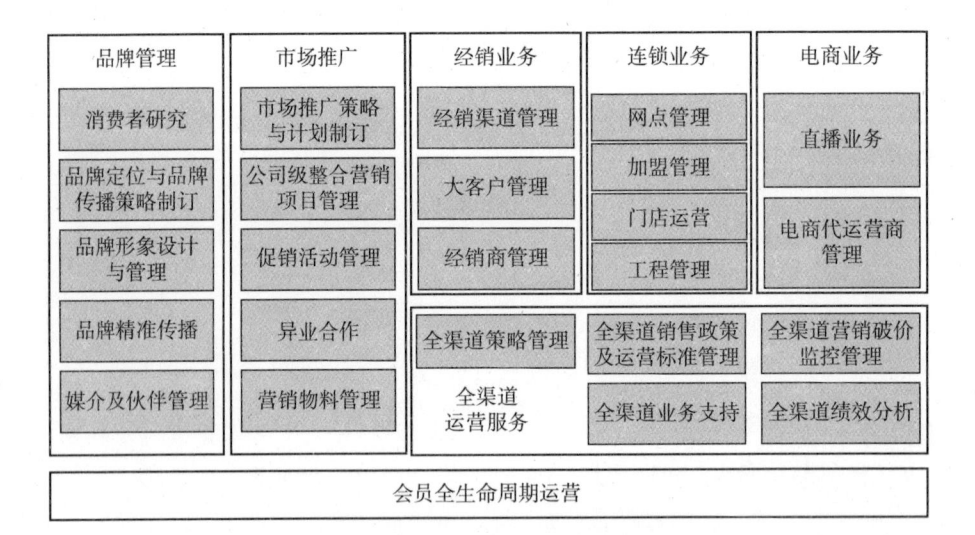

品牌管理	市场推广	经销业务	连锁业务	电商业务
消费者研究	市场推广策略与计划制订	经销渠道管理	网点管理	直播业务
品牌定位与品牌传播策略制订	公司级整合营销项目管理	大客户管理	加盟管理	电商代运营商管理
品牌形象设计与管理	促销活动管理	经销商管理	门店运营	
			工程管理	
品牌精准传播	异业合作	全渠道策略管理	全渠道销售政策及运营标准管理	全渠道营销破价监控管理
媒介及伙伴管理	营销物料管理	全渠道运营服务	全渠道业务支持	全渠道绩效分析
会员全生命周期运营				

图14-1 某快消品企业营销流程架构

首先是品牌管理流程。对于快消品企业来说，建立品牌知名度、美誉度非常重要，相对于B2B端，品牌对于客户购买决策的影响作用更大。企业通过对消费者的研究，建立企业的品牌定位与品牌传播策略；然后，进行系统的品牌形象设计与管理，如公司Logo（商标）、Slogan（宣传语）、VI视觉体系、广告片、终端陈列等，确保品牌形象的可辨识性与传播的一致性；接下来，通过高质量的传播内容＋有效的推广渠道实现品牌的精准传播。互联网的发展为品牌传播提供了非常丰富的渠道，如公司网站、公众号、小程序、微博、搜索引擎、第三方媒体、社群运营等，可谓创新层出不穷。但营销的关键是传播内容的质量和差异化、是否足够吸引和打动目标客户群体，企业同时要注意传播的渠道是否足够精准、是否能实现"有效触达"以达到高的投入产出比。很多企业会选择第三方的专业公司来帮助其进行品牌的策划与传播或者共创，如策划公司、传播公司、广告投放公司、咨询公司等，因此也就有了对应的媒介及伙伴管理流程。

其次是市场推广流程。企业通过制订市场推广策略与计划，再结合公司战略和业务发展计划，形成市场推广的年度/季度/月度活动计划；接下来，按照不同的推广活动进行不同的项目流程管理，如结合新产品上市时间、重大节日或者事件等开展的公司级整合营销活动，围绕区域或者特定产品开展促销活动以及异业合作，与企业产品具有互补性的其他公司联合营销以实现资源共享和销售互促。在各类市场推广活动中，营销物料一般采取集中设计或者采购的策略以降低成本。在市场推广的流程设计中，好的推广活动更强调创新和快速响应，因此会通过流程管理来整合营销跨部门跨区域计划的协同、预算总额的管理以及最佳实践的复用，且在具体的创意方案和执行中给予一线人员更多的灵活授权，以提供营销推广的有效性。同时，互联网上的营销推广渠道更加分散，如何形成线上线下、全网全渠道的协同配合作战是营销活动策划流程面对的挑战。

再次是渠道管理相关流程。对于快消品企业来说，实现销售转化的关键要素之一就是渠道通路的布局，以提供产品购买的便利。从传统的经销商、KA卖场（大客户）、终端门店到互联网电商和直播业务的兴起，销售渠道越来越丰富。有些企业是全面布局，以实现线上线下渠道的全覆盖；有些企业是集中所有资源于一个渠道发力，如只做电商和直播。从整体的趋势来看，企业最终都是要实现线上线下渠道的融合和流程的打通。图14-1所示的快消品企业渠道管理相关流程包括了经销业务、连锁业务和电商业务以及全渠道运营服务，从传统经销渠道、连锁门店到电商渠道都有覆盖，近两年还通过数字化的手段进行全渠道运营和流程的整合，如全渠道的拓展策略制订、统一的渠道销售政策和价格管理等。在销售渠道的发展中，企业也越来越注重生态圈的建设，如过去的经销商、加盟商等现在会被称为"事业合伙人""城市合伙人""联盟伙伴"等，企业可同这些伙伴一同推出联合生意计划，以实现生态共赢。因而，与此相应的识别、遴选、激励和管理的流程也需要加以建设。

最后是会员全生命周期运营流程。对于快消品企业来说，要实现对消费者更好的洞察和精准营销，实现对市场的快速响应，企业会希望尽可能多地掌握终端消费者的数据，对客户进行直接运营，进一步向会员全生命周期深度增值服务转变。因此，"会员全生命周期运营""私域流量"等概念兴起，越来越多的企业投之于实践。图 14-2 显示了某企业会员全生命周期管理的流程，该企业通过线上线下推广精准拉新，获取新客户会员注册资料；而后，通过各类客户触点以及相关促销和专属权益等持续精准触达，实现从一次购买到多次购买的不断转化；并将会员重复购买率、钱包份额、新客推荐率、挑选产品的时间等反映客户忠诚度的指标作为重要的流程绩效指标。在此过程中，平台不断沉淀积累会员大数据，这些数据成为企业的数据资产，驱动企业数字化增长。

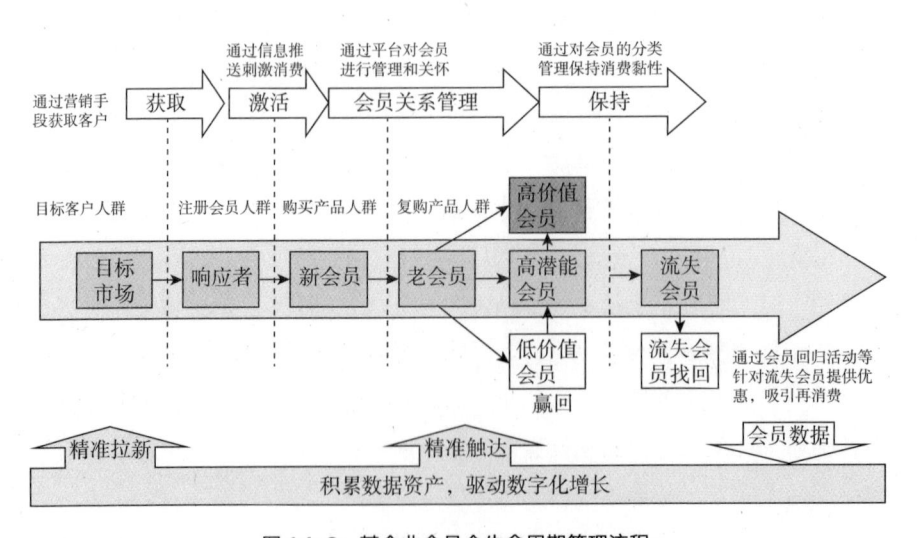

图 14-2 某企业会员全生命周期管理流程

越来越多的企业已经进入数字化营销时代，各种基于数据的营销因此得到进一步发展。基于潜在客户和已有客户在互联网线上和线下留下的行为数据和交易信息，在互联网上寻找优质潜在客户，实现基于大数据的精准营销成为数字化营销的创新方向。

想要依托海量数据，进行大数据分析与预测，实现广告营销的精准投放，进一步降低营销单位成本，一般要有以下流程和步骤：第一，有大容量的客户数据资源作为储备基础，且数据动态更新及时、可信度较高；第二，面对海量数据资源，有相应的数据信息处理技术能够帮助企业勾勒出细致的客户画像，并对客户进行精准细分；第三，做到与细分客户的有效沟通，即实现精准营销。

案例　海尔基于大数据的精准营销

经过长期积累，海尔内部拥有丰富的客户数据，但是这些客户数据分散在不同渠道和部门，数据之间相互割裂，无法全面记录、保存客户的完整信息。因此海尔启动了 SCRM（社会化客户关系管理）平台和大数据精准营销的全面推动工作（见图 14-3）。

第一步：数据融合。

海尔通过推出"梦享+"社交化会员互动品牌，吸引客户自主通过短信、微信、网站、二维码等注册账号。内部全流程数据动态连通，并有一个高活跃度的闭环数据平台——SCRM 平台。数据包括线上全流程交互数据、销售数据、售后数据、会员注册数据等，形成丰富的原始数据资源。在平台上的这些数据的互动性更强、更新、更及时、完整度更大。

第二步：数据处理。

数据清洗后，识别出每个注册客户的基本信息，如姓名、电话、年龄、住址、邮箱、产品等，再进一步提高数据的可信度以及完整性。

为更全面地认识客户，SCRM 平台与外部品牌和互联网媒体合作，进一步打通数据，以求获得客户在网上的行为数据，形成全网客户识别，并真正地了解每一个客户的特点、爱好和生活习惯。SCRM 还为他们打上标签，包括"关注健康""关注理财"等 500 多个标签维度。

然后根据标签建立数据模型，将相似特征的客户聚类分成不同组别。在客户类型基础上，依据不同的打分规则，建立起"产品购买可能性模型""成套购买可能性模型""更新换代可能性模型"，以及依据线上线下互动行为反馈判断的"客户活跃度模型"等一系列数据产品，对海尔客户聚类分组。

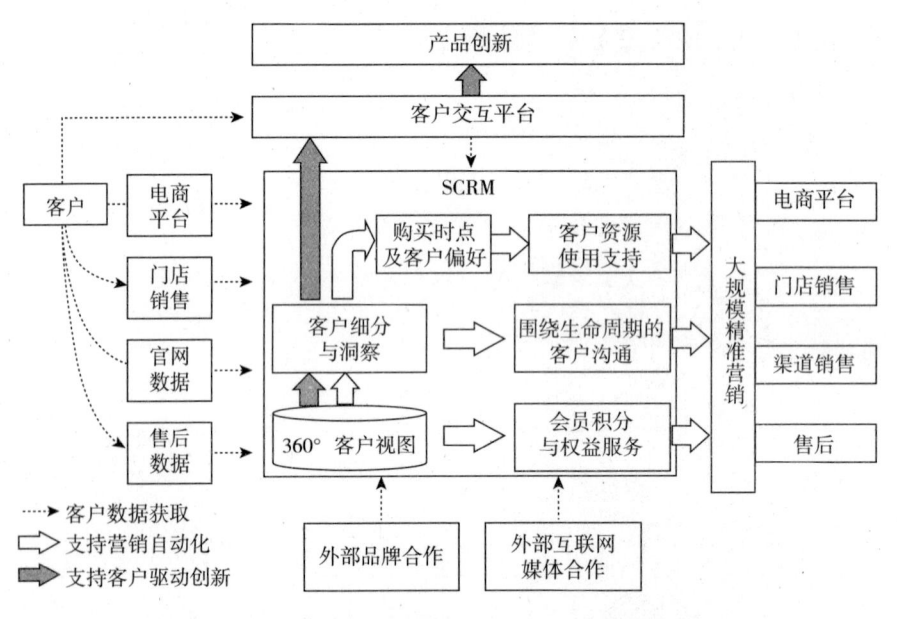

图 14-3 SCRM 平台实现基于大数据的客户交互及精准营销

第三步：精准营销。

针对目标客户，开展一对一大规模精准营销。借助微信、微博等自有媒体，或是通过短信、邮件等方式对目标客户进行广告/营销的精准投放。

海尔通过建立基于大数据的客户交互及精准营销平台，整合各接触点的客户数据，建立起亿级客户数据库，进一步形成客户特征标签，并针对每个细分产品形成购买可能性模型，在此基础上开展大规模精准营销。在这个过程中，我们看到传统的营销流程架构发生了颠覆性的变化，过去营销管理流程中电视硬广等媒介投放流程逐步消失，被结合大数据分析的精准营销流程所替代，与之有关的组织岗位和能力要求也发生相应变化。

B2B营销流程架构

B2B的营销过程相对于B2C更为复杂。首先，决策过程不一样，企业的采购往往涉及多个部门或者岗位，评价要素更复杂；其次，长尾的中小微企业和大企业客户的管理差异也非常大，比如中小微企业往往价格敏感，而大企业客户对服务的品质要求更高；最后，越来越多的企业从提供产品向提供解决方案转型，也使相应的流程转变为复杂销售管理。

图14-4显示了某工业机器人企业的营销流程架构，该企业主要面向制造业客户，为其提供工业机器人的产品和智能制造解决方案。从这张图上，我们可以看出B2B和B2C在营销流程上存在的差异。

首先，在品牌管理和市场推广流程上，由于B2B的客户群体行业属性和特征相对明确，因此在传播和推广渠道上也更为聚焦，包括一些行业或者专业的期刊、论坛和展会。对图14-4的工业机器人企业来说，由于其产品的专业性，该企业每年最主要的营销推广渠道就是行业展会。由于对展会项目的重视，所以企业将参展这一本来属于品牌和市场推广的活动升级为营销领域的一级流程并对其进行PDCA循环的全链条管理。

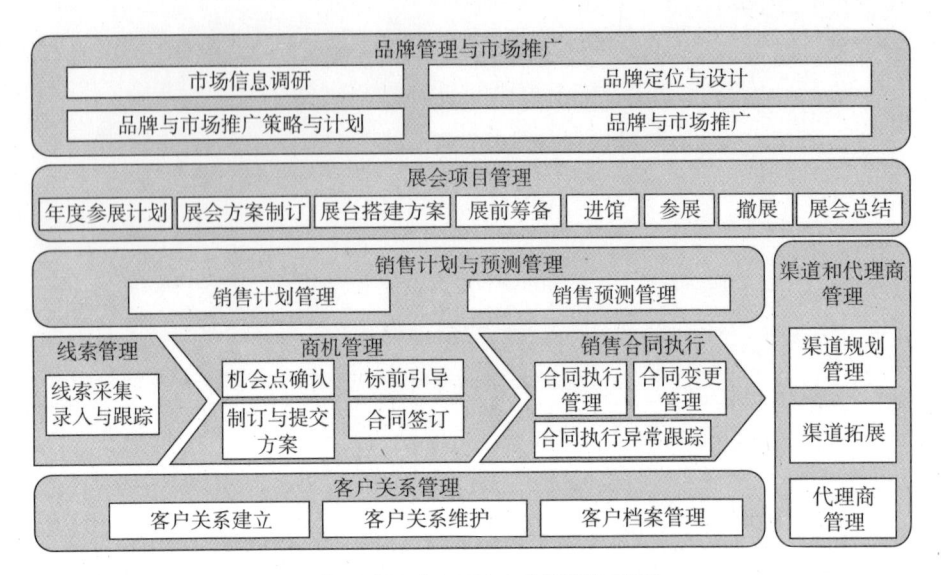

```
┌─────────────────────────────────────────────────────────────┐
│                    品牌管理与市场推广                          │
│  ┌──────────────────┐      ┌──────────────────┐             │
│  │   市场信息调研    │      │   品牌定位与设计  │             │
│  └──────────────────┘      └──────────────────┘             │
│  ┌──────────────────┐      ┌──────────────────┐             │
│  │品牌与市场推广策略与计划│   │   品牌与市场推广  │             │
│  └──────────────────┘      └──────────────────┘             │
└─────────────────────────────────────────────────────────────┘
┌─────────────────────────────────────────────────────────────┐
│                    展会项目管理                              │
│ ┌──────┬────────┬────────┬──────┬────┬────┬────┬────────┐  │
│ │年度参│展会方案│展台搭建│展前筹│进馆│参展│撤展│展会总结│  │
│ │展计划│ 制订   │ 方案   │ 备   │    │    │    │        │  │
│ └──────┴────────┴────────┴──────┴────┴────┴────┴────────┘  │
└─────────────────────────────────────────────────────────────┘
```

图 14-4 某工业机器人企业营销流程架构

其次，在销售管理流程上，由于产品和解决方案销售周期长，B2B 订单多是基于客户需求进行定制的，所以是销售部门发起销售计划和预测，指导销售工作的推进和后端的供应链计划协同。具体的销售转化管理则包括线索管理、商机管理、销售合同执行的 LTC（即从线索到现金）端到端流程管理。

最后，是客户关系管理流程。由于 B2B 的复杂销售过程，持续地建立和维护客户关系、与客户持续互动，变得至关重要。同时，为了进行区域市场的深耕、更高效地获取客户线索和开展本地化客户服务，很多企业也采取渠道和代理商管理机制，构建生态体系。

我们看到，越来越多的企业更加关注"客户满意度""客户忠诚度"等指标，并基于客户交互相关流程中的数据积累，开展智能化分析和客户价值管理等，以更精准地了解每个客户的贡献度是多少、哪个行业的客户对企业的贡献最高、哪种类型客户对公司的贡献最高，从而制订更精准的营销和客户服务策略，实现营销资源的投入最优化。

案例　宝钢360°客户视图与客户价值管理

为了建设服务最好、速度最快、成本最低的营销价值链，及时有效获取客户需求，提高对客户的响应能力，实现多组织、多品种、跨地域横向与纵向的沟通与协作，宝钢启动了一体化客户信息平台建设和客户价值管理，具体分为两大阶段（见图14-5）。

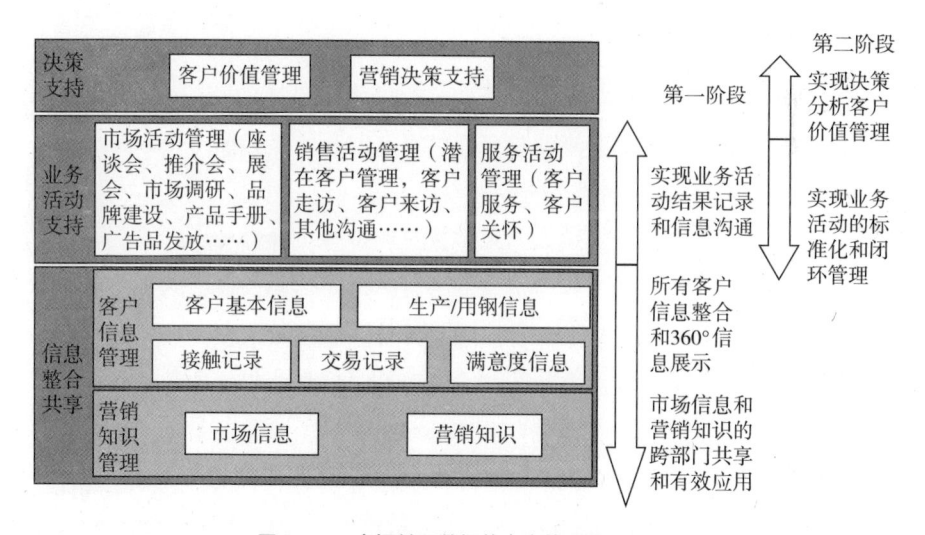

图14-5　宝钢基于数据的客户管理建设规划

第一阶段：一体化客户信息平台建设。

结合客户管理模式和特点，建立以客户为中心的多组织集团模式的客户信息管理体系，以规范客户信息收集和客户服务活动管理，具体包括：

- 对所有客户信息进行表单结构化和数据标准化设计，包括21大类44小类300多个字段，明确客户信息字段相应的值集、缺省值、数据来源、业务规则等。
- 对客户管理相关的走访、来访、座谈会、需求、意见等信息进行梳理，实现客户接触活动信息实时记录和信息流转处理。
- 在表单信息和明确流程的基础上，制定相关的《客户信息管理办法》，明确客户信息收集、维护等管理规范，建立客户信息管理的长效机制。
- 结合需求进行一体化客户信息平台IT系统的设计开发。

一体化客户信息平台充分借鉴了CRM、流程管理、数据标准化和知识管理的管理思想理念，具体体现在：

- 信息收集和业务流程相结合：将信息处理工作纳入产生这些信息的实际工作中去，将客户信息的收集、维护和相应的业务流程相结合，不再把收集信息作为例外的工作，这有助于业务处理的规范化提升和信息的考核评价，避免了信息的多次录入。
- 信息结构化和数据标准化：根据不同的管理要求，在信息录入时通过表单结构化、数据字段的选项值标准化，来便捷化未来信息的综合查询和分析工作，并简少信息录入的工作量。
- 360°全方位的客户信息展示：在信息结构化和数据标准化的基础上，从不同信息的应用者角度出发，进行信息全方位、多维度的组合查询和展示。

第二阶段：客户价值管理。

在客户信息积累的基础上，宝钢开始全面推行以客户价值为导向的营销模式和客户全生命周期服务经营理念，挖掘并牢牢把握住能给企业带来最大价值的客户群，并在客户价值的引导下进行客户关系管理，以实现公司资源的优化配置。具体包括：

- 客户价值的评价：首先是建立评价客户价值的指标体系，设置了当前价值和潜在价值两个维度，共计30个评价指标的客户价值评价指标体系。然后，建立客户价值的量化模型，确定每个指标的权重，以此形成客户在细分层次中的价值得分和排名，便于后续客户价值的分析。

- 以客户价值为基础的客户细分：差异化营销和精准营销都有一个共同的前提：将客户进行细分，针对客户细分群体的价值贡献制定相应的营销策略。在价值量化的基础上，综合订货量和利润方面的表现，将客户细分为核心价值客户、重要价值客户、价值客户和一般价值客户，并将这一分类以金字塔形呈现出来。

- 客户关系维护策略的持续推广：从客户的角度分析客户对于宝钢现状最看重的维度和指标是什么，对这些指标的评价如何；从宝钢的角度分析客户维护工作现状如何，有哪些地方值得提升。这样的对比分析，可将客户维护工作集中在客户最关注的方面。

结合客户细分结果，提出三方面的客户维护策略：

- 微型分割策略：对比客户感知价值和期望价值，分析出不同行业的客户关注点；同时，以客户价值为基础，对应不同的客户层级形成微型分割的营销策略，从而对不同级别的客户给予不同等级的优惠和服务政策。不同产品的客户关注点不同，所以企业在维护方面应有所侧重。

- 核心价值客户一对一：对核心价值客户形成一对一的全流程解决方案，有针对性地发现客户需求、定制服务方案、进行方案评估，最后实施方案，变统一的服务为个性化服务，以大客户经理为对接人，为核心价值客户打造一体化的服务方案。
- 健全内部管理机制：客户的维护需要相关部门的业务协同，还需要相关制度政策加以固化和落地，这主要涉及价格管理机制、服务管理机制等。同时，针对核心价值客户的管理，要健全大客户经理管理制度、明确大客户经理的岗位职责、健全大客户管理流程和绩效考核机制，从而保证核心价值客户一体化服务方案的有效落地。

企业要根据客户价值设计差异化营销策略，将有限的资源投放于价值贡献大的客户并做到有效传递，持续提高客户价值，更好地维护客户关系，从而为企业赢得长远的利益。在这一过程中，企业需达到以下几个具体目标：

- 实现360°的客户信息管理。充分利用一体化客户信息平台进行深入挖掘，以全方位了解客户信息、识别客户价值，保证信息的一致和共享。
- 实现一致化的客户体验。根据产品、行业进行客户分级，针对各类客户提供一致化的客户体验。
- 实现差异化的营销活动。为不同价值的客户提供差异化的营销、服务，从而实现资源的优化配置和利益最大化。
- 提供全方位的决策支持。通过全面、及时、有效的信息来支持决策，从而提高营销活动的效率，实现高效的营销、服务管理。

思考一下，行动起来

分别选择 B2C 和 B2B 类型的企业，分析其营销策略和流程的差异化，并思考其背后的商业逻辑。

第 15 章

用流程思维理解供应链管理

Q： 如何以流程推动供应链管理的优化？

A： 从需求侧到供给侧端到端的优化，以数字化提升柔性和抗风险能力，实现最优服务水平和最低运营成本。

"未来的企业竞争，是供应链之间的竞争"，这句话已经成为业界的共识。

一方面，全球专业化分工越来越细，过去一个产品只由一个国家、一个地区的企业生产，现在几十个国家、几百个企业生产的上千个零部件互相组合才形成一个产品。白色家电的 BOM（物料清单）有 100 多个零件、智能手机的 BOM 有 300 多个零件、汽车的 BOM 有 3 万多个零件、飞机的 BOM 有上百万个零件，这些零件的研发与加工生产厂分布在全球各地。BOM 数量级越大，分工与集成组装的复杂性越高，对供应链系统管理能力的要求也越高。

另一方面，受疫情的影响，很多企业出现因为一个零件的缺失停掉一条生产线的"掉链子"情况：一个区域的疫情防控会影响其整个上下游产品链供应链的生产。这种因为局部、区域、突发性的风险事件造成供应链中断的问题越来越受到关注，很多企业供应链管理的重点也从原来的成本与效率，变成现在的成本与效率、安全与稳定。

我们国家对供应链管理非常重视，近年发布了一系列政策以推动供应链创新。国务院办公厅发布的《国务院办公厅关于积极推进供应链创新与应用的指导意见》（国办发〔2017〕84号）对供应链这样定义："供应链是以客户需求为导向，以提高质量和效率为目标，以整合资源为手段，实现产品设计、采购、生产、销售、服务等全过程高效协同的组织形态。"随后的多个政策文件中也强调，将供应链思维融入经济发展全局，建立全局视野和系统思维，推动产业全链条端到端的效率和效益提升，实现产业链供应链的一体化协同和共赢发展。

通过上面的背景分析，我们可以总结供应链管理的核心理念包括：

- **系统理念**：强调端到端全过程的整体协同优化，从供应链总成本优化的角度去推动全链条的优化，实现供应链整体收益最大化。
- **整合理念**：充分整合内外部的优质资源，实现资源共享，提升资源利用率。
- **柔性理念**：构建柔性供应链，通过信息共享来降低供应链的不确定性，通过数字化提升供应链的快速响应能力，提升供应链抗风险能力。
- **共赢理念**：产业链的分工使产业链上下游企业间的依存度越来越高，上下游企业变成真正的产业命运共同体。因此，过去的"竞争、博弈"思维应转变为"竞合、共赢"思维，企业要打破各自为政的分散决策方式，形成紧密协作和战略合作伙伴关系，实现收益共享和共赢发展。

基于对企业的实践观察，我们将目前企业供应链管理归纳为三种处在不同发展阶段的运作模式：

- **传统供应链管理模式**：以SCOR模型为基础的企业计划—采

购—生产—配送—退货的整体协同管理。大部分传统的生产制造型企业采取的是这种模式。

- **端到端数字化供应链模式**：随着数字化和智能制造等技术应用的成熟，供应链管理的边界已延伸到客户端。客户需求到供应链交付全过程的可视化、智能化促成了柔性的、按需定制的供应链。
- **产业供应链集成服务平台模式**：供应链管理专业服务需求增多，许多第三方的供应链服务平台也应运而生，这种平台会面向全行业提供共享服务的供应链集成服务。例如，大企业将内部的供应链管理部门独立出来，使其成为独立的供应链服务企业；有多年经验的供应链管理专业服务商，以产业互联网的模式连接产业链上下游企业，实现从需求侧到供给侧的产业链供应链再造。

从流程思维的角度看这三种模式：端到端的服务覆盖范围不断变大，数字化的应用程度越来越深，对客户的需求响应越来越高效，供应链的总成本也越来越低。我们可通过具体的案例来了解每一种模式的特点。

传统供应链管理模式

传统供应链管理的经典模型就是 SCOR 模型，它是由国际供应链协会发布的供应链运作参考模型。这个模型目前已成为一个公认的国际标准，为不同生产制造型企业的供应链管理流程构建提供了良好的指导。作为标准供应链管理的流程参考模型，SCOR 模型定义的供应链包括了计划、采购、生产、配送、退货和支持系统六大部分（见图 15-1）。供应链计划指导整体统筹、协同采购、生产和配送各个环节，同时兼顾退货的逆向物流管理和供应链运作的整体支持。采购—生产—配送环节，会因不同企业的生产模式，分为按库存生产、按订单生产、按订单定制三种类型。

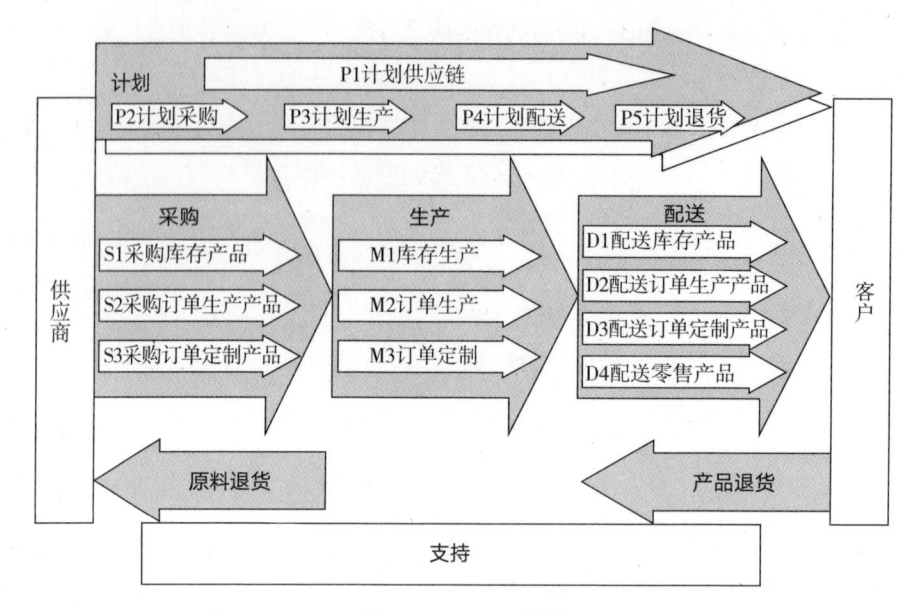

```
                    P1计划供应链
         计划
         P2计划采购   P3计划生产   P4计划配送   P5计划退货

         采购          生产          配送
         S1采购库存产品  M1库存生产    D1配送库存产品
供应商    S2采购订单生产产品 M2订单生产  D2配送订单生产产品    客户
         S3采购订单定制产品 M3订单定制  D3配送订单定制产品
                                   D4配送零售产品

              原料退货                  产品退货

                         支持
```

图 15-1 SCOR 模型

在传统供应链模式下，企业面临的最主要问题就是产销衔接和计划预测问题。因为生产采购计划大部分是基于销售部门提供的信息以及历史经验制定的，而销售部门会更关注销售指标而忽略后端供应链管理，所以销售部门和供应链部门的争执就变成了常态。

怎样才能在精确预测的同时快速调整预测？如何做好采购、生产、库存、配送的提前布局和紧密协同？一个好的供应链运作模式，一定是产销紧密协同的，它可以将市场需求信息快速传递到各个环节，让市场需求信息在公司内部的资源配置中更好地发挥作用。

案例　某工程设备制造企业的订单生产模式优化

C 公司是工程设备制造领域的领先企业。在过去，C 公司主要采用库存生产模式，基本运作逻辑是先生产后销售、以产定销。由于产品型号多，为了满足市场需求，公司维持了庞大的库存量，成品库存量约为月销量的3.3倍。即便如此，C公司还面临着缺货危机。公司曾经出现600台成品库存与300台待发货订单并存的情况。销售为缺货而苦恼，供应部门也难受。"销售专门卖我没有的东西"是生产部门对销售最常见的抱怨。

库存量过大为公司运营带来很大影响。首先，库存占用了公司大量资金，带来很大的库存成本，公司设备每15天就要进行一次整改以保持良好状态，单台设备平均每次整改需要4万元，由于库存周转周期为3.3个月，仅整改费用每年就有2 000多万元。其次，库存大也影响公司推出新品。公司推出新品前需要先清理库存，但库存量太大，清理很慢，这就影响了公司的市场竞争力。最后，库存量大影响公司利润。为清理库存，公司原来坚挺的价格体系被打破，企业利润下滑。为保持利润率，公司不得不大量压缩采购成本，这又影响了产品质量，不利于企业的长远发展。

为破解经营上的恶性循环，C公司启动了订单生产模式优化工作，目标是将库存生产模式转变为订单生产模式，降低成品库存，提高客户订单满足率，以订单生产模式驱动公司整体运作。

方案设计：计划模式整体优化。

在新的方案中，C公司产品被分为三类：主力型号、一般型号、定制型号。其中，主力型号是各品类销售最好的前五个型号，其销量占各品类总销量的80%以上；定制型号是销量最少的型号；一般型号介于二者之间。

对不同类别产品采取不同策略：对于主力型号，根据需求预测建立成品安全库存，接到客户订单后可以立即发货；对于一般型号，储备最低数量的零部件，接到订单之后快速按单装配，15天之后发货；对于定制型号，不储备成品和零部件，接到客户订单后快速采购零部件，零部件到货后装配，接单后35天内发货。生产部门对各类产品的交付周期做出承诺，销售人员基于交付周期和客户谈判订单交付日期，区别于接单后立即发货的库存生产模式。

为提高公司对市场变化的响应频率，方案将公司的双月计划调整为8周滚动需求计划，确保每周对市场变化响应一次。这样可以及时调整差异，避免预测误差严重影响生产。为提高8周滚动需求计划的准确率，只对主力型号实行滚动8周需求计划。在日计划方面，方案采用滚动三日排产方式，即周一排周四的装配上线计划，周二排周五的装配上线计划，排产滚动进行。

计划模式变革涉及客户到供应商的各个环节，公司的销售、生产和采购部门均需要参与到新业务模式设计中来。为形成新的运作逻辑，公司各部门连续召开了40多场跨部门业务讨论会，每场讨论会都从始至终伴随着激烈的讨论。经过2个多月的努力，新业务模式最终达成了共识。为统一供应链上下游的思想，公司派出了培训组，对各个大区的销售一线人员进行培训，确保从订单开始就按照新思路运作。同时，公司也召开了3次供应商大会，系统讲解新的运作模式方案与供应商衔接方案，确保供应商能够按照新的模式运行。

在新的计划模式下，各个环节的经营思路和业务操作都需要变化。销售部门要改变客户行为，提货期限从下单后即可提货变为下单后在一定交付周期之后才能提货。生产部门要向销售做出交期承诺，为了使新模式不影响销售，生产部门要在原有交付周期基础上，压缩15%的交付时间，这需要对生产模式进行彻底改变，从原来接单下料生产转为备下料件，接单后即刻开始生产。原模式下采购部门以价格作为选择供应商的关键标准，新模式则要求采购部门把准交率、质量作为采购谈判最重要的要求。各个部门均承担了变革的巨大压力，而这种压力正是公司面临的市场压力在企业内部的传递。

实施效果：10亿元库存的减少只是成果的冰山一角。

好的方案只有在实施中才能得到验证。在实施初期，由于按单拉式生产，材料供应问题、零部件质量问题以及生产与研发工艺衔接问题都对生产稳定性带来极大影响，成品准交率一度只有20%，远远低于85%的预期目标。但是C公司坚定方向，认为准交率的低下是因为公司前期的管理薄弱，这正好是一个改进问题的方向。经过调整人员配置、3个多月的艰难推进，公司的准交率终于逐渐好转，达到了70%，5个月后按单生产准交率达到了85%的初步目标。

准交率的上升，缓解了销售面临的缺货压力，库存降低的效果显现。供应链管理认为库存是企业最大的成本动因，应该通过降低库存来降低综合运营成本和库存优化运营费用。该公司通过实施优化方案，将成品库存目标量控制在200台以内，仅仅相当于1个月销量，相对于实施前，是以前库存的三分之一，基本达成了预期降库存目标。而且当前库存是良性库存，即大部分库存是畅销型号，可以快速周转，基本不需要整改；以前的库存主要是滞销库存，需要反复整改。

端到端数字化供应链模式

从前面的订单生产模式优化上，我们看到供应链优化的关键就是以精准的市场和客户需求拉动，形成企业内部需求的准确传递和快速响应。随着供应链全链路数字化的推进，企业终将实现打造柔性、快速反应的供应链能力。

图15-2是结合海尔等企业的最佳实践梳理的端到端数字化供应链模式，实现了从客户交互与体验（获取客户需求）—协同设计与开发—精准营销—端到端产销协同—智能制造—采购与供应商协同—物流与交付服务的完整供

应链流程闭环。我们看到这里的供应链端到端流程有以下几个关键特点：

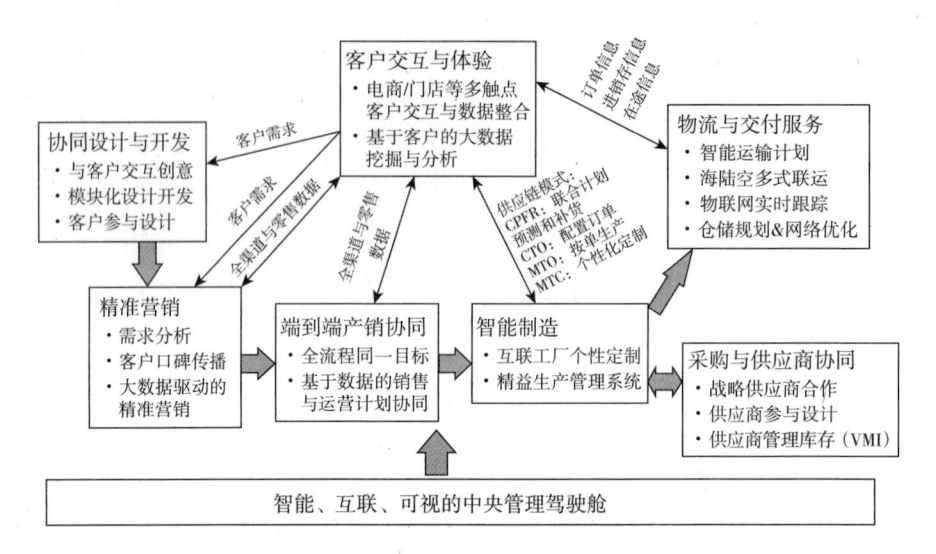

```
                          客户交互与体验              订单信息
                          ·电商/门店等多触点         进销存信息
    协同设计与开发  客户需求 客户交互与数据整合      在途信息      物流与交付服务
    ·与客户交互创意         ·基于客户的大数据                     ·智能运输计划
    ·模块化设计开发  客户需求  挖掘与分析                          ·海陆空多式联运
    ·客户参与设计     全渠道与零售                 供应链模式：    ·物联网实时跟踪
                        数据                     CPFR：联合计划  ·仓储规划&网络优化
                              全渠道与零售         预测和补货
                                数据              CTO：配置订单
                                                  MTO：按单生产
                                                  MTC：个性化定制
         精准营销         端到端产销协同         智能制造         采购与供应商协同
         ·需求分析         ·全流程同一目标        ·互联工厂个性化定制  ·战略供应商合作
         ·客户口碑传播     ·基于数据的销售        ·精益生产管理系统    ·供应商参与设计
         ·大数据驱动的      与运营计划协同                              ·供应商管理库存（VMI）
          精准营销

                    智能、互联、可视的中央管理驾驶舱
```

图 15-2　端到端数字化供应链模式

- **公司级的端到端流程衔接：** 从 SCOR 模型的计划—采购—生产—物流，又进一步延伸到客户—研发—营销，通过数字驱动的端到端智慧供应链建设，拉通上下游，实现更一体化的协作；聚焦客户体验升级，实现从生产导向转为客户价值导向，快速响应市场。

- **基于互联网实时的信息交互：** 不管是外部的客户，还是内部的各部门，他们的需求信息和流程执行信息都可以通过在线系统实时交互和信息共享，实现供应链全程可视化、透明化；通过中央管理驾驶舱，实现对业务全域的在线化实时监测和智能分析。

- **关键业务场景的智能化改造和智能分析决策：** 在客户端通过大数据挖掘分析，更好地掌握客户需求；在营销端，基于客户画像开展精准营销；在生产端，通过智能制造实现基于需求的快速个性化定制；在仓储物流端，通过物联网实现智能连接和在途状态实时跟踪。随着不断地智能化改造，实现真正的智慧供应链，推动从制造到"智造"。
- **供应链生态伙伴的协同共赢**：与供应商发展战略合作伙伴关系，通过供应商参与设计实现开放式创新，通过供应商管理库存实现降本增效，与供应商形成更紧密的共生、共创与共赢关系，全面提升供应链的端到端协同。

产业供应链集成服务平台模式

供应链管理强调全局思维和系统思维，供应链连接的节点数越多，能够获得的优化价值就越大。同时，供应链管理强调整合共享理念，当仓储、物流、数字化等供应链基础设施能够更大范围地共享时，其提升效率和降低成本的空间也越大。

随着互联网对传统产业链的不断渗透，各个传统产业链中都出现了大量产业互联网平台型企业，这些企业通过数字化连接产业链上下游众多企业，实现从需求侧到供给侧的供需精准匹配；通过供应链的集成共享服务，实现整个产业供应链的提质、降本、增效。在设计产业互联网平台的供应链服务内容的时候，我们需要去分析产业链上下游各环节客户的现状需求和痛点，来找到服务切入点。

- **供应端的集中采购**：对于存在采购分散、采购成本高等问题的产业链，可以提供集中采购或者一站式采购的服务，这样一方面能通过规模效应降低采购成本，另一方面能提升采购专业化程度，保障效率。这里的核心是积累产品数据库，通过数字化手段精准匹配供需双方的需求。
- **生产端的产能设备共享**：对于产业下游客户多品种、小批量、短交期的订单需求，可以考虑共享工厂模式，前提是可通过工业互联网手段实时了解工厂设备和产能状况。

- **交付端的仓储物流优化**：包括产业供应链从订单到交付完成所涉及的所有仓储、物流配送等供应链服务。在仓储方面需要考虑：选址策略（在哪里设仓既能节约成本又能实现供应保障）、库存策略（每个仓中如何设置合理的库存）、仓库监管（如何通过物联网、智能设备等技术手段实现云端监管，保证货物安全）、建设策略（是自建还是合作，哪种方式才能实现资源使用效率的最大化）等。在物流方面需要考虑：采用哪种运输方式，是自建物流服务还是第四方物流管理；运输批量与合并运输的设计；物流全过程的实时监控；等等。
- **全过程的质量追溯管理**：对强调商品质量和安全管控的产业链，如食品、药品、危化品等进行全程可追溯管理，做到一旦发现问题可随时召回。还可通过建立全过程的防伪追溯系统与区块链等技术手段，保障原厂正品的质量，使商品流通环节透明、可溯源，杜绝假冒产品。

案例 上药控股——重塑医院供应链服务体系[①]

为满足医疗机构在药品和医用耗材供应链管理方面的服务需求，解放专业药学、护理等临床核心人员在医药产品供应链方面的服务压力，上药控股打造了一套服务于医院院内药品及医用耗材的供应链服务体系 SPD（SUPPLY 供应保障、PROCESSING 库存管理、DISTRIBUTION 定点配送），将医疗机构的药品及医用耗材进行集中采购，并通过 SPD 服务系统对医疗机构院内的药品和医用耗材的采购、领用、使用进行全流程管理。其供应链服务主要包括以下几个核心运作模式：

[①] 此案例节选自上海市供应链发展促进会发布的《上海市供应链创新优秀案例集（2021版）》，作者担任该案例集的编委会副主任。——编者注

（1）建设药品及医用耗材的供应链管理平台，与医疗机构专业化分工，"专业人做专业事"，极大降低医院采购和管理成本。

大型三甲医疗机构日常管理的药品超过2 000个品规，医用耗材更是多达几万个品规，供应商数量从几十家到几百家不等，而传统的药剂科和设备科仅几个人通过手工账的方式进行管理，他们负责产品采购的同时，还要将医药产品下发到门诊、住院、静配中心以及几十个临床使用点，医疗产品缺货、错配、过期等现象时有发生，对临床使用产生了较大的影响。

SPD服务体系通过供应链管理平台，将上百家供应商、几万个品规的医药产品进行统一管理，医疗机构仅需要面对上药控股一家供应商下达采购需求，极大缩减了医疗机构采购人员的工作强度和压力；同时，上药控股将自身库存延伸到医疗机构，并在医疗机构内建立分仓，降低医疗机构在医药产品备货方面的压力，并通过科学化的库存管理，极大减少医疗机构的医药库区使用面积。

（2）以满足医院的临床需要为前提，将供应链服务延伸到临床消耗点，实行院内物流一体化服务，提升医疗机构服务效率。

药品及医用耗材的院内物流和供应保障不仅有医药库区，还涉及门诊、住院、静配中心、手术室以及每一个病区的临床消耗点，每一个医疗单位都有自己的安全库存和管理要求，相关工作不仅占用了医护人员的大量精力，还经常出现医药产品的过期、数量差错等问题，从而容易引发医疗事故和医患矛盾。

上药控股通过将SPD供应链延伸到每一个临床消耗点，通过SPD系统将医疗机构全院的医药物资供应链打通，并根据每一个消耗点的临床使用习惯设置库存管理的上下警戒线，当库存低于警戒线时系统将自动产生补货订单，由临床管理人员复核后即可生成采购订单,极大提升了服务效率。同时,科学化、系统化的管理方式极大降低了产品出入库的差错率,降低了产品的报损率。更为重要的是,释放了临床医护人员的时间压力,他们能将更多的精力投入患者的诊疗中。

(3)通过智能化设备的引入,实现对医药产品供应链的全程、实时、智能化、集中化监管。

相比于医疗机构传统的手工账记账方式,SPD供应链体系全面采用智能化设备,在门诊药房、住院药房、手术室以及各临床护士站分别投放了全自动发药机、包药机、医用耗材RFID智能柜,通过智能化设备进一步提升临床服务效率,同时结合信息化系统的库存管理,对医药产品全流程实现全程、实时、可追溯的集中化监管。

通过SPD供应链的实施,在门诊用药使用方面,医疗机构的门诊药品在医生开出处方、患者付费后,可以自动对接门诊发药机,并由门诊发药机直接将药品配送到门诊药房窗口,由门诊药师审核后分发给患者;在住院医用耗材使用方面,手术室及各病区护士站通过权限管理的医用耗材RFID智能柜,直接取放所需耗材,由智能柜和系统自动计算领用数量和归还数量。与此同时,SPD系统会对发药机和智能柜中药品及耗材的库存实时监控,对于低于库存下限的产品及时产生补货订单,并通过B2B采购平台实现订单采购,从而实现从产品采购—库存管理—二级库存—患者使用的闭环管理。在特殊情况下,如药品耗材召回等,SPD系统可以将全院库存实时锁定,并及时溯源问题产品流向,最大程度避免医疗事故的发生,保证医药产品的供应链安全。

上药控股通过SPD供应链管理,承接了医疗机构中药品及医用耗材的供应链管理服务,降低了医疗机构在医药产品方面的管理成本,提升了使用效率及临床满足率(见图15-3和图15-4优化前后对比)。

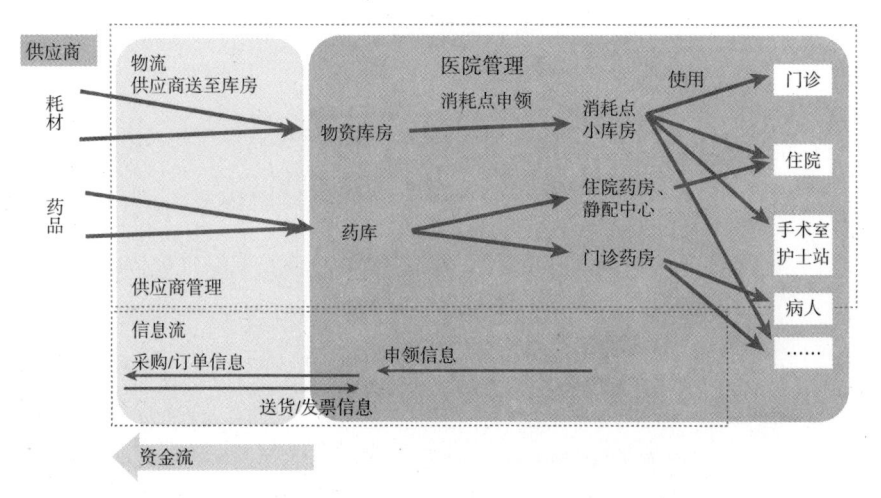

图 15-3　原有医疗机构药品及医用耗材供应链流程图

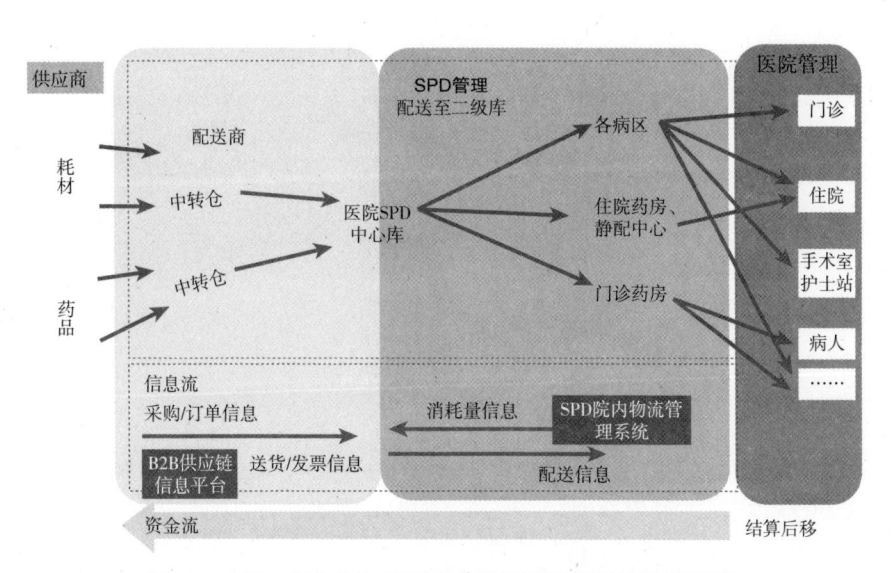

图 15-4　SPD 供应链体系医疗机构药品及医用耗材供应链流程图

第 15 章　用流程思维理解供应链管理

思考一下，行动起来

选择熟悉的企业，梳理其供应链管理策略及运作流程，分析其目前处于供应链发展的哪个阶段、未来有哪些优化空间。

第 16 章

用流程思维理解采购管理

Q： 采购管理除了降低成本，还能做哪些优化？

A： 跳出单一采购，从局部到全局，从算小账到算大账，考虑供应链总成本的最优方案。

市场竞争的加剧对企业的成本控制能力提出了更高的要求。采购是公司最大的成本开支，因此控制采购成本成为企业挖潜增效最大的突破口。然而，过度追求一刀切式的低价采购，会给整体供应链的交付周期和稳定性带来影响。

低成本高效率供应链的建设，要求企业必须建立价值导向的采购管理模式，由单一的"价格导向"向复合型的"价值导向"采购模式转变，寻求成本、质量、效率和服务的平衡，最终达成降低产品全生命周期总成本、提升产业链协同价值创造能力、实现供应链管理协同高效的目的。

采购从单一以价格为判断标准的采购策略与被动响应式的采购执行，向综合考虑质量、交付周期与采购价格，关注供应商管理的战略采购转型已成为大势所趋。那么，落实到具体的采购流程上该如何优化？我们可以从图16-1来寻找答案。

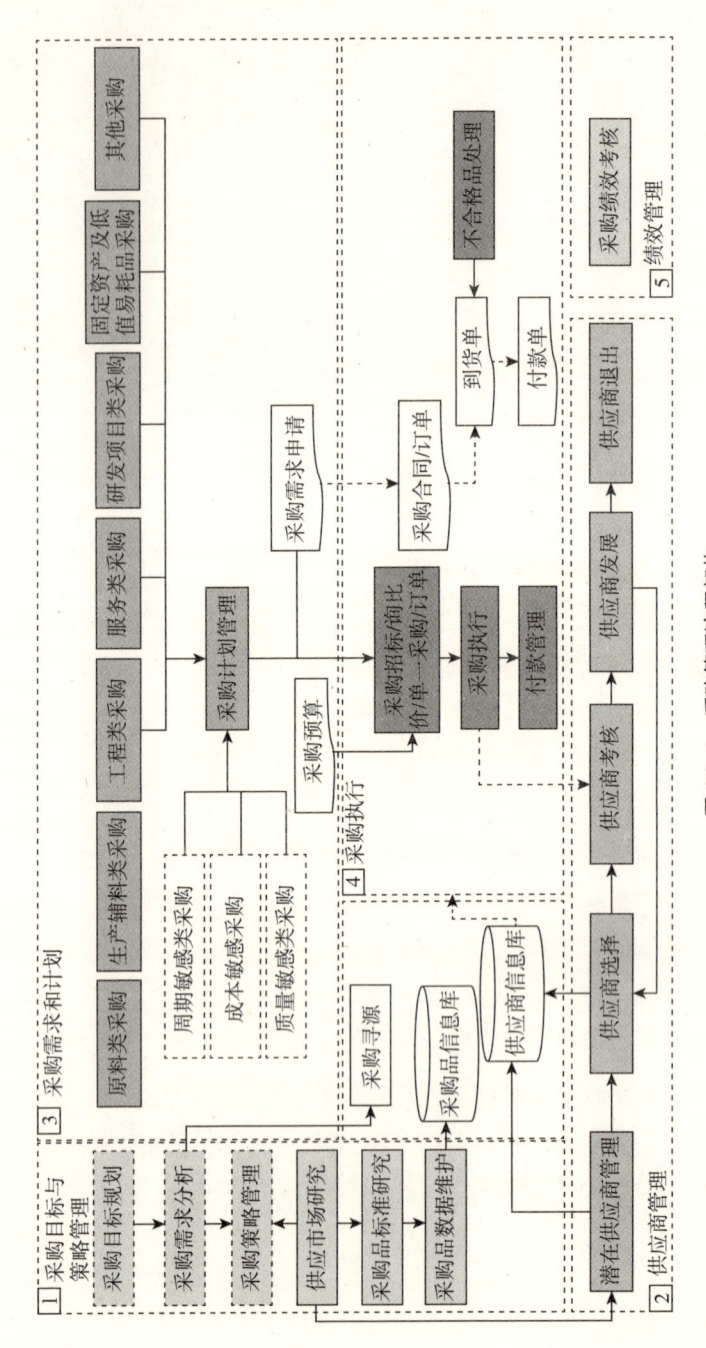

图 16-1 采购管理流程架构

170　流程思维

采购目标与策略管理流程

采购目标与策略管理至关重要,因为它们为不同采购品的采购策略和采购方式建立了具体的指导框架。

该流程通过对历史采购数据分析,梳理采购需求、建立采购品分类分级目录;然后对各采购品采购金额及占比分析、重点品类分析,对相应的供应商数量及供应市场分析;最后基于需求和供应情况,制订相应的采购策略,包括:

- **采购模式**:分析采购品的采购金额、采购范围、采购频次、采购交期要求、供应市场,明确各类采购品是由集团"集中采购"还是各业务单元"分散采购"。或者,按照采购合同签订与执行方式将采购模式分为统谈统签、统谈分签、分谈分签等。企业一般会对标准化程度高、市场可供应性强、采购规模效应大、采购规范性要求高的产品采用集中管理,以通过规模优势实现降本和标准规范化管理。
- **采购方式**:以充分考虑供应市场复杂度、采购金额的方式来确定是采用战略合作定向谈判招标采购还是询价的方式,见图 16-2。
- **供应商选择与合作策略**:根据不同采购品的采购策略,建立完善的采购品选择指标体系及供应商合作策略和方法。比如,对于技术复杂度高、对供应商要求高的产品和服务项目,无论是对业务影响程度大的,还是对业务影响程度小或采购金额低的,均基于质量做选择;对于市场成熟、供应商之间的差异较小的产品和服务项目,对业务影响程度大或采购金额高的基于质量和成本(或成本偏向)做选择,对业务影响小的,基于成本做选择。

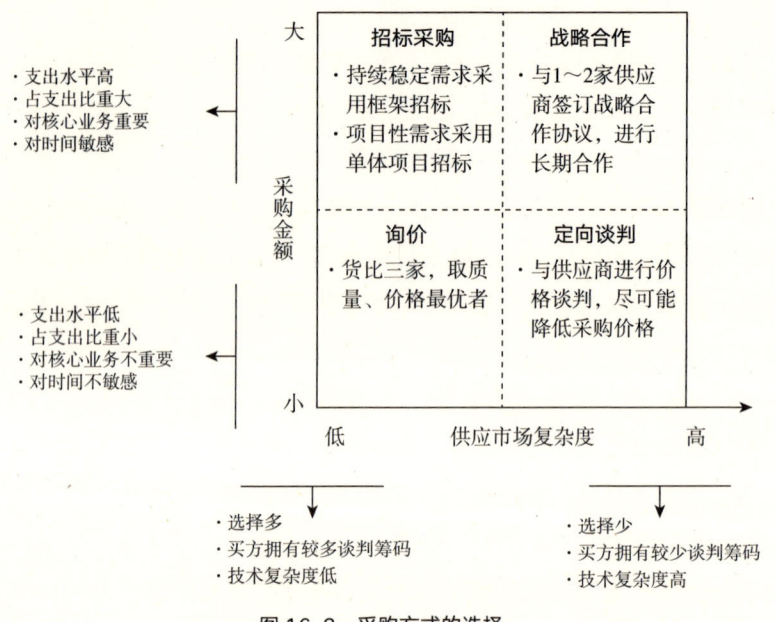

```
                        采购方式
                   ┌──────────┬──────────┐
              大   │ 招标采购  │ 战略合作  │
·支出水平高        │·持续稳定需求采│·与1~2家供应│
·占支出比重大  ←── │ 用框架招标 │ 商签订战略合│
·对核心业务重要    │·项目性需求采用│ 作协议，进行│
·对时间敏感    采   │ 单体项目招标│ 长期合作  │
              购   ├──────────┼──────────┤
              金   │ 询价      │ 定向谈判  │
              额   │·货比三家，取质│·与供应商进行价│
·支出水平低        │ 量、价格最优者│ 格谈判，尽可能│
·占支出比重小  ←── │           │ 降低采购价格│
·对核心业务不重要  │           │           │
·对时间不敏感  小   └──────────┴──────────┘
                   低      供应市场复杂度      高
                   ↓                       ↓
           ·选择多                  ·选择少
           ·买方拥有较多谈判筹码    ·买方拥有较少谈判筹码
           ·技术复杂度低            ·技术复杂度高
```

图 16-2　采购方式的选择

注意，采购目标和策略也需要根据企业的战略和业务变化定期进行总结回顾，并结合需求和供给市场的变化情况进行及时调整优化，从而形成 PDCA 的闭环管理。以下是某企业采购管理目标和策略示例：

> 采购管理目标：控制中长期的总采购成本，在确保质量的前提下优先保障供应速度，提高内部客户满意度，进一步提升供应链整体的响应速度，持续提升客户竞争力和价值。
>
> 采购管理策略：向战略采购管理转变，关注供应商管理；优化品类管理，不同业务采用不同的采购策略；加强供应市场研究，向主动型采购组织转变；明晰集团采购管理策略，集中与分散管理结合。

供应商管理流程

供应商管理流程指供应商准入—选择—考核—发展—退出的全生命周期

管理，其管理的重点是建立标准的评估指标体系以及动态的供应商管理库，结合执行情况对供应商进行动态评估以及更新信息。

采购需求计划—执行流程

在采购策略指导下、供应商管理支撑下，采购需求计划—执行流程就是具体的采购操作执行过程。在流程的设计中，我们要重点关注专业化分工与风险控制，如将采购寻源（从技术和质量认证方面对供应商进行管理）、商务（价格谈判）及执行（采购需求计划及采购订单下达）三个岗位分开，由不同的部门或者岗位管理，以"三权分离"原则，规避采购中的徇私舞弊。

> **案例　价值导向采购，实现协同高效供应链管理**
>
> A公司是一家行业领先的移动通信运营商，以争创世界一流通信企业为目标，不断创新发展模式、提升客户价值，寻求从优秀到卓越的新跨越。
>
> 随着市场环境的不断变化，A公司面临着重大挑战，打造低成本高效的供应链运营模式迫在眉睫；公司供应链管理能力、产业链整合能力、一体化协作能力等也面临着新要求。A公司不断扩展的供应链管理边界，对其管理能力的要求在不断提高，因此，通过供应链管理来进行产业整合、打造产业链协同价值创造能力变得更为关键。
>
> A公司在实际工作中主要是以价格为导向进行采购管理，过度追求采购价格使公司采购部门和供应商之间的合作缺乏信任基础，增加了运营商业务运作的不稳定性。在"创新型增长"的战略定位与目标指导下，A公司启动了以价值为导向的"长期框架合同＋订单"采购模式变革，并分阶段组织实施，

使公司采购由单一的"价格导向"向复合型的"价值导向"转变，通过完善供应商评价和管理体系，实现了供应链模式的转型。

第一阶段：建设价值导向的战略采购管理模式。

变革初期，A公司内部基于大供应链的管理战略思路仍未形成体系，以客户价值为导向的整体供应链意识不足，采购、物流各自为政，供应链缺乏整体性、全局性的规划。公司管理职能分散，跨部门协作机制尚未建立，供应链的价值无法体现，采购的价值也仅仅体现在采购价格的下降。这种状况无法快速响应市场需求，更无法建立核心的合作伙伴联盟来打造产业链的竞争力。A公司原有的采购以项目跟随型的模式为主，存在采购工作被动响应需求、员工负荷大、采购物资浪费严重、仓库利用率低等问题。用采购人员的话说："现在采购管理中心基本停留在执行层面，难以看到采购价值，也没有获得认同。物资不能跨项目调拨，总是需要重复购买；由于每个子公司单独管理库存、项目之间物资不能互用，库存周转率很低；存库物资越来越多，仓库面积不断增加……"

对此，变革项目组利用价值分析模型，建立起A公司价值导向采购体系，完成了采购品分类，并基于采购品的定位分析，制定了不同类型采购品的采购策略，如在完全竞争的采购方式上建立供应商选择策略和操作方法。同时，制定出各类管理落地模板工具，并将该项研究成果在各个子公司推广。在此基础上，对采购的核心流程，包括需求调查、请购、采购方案审批、采购决策、合同签署、比选、订单审批等进行了优化梳理。在新的采购模式下，战略采购与运营采购实现了分离，人员职责分工更加专业化，建立起了"协同一体、高效快捷、模式优化、决策科学"的采购管理体系。

第二阶段：建立供应商评价与认证管理体系。

变革前，A公司过度追求价格，无法保障采购质量；产品技术评分表口径不一致，人为操作因素大；需求提交不规范，采购工作效率低；供应商管理缺乏一套闭环的管理体系，供应商引进与分类缺乏有效机制，稳定性差；评价体系不健全，供应商实际表现难以有效衡量；缺乏对供应商的奖惩，对优质供应商的激励严重不足……

为进一步加强和完善自身的能力，A 公司从预防性管理、过程性管理、考核性管理三方面着手，优化完善了供应商的准入机制、供应商激励/淘汰的管理机制，并根据供应商分类结果，针对各类别供应商制定差异化的评估指标体系及评估流程，从而实现了供应商的全生命周期闭环管理，达到了捆绑优质供应商、淘汰不合格供应商、提高采购工作效率、促进合作的良性化发展等目标。

通过持续的改善，A 公司的采购管理逐步从"分散采购和交易管理"向"战略采购和供应商管理"转变；对内，被动响应需求变为将采购和供应链管理上升为公司战略；对外，与供应商的关系，从简单的买卖关系变为战略联盟和合作伙伴关系；管理核心从订单管理，变为战略合作供应商的选择和供应链的协同一致。这样，就实现了"资源配置效益、市场竞争优势、一体化协同效率、产业控制力"四大方面的提升。

思考一下，行动起来

选择你熟悉的企业，梳理其采购策略和流程，看看有哪些地方可以优化。

第 17 章

用流程思维理解服务管理

Q： 如何打造不同类型企业的服务体系？

A： 从被动服务到主动服务，以流程打造极致客户体验。

关于服务管理，我们选两类典型的业务场景来介绍，第一类是制造型企业的售后服务管理，讲的是如何进行产品售后服务保障以及进一步实现制造业服务化的转型；第二类是服务型企业本身，如酒店、餐饮、银行、电信运营商等，该如何实现前中后台的协同，打造极致的客户体验。

制造型企业的售后服务管理

图 17-1 显示了常规的售后服务管理流程架构，一般包括以下部分：

- **售后服务目标**：企业需要结合产品特性、客户服务期望、市场竞争情况等来综合评估，以确定相对应的服务响应水平，并针对不同故障类型、不同区域服务能力，明确服务响应时间和服务承诺；还要对目标达成情况进行定期评估考核以持续改进售后服务质量。
- **服务产品开发**：企业需要针对产品全生命周期可能涉及和可能衍生的服务产品进行定义，提供相应的服务产品手册和服务内容支持。比如，对于常见的客户咨询问题，开发客户 FAQ 服务手册等，并对相应的服务成本和定价进行测算，明确哪些是免费增值服务，哪些是收费服务，确定从专业性服务到营利性服务的设计，这往往是一个涉及多部门协作的流程。

- **服务策略与计划**：针对服务水平目标，确定相关的服务策略。比如现在很多企业为了提升客户满意度，推出以旧换新的活动。另外，还包括为了提升服务响应速度，进行相关的服务网点布局、备件策略制定和人员规划等。

- **服务执行流程**：在服务受理—服务响应—AAR（复盘）—整改的端到端流程中，要注意两端的优化。一个是服务的入口，即如何使客户更方便地获取服务入口，如扫描二维码直接进入相应的客户服务界面；但售后服务中，企业应尽可能加强自身的产品识别度、完善大数据系统，避免向客户索取大量证明材料。另一个就是在服务流程接受的节点，加强 AAR 和案例的总结，对于相类似问题批量整改，以保证类似问题不再重复发生。在整个服务处理的流程过程中，企业一方面应不断加强已有服务产品的标准化管理，另一方面应该多思考如何从被动服务向主动服务转型，实现制造业服务化。

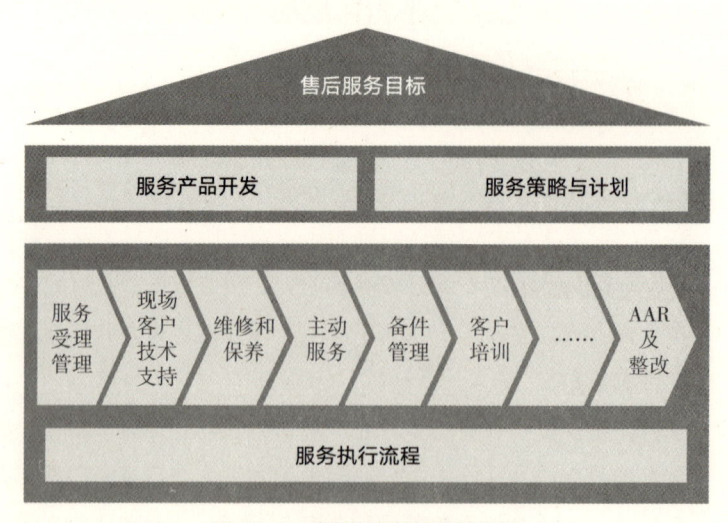

图 17-1　售后服务管理流程架构

制造业服务化理念提出的较早，早期有很多企业从提供产品转型到提供解决方案。物联网、云计算和大数据等技术的发展，使制造业服务化转型呈现新的智能化特点：基于大数据挖掘客户个性化服务需求；基于物联网和云计算实现在线、实时监控、预警和远程操作。以往只提供设备销售＋售后维保服务的设备制造企业，现在可在产品上加装智能传感器，通过物联网技术实时进行大数据采集，以持续监控设备的运行情况，还可通过在线监测及故障预警诊断系统，及时识别客户的故障隐患，从而发起预警和主动服务，大大降低了客户维护检修成本。这种服务化转型，通过销售和服务流程再造，使服务从传统的被动售后服务，转变为围绕产品全生命周期的后市场服务，为客户带来更好的体验。同时，通过提高服务的附加值，为企业带来新的利益增长点（见图17-2）。

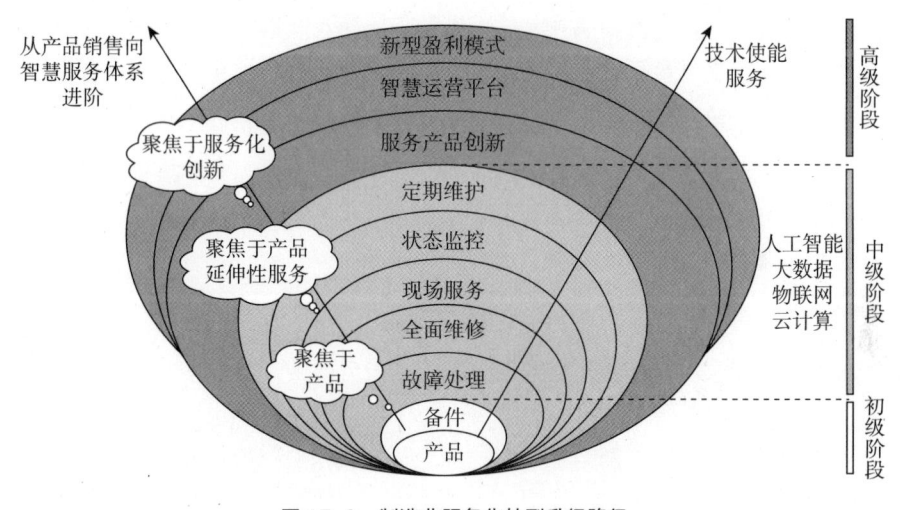

图17-2 制造业服务化转型升级路径

制造企业发展生产性服务业是其转型升级的有效途径之一。企业不再满足于一次性的物质产品交易，而是以产品为载体提供一系列增值服务，包括产品使用支持、维修、保养、能源管理、升级改造、回收再利用以及金融创新服务等。通过物联网技术，企业可实现对产品全生命周期使用状态数据实时采集以及开、停、远程操作和远程升级等功能，使产品可视、可控。在这个基础上，就可以延伸出很多创新的商业模式。

案例　制造业服务化

案例一：某动力锂电池制造企业，在每个锂电池包上安装带有操作系统的传感器，这样就可以通过物联网传感器采集到锂电池从出厂到报废的全生命周期状态数据，还能同时通过传感器进行电池操作系统的动态更新。基于大数据的分析应用，企业可以及时进行产品的批量整改和优化升级：实时的技术数据采集和分析可以为批量整改的及时性和精确性提供保障，定期的性能数据总结则为后续的研发设计提供了有效支持。同时，企业可通过直接连接到终端客户的电池实时监控，为终端客户提供电池的故障预警和维修保养等个性化的增值服务，还能提供更稳定的产品和更及时的维修承诺，进一步实现从出售产品到出售安全运行时间的商业模式升级。企业还为维护加盟商提供开放化的众包服务平台以及电池的回收和梯次利用服务等（见图17-3）。

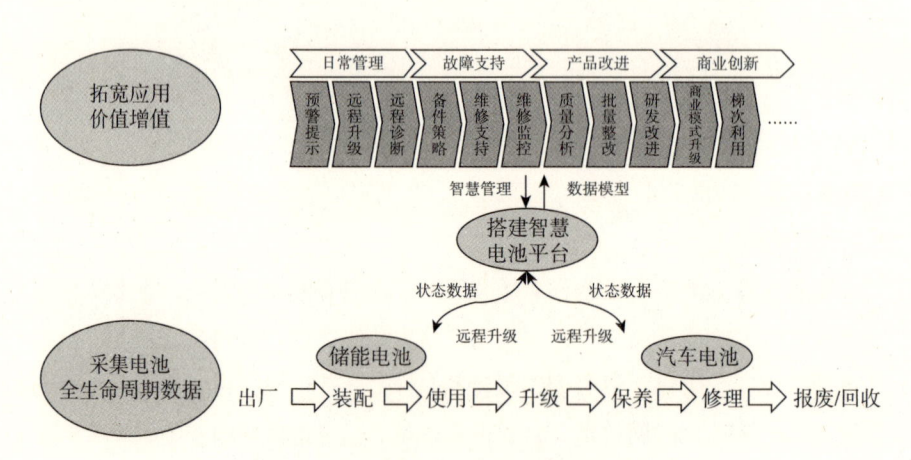

图17-3　基于智慧产品平台实现服务化转型

182　流程思维

案例二：某机械设备制造企业基于产品智能化升级，建立了覆盖产品全生命周期的"服务+金融"体系和以融资租赁服务为基础的"一站式服务"的销售支持方案，帮助客户解决购买大型机械设备时资金不足的问题，减轻客户购买设备的一次性大笔资金投入。该企业还进一步将业务拓展到分时租赁等设备共享服务和二手设备回收服务，形成覆盖全生命周期的服务生态系统。

案例三：某净水设备企业，从过去的只出售净水设备转变为提供净水服务，获利模式从一次性地通过出售设备获利转变为按照流量和服务收费。对客户来说，减少了一次性的设备购买成本以及定期更换滤芯的麻烦；对这家净水设备企业来说，获得了持续的客户黏性和稳定的现金收入。

服务型企业的极致客户体验打造

打造"极致的客户体验"成为互联网时代的一句时髦语，然而很多企业只是空喊口号。想真正地把口号落地需要企业将客户体验当成重要的管理对象，通过服务流程的设计来切实实现客户满意和忠诚度的提升。

客户体验管理（CEM）近年在客户管理理论研究和企业管理实践中得到了重视，越来越多的企业认识到提供全过程的优越客户体验是获取客户忠诚和市场竞争优势的重要法宝。客户体验管理核心在于厘清客户接触过程、积极听取客户声音、掌握服务现状和客户的真实需求，并定义客户感知状况和期望，通过内部前中后台的紧密协同，实现客户需求的精确、快速传递和服务的快速响应。

案例 某电信运营商的卓越服务

H公司是中国移动的下属公司。为了切实提高产品和服务质量、实现运营提升，该企业需要为整体运营变革构建有力抓手，推动经营意识实现由关注内部到关注外部、关注局部到关注整体、关注产品到关注市场的转变。为此，企业启动了"卓越服务链"建设项目（见图17-4）。基于客户感知的前后台服务承诺机制，该体系实现了客户感知的对内"无阻碍"传递和业务部门对客户需求的"无延迟"响应，让客户需求成为企业运营的牵引力，实现了"以客户为中心"理念的落地践行。

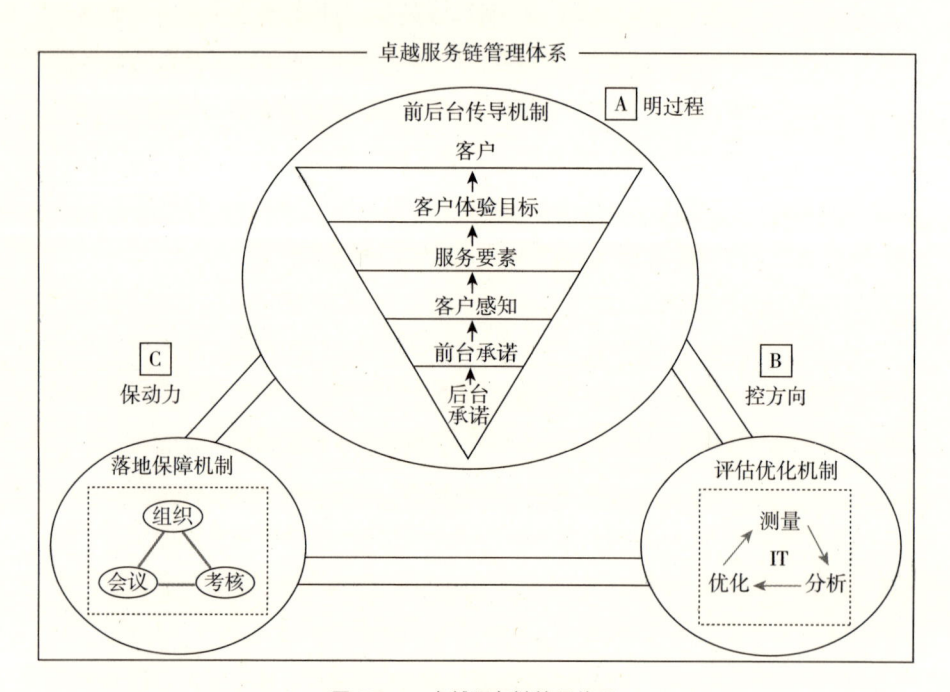

图17-4 卓越服务链管理体系

落实客户体验管理，听取客户声音。

首先，明晰客户接触过程。通过梳理客户接触过程，企业一方面可以实现对客户从最初接触企业信息到最终持续使用公司产品或弃用公司产品的全过程的把握，另一方面可以找出这个过程的各个关键客户接触点，也就是给客户带来感知的交互场景。其次，定义客户感知状况和期望。现代服务理论研究表明,客户感知有三个主要来源:整体品牌形象、产品和服务本身的特质以及与企业的交互和接触的过程。这其中,客户对整体品牌的形象感知是接触品牌一段时间后形成的,对产品和服务本身的特质感知是在接受服务和使用产品过程中形成的,对交互过程的感知是在每一次接触中积累而成的。在厘清接触过程后,企业需要通过客户访谈和调研等方法明确客户感知内容、了解客户感知现状和期望。企业可以通过分析客户对竞争对手和行业领先企业的感知状况确定客户感知期望。最后,要明确改进方向。这需要企业先区分各个感知点对客户影响的重要度(可与客户调查一并进行),而后综合评估客户期望、企业能力、ROI(投资回报),围绕重要感知进行体验设计(我们能够为客户提供怎样的最佳体验),并结合感知现状进一步明确未来体验改进的方向和目标,制定改进策略(包括提升哪些感知点、目标、关键举措等)。

结合自身业务特点,H公司首先对客户接触要素进行了细分,将产品和服务特质进一步划分为网络、产品和终端,交互过程则主要围绕各类渠道。在这个基础上,H公司对不同业务类别的客户接触过程进行梳理,并找出其中主要的接触点。通过客户满意度和投诉分析、前台员工的访谈研讨等方式,H公司最终在各个产品接触点上梳理出超过90项的具体客户感知,结合公司当前业务重点和客户投诉情况进一步明确了约30项感知作为目前重点关注的短板感知点。H公司在明确感知现状的基础上对各感知点的未来提升工作进行了规划和安排,并通过服务承诺的对接,将感知提升落实到具体业务科室的工作中(见图17-5)。

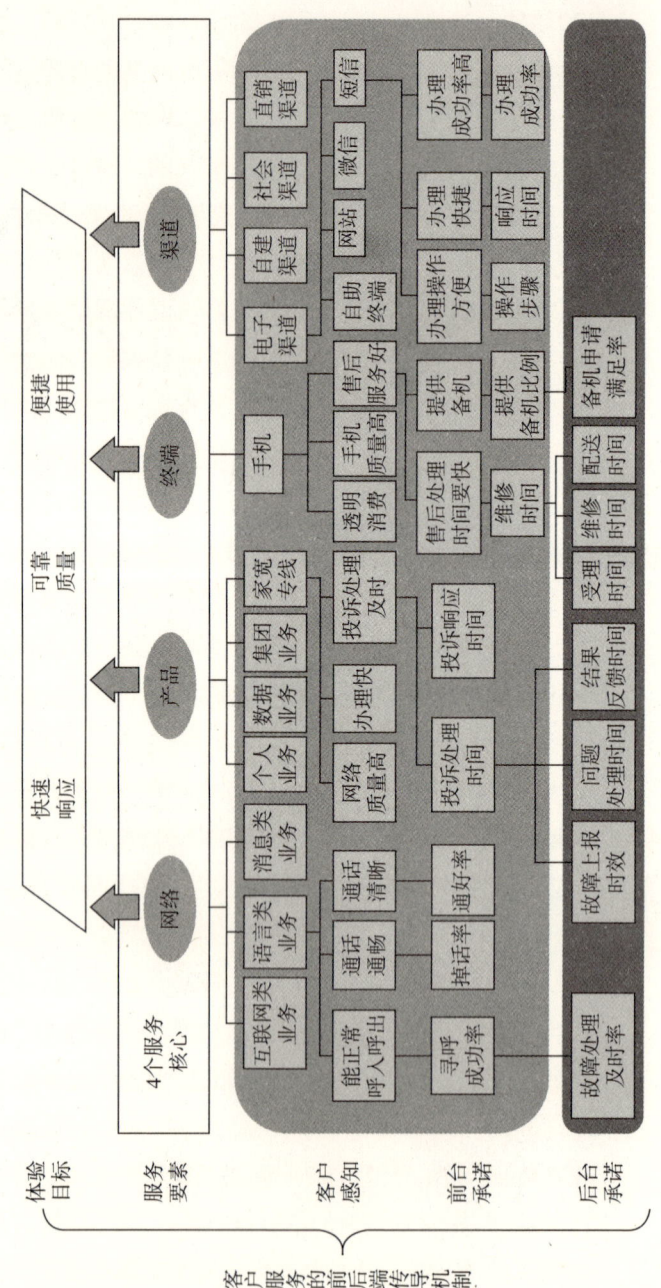

图 17-5 基于客户感知的前后台承诺体系

开展服务承诺，构建前后台联动机制。

明确改进方向和策略后，企业下一步需要通过有效机制建设确保改进方案的有效制定和落实，达成客户体验目标；而从长期来看，企业需要通过设置有效的机制持续优化客户体验，让提供优质的客户体验成为员工的自然行为。

H公司通过建立前后台服务承诺体系来实现客户体验需求的高效响应。已有分析表明，仅仅依靠前台服务单元只能解决少部分的服务问题，而大部分的服务问题根源在于后台支撑的不足。因此，要真正提升服务水平，不断强化服务一线是不够的，还要有强大的中后台支持机构，并能实现前后台的高效、顺畅协同联动。前后台服务承诺体系旨在解决上述问题，它有两个关键作用：一是打通前后台，实现客户需求的对内传递和业务服务向外支持的顺畅无阻；二是服务承诺，服务承诺要求每个环节提供标准化而有质量的服务内容，确保最终结果满足客户体验要求。

服务承诺体系由三个核心部分组成：承诺体系、承诺监控体系和考核支撑体系。

在承诺体系中，我们针对每个提升感知点（根据感知改进策略）制定层级型的承诺内容并将其体系化。其中一级承诺是对客户感知目标的最终回应。举例来说，如果下单后两天到货是我们在配送服务上能提供的最佳体验，那这里的一级承诺就应该是送货时间不超过两天。承诺内容可能是量化指标，也可能是一些标准和规范。下一级的承诺内容（二级、三级承诺）是上一级承诺的分解支撑。例如，如果要实现送货时间不超过两天的一级承诺，那可能需要制定的二级承诺内容包括：录单时间不超过两小时、发货等待时间不超过四小时、物流时间不超过一天半等。承诺内容最终将落到具体科室和责任岗位上，因此，服务承诺体系的制定需要前后台所有相关部门和人员的共同参与研讨，他们需就承诺内容达成一致，实现责任落实。制定合理的客户体验目标、构建承诺机制并严格落实承诺标准，能有效提升客户服务效果。H公司通过服务承诺机制建设在多个业务领域实现了服务改进。例如，通过优化个人业务办理过程及标准，实现个人业务办理时间基本控制在3分钟之内，每月累计为客户节约长达25万分钟的办理时间；通过优化客户更换手机流程并规范过程标准，初步预计客户换机等待时间将缩短至原有时间的60%。

承诺体系的搭建以最终满足客户体验要求为目标，但是静态的承诺体系存在两个明显的问题：一是很难监控各个环节的承诺执行情况，当问题最终出现时，要找出原因所在并不容易，很容易出现推诿责任的情况；二是静态的承诺标准难以满足动态的内外部环境变化的要求。因此，承诺体系的搭建需要借助IT手段建立承诺监控体系（见图17-6），帮助跟踪和监控承诺执行情况，推动承诺体系动态运行。承诺监控体系有两个最核心的功能：一是记录服务承诺执行情况，实现服务承诺执行监控和预警；二是定期收集客户反馈，把握客户感知状况，推动服务承诺体系的持续优化。

最后是考核支撑体系。服务承诺考核的推行能实现服务责任的切实落地。企业推行新的考核制度时通常会遇到很多实际问题和困难，但是只有把服务责任纳入考核才能真正地把"以客户为中心"的理念落实到员工的具体工作中。在推动服务承诺考核的过程中，需要先从易量化、易取数、运行成熟的承诺内容入手，采用循序渐进、逐步展开的策略，与现有考核体系进行充分融合，在深入分析现有考核内容的基础上，通过转换、聚焦等方式融入服务考核内容，实现平稳过渡和融合。

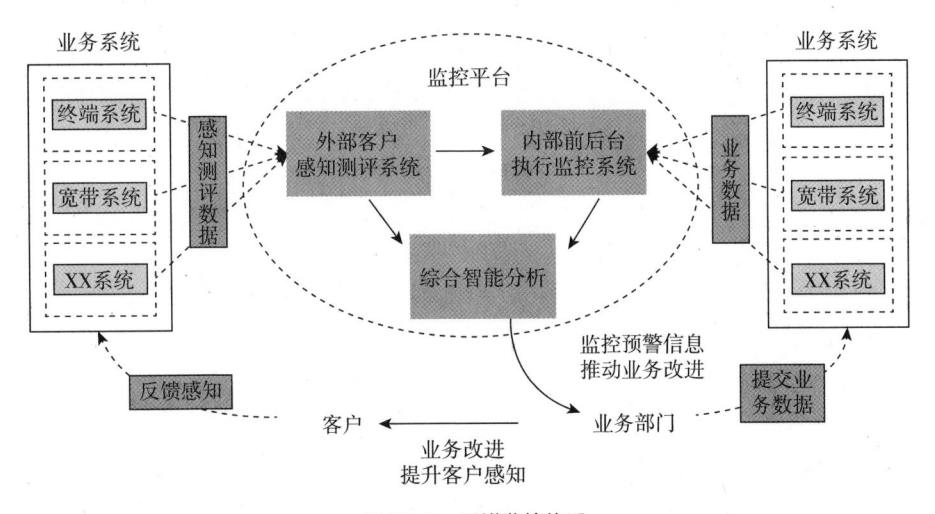

图 17-6　承诺监控体系

> **思考一下，行动起来**
>
> 选择一个服务场景，思考以上不同类型的服务流程优化方法如何在实践中得以应用。

第三部分

运用流程思维构建问题解决能力

阅前思考

- 如何透过现象,发现问题的根源?
- 从哪些角度去分析和解决问题?
- 如何通过流程优化实现降本增效?
- 如何从局部的优化转变为全局、系统的优化?
- 通过流程思维解决问题时有哪些可借鉴的方法和工具?
- 设计的解决问题方案如何落地?

导读

在建立流程思维和管理框架的基础上，本部分将进一步介绍如何培养解决问题的能力（见图 0-3）。

想解决问题首先要发现与定义问题（第 18 章），通过流程建立结构化问题诊断分析框架，而后深入流程执行，了解问题现状和根源，进行问题的量化定义。

本部分还介绍了通过流程思维解决问题的常见方法和工具，具体章节内容分布如下。

第 19～21 章介绍了三大基础优化方法：流程分类，基于不同的管理目的使流程分类多样化，将一刀切式的粗放管理转变为差异化、精细化管理；流程简化优化从创造客户价值的目标出发，通过 ASME 识别流程上的增值/不增值环节，然后通过 ESEIA 进一步开展简化和优化；串行改并行，结合流程目标和资源配置，识别活动前后的依赖关系，通过尽可能地串行改并行，提升工作效率。

第 22～24 章从更全局和端到端的视角介绍系统优化：流程运行时钟，通过流程运行时钟协同，形成流程运营全景图，实现多条线业务的整体协同和效率提升；合并同类项，连接整合零散的需求和资源，打造端到端全流程共享服务，实现集约化降本增效；管理前置，加强端到端流程的前端规划计划和风险预案管理，使企业由事中/事后管理向事前管理转变。

第25～26章从组织发展的专业化积累和持续迭代出发，一方面介绍了实现互联网时代灵活响应与标准可控可以兼得，管控与效率平衡的"强规则、短流程；高授权、大监督"12字原则，即加强规则和专业积累，用流程和规则管理代替人治；另一方面介绍了"流程管道、知识活水"，旨在打造组织赋能平台，提升岗位专业化能力。

最后，第27章总结变革管理方法和变革实践经验，使读者掌握变革优化方案在实践中推行落地的方法，促使优化方案得以落地执行，实现问题发现—形成优化方案—落地执行的闭环管理。

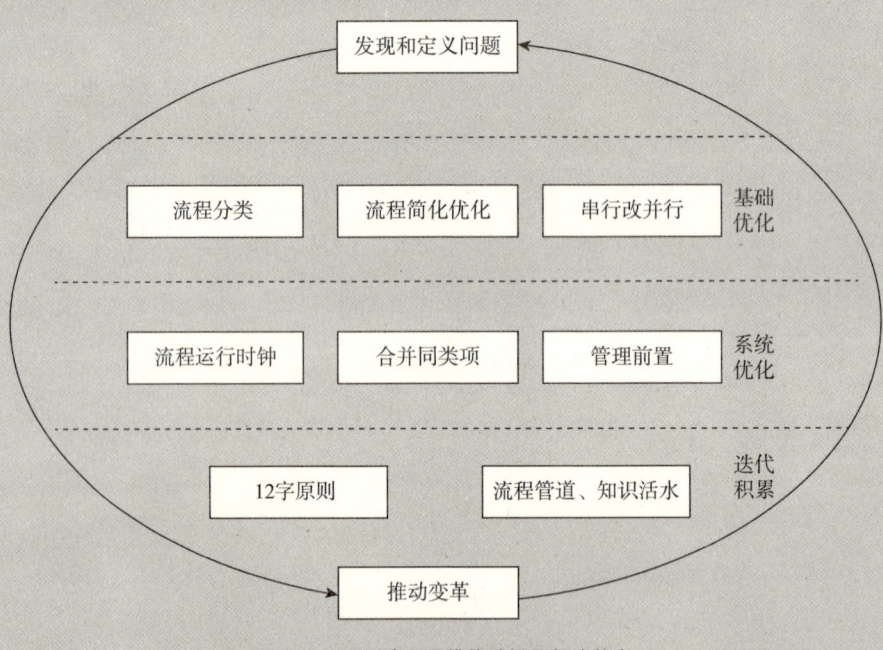

图 0-3 运用流程思维构建问题解决能力

第 18 章

通过流程发现和定义问题

Q： 很多问题很笼统,如何分析找到问题的根源?

A： 带着框架去思考、带着放大镜去梳理现状。流程描述清楚了,问题就清楚了。

很多组织存在以下类似现象：

- 问题一直存在，但一直未能解决。
- 问题一直存在，但没有人能把问题描述清楚，每个人只从自己的角度出发，描述问题不够完整、具体，无法达成共识。
- 很多问题只围绕一种现象，如"职责不清"。
- 很多问题描述得很笼统，导致解决者无处入手，如"效率低下、执行力差"。
- 同时应对各类大小问题，没有制定规划。
- ……

要想高效地解决问题，首先需要对问题进行准确的定义和根源分析。管理咨询顾问能在较短的时间内快速发现企业存在的问题，并提出解决思路，是因为他们有一套基于流程结构化思维的管理诊断方法，即他们能通过流程的分析框架对问题进行有效建构，并进一步深入流程执行过程，了解现状问题和根源，最终明确问题并建立问题解决机制（见图18-1）。

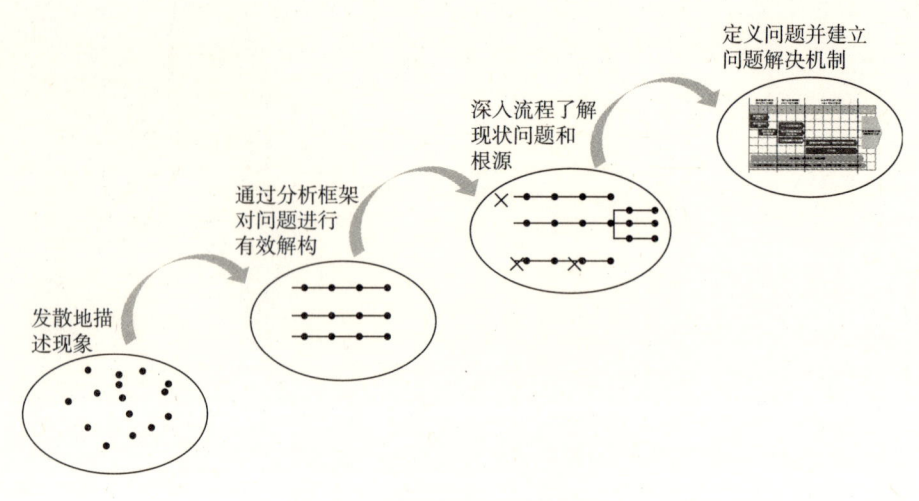

图 18-1 结构化的问题分析和定义

建立问题分析框架

当我们着手去分析、解决一个领域的问题时,要先建立起对该领域的流程框架。

我们已经在第二部分介绍了从企业整体价值链到研发、营销、供应链、采购、服务等业务领域的管理框架(流程架构),这些管理框架有助于我们将待解决问题结构化,建立需要被验证的假设。比如,对于某企业产品研发成功率低的问题,就可以从需求管理—产品规划—产品全生命周期管理各个环节去分析,从而把问题分解成相关联的部分并显示它们之间的关系,以完整的逻辑形式将问题结构化。

案例　某企业战略管理问题的分析

某企业是一个传统行业的集团型企业,其战略管理的核心强调从集团到各业务单元的一体化协同作战能力,从战略制定到战略执行会保证"战略的一致性"。

其战略管理流程框架（见图18-2）从公司总体战略目标，落实到营销、供应链、研发等业务战略规划和人力资源、资产、IT等职能战略规划，进一步分解到业务、职能运营计划，并匹配对应的资源预算和绩效考核，从而确保战略制定过程的一致性。

在战略的执行过程中，企业会通过战略执行监控和战略回顾会，对执行中的问题进行及时的调整纠偏和改进，从而形成战略管理闭环。

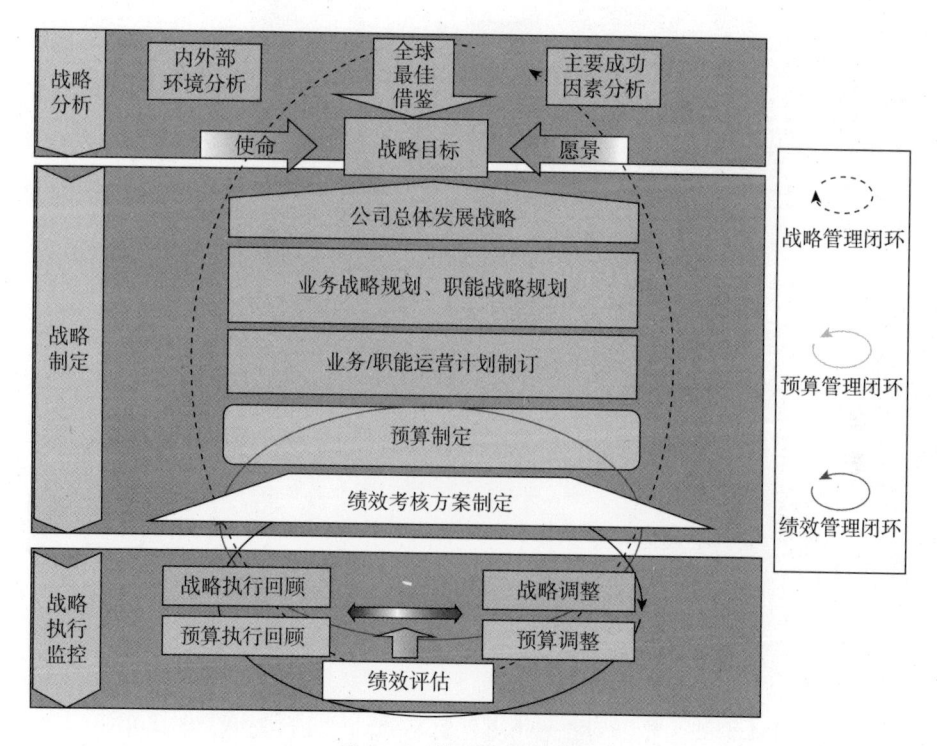

图18-2 战略管理流程框架

当企业战略执行结果和战略目标偏差很大的时候，就会有相关人员对各环节提出问题假设（见图18-3），并进一步进行调研验证，看看偏离是由于哪些环节出了问题。

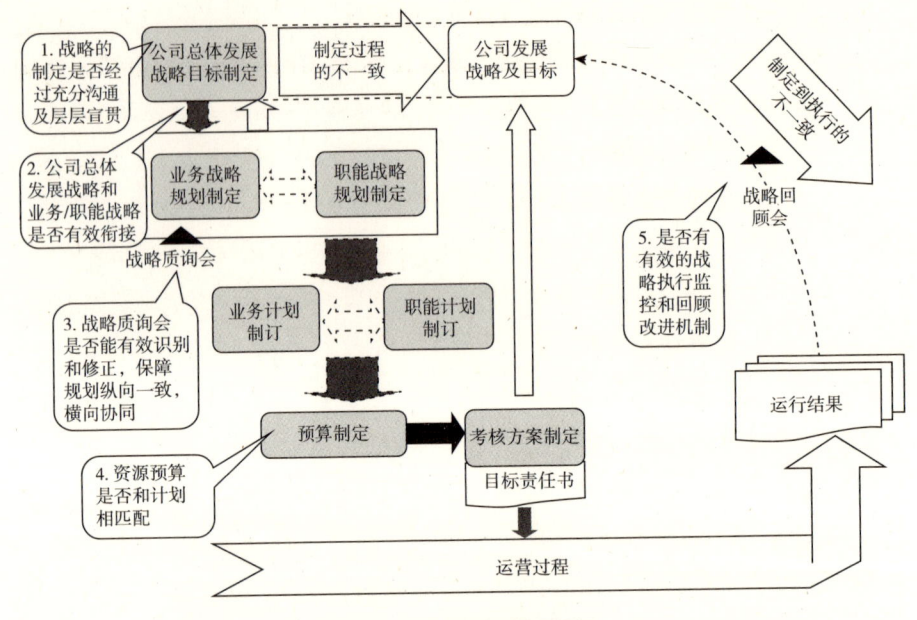

图 18-3　战略管理问题假设

问题调研诊断及现状流程描述

当有了基本的问题分析框架之后,下一步的重点就是调研诊断,从中收集与问题有关的足够信息,了解现状和问题根源,并通过框架图/流程图对现状进行详细描述以加深理解。调研诊断的常用方法包括调研访谈、现场考察、问卷分析、典型案例分析等。

- **调研访谈**:调研访谈是获取问题信息输入最高效的方法,也是一个逐步收敛的过程。在第一轮调研访谈的时候先不要问及具体细节,要以问题分析框架为基础设计访谈提纲,收集相关岗位不同角度的调研信息,了解业务的全貌,从而避免盲人摸象;同时,对假设问题进行交叉验证,寻找共识点和差异点,从中提炼和聚焦关键问题环节,然后进行第二轮的深入调研。
- **现场考察**:现场考察一方面有助于调查者进一步了解业务问题

的场景和环境，另一方面，当调研访谈已经有了初步的聚焦问题时，调查者可以进一步通过现场观察来了解问题的实际情况和执行细节。

- **问卷分析**：问卷分析适用于对问题已经有了初步的假设，需要从更广泛的范围内来进一步验证的情况。基于成熟度评估模型进行调研评估从而对标寻找差距时，也可以用问卷分析这一方法。
- **典型案例分析**：问题诊断分析的依据往往是已经发生的事件，因为用实际案例来还原问题场景会更具说服力。因此建议选择比较有影响力和代表性的项目案例进行全面复盘分析，从而再现整个过程和问题。

调研诊断可以使相关人员进一步进行现状流程描述。描述时，要注意用现场的、实际发生的流程来暴露问题，不要抽象、美化流程。

曾经有家企业画了一个物流入库流程，将之描述为"申购—审批—下单—到货—验收—入库"。他们问："怎么从这个流程中找到问题、分析优化、提升解决、指导业务呢？"我的回答是："流程描述到这个颗粒度，是发现不了问题的。这个流程太标准和典型了，而我们要的是现场的、实际发生的情况，比如申购时是否在电脑上误操作了3次，审批是否需要排队等2天或反复找领导4次，下单时是否和供应商纠缠了2回，到货时在场人是否缺位，验收时是否有人敷衍结果埋下隐患，入库时台账到电脑上的信息反映是否延迟了3天……"

也就是说，为了让流程描述更真实地反映实际现状，就要带着纸笔、照相机、录像机到现场去，一个动作一个动作去跟进：那个采购计划员一天8小时是怎么消耗的、为什么又加班4个小时，那个采购经理画的10个圈都画在什么单据上、为什么要画。这样才有可能发现问题、分析问题和解决问题，从而推动业务改进。

所以说，现状流程描述是"现场实录"版本的流程描述，而不是几个管理参谋人员在办公室里按照逻辑想象出来的、抽象美化过的简洁流程描述。

对问题进行量化定义

在现状流程描述以后，我们就可以结合问题分析框架以及现状调研，进一步在流程上进行具体问题的分析和标识，可以从以下几个方面分析问题：

- 在业务流程开展前，是否有清晰的、形成共识的目标、业务策略和计划指导？
- 流程执行的内外部环境及输入是否发生了重大的变化？
- 业务流程是否存在破碎、不连贯以及重要环节缺失的现象？
- 在流程执行的跨部门衔接环节中，是否存在由于职责定义不清楚而导致的管理交叉和推诿扯皮情况？
- 流程上的各环节是否存在层层会签、审批等导致效率低下的情况？
- 流程上的一些关键信息是否会因传递不畅而造成客户需求信息传递受阻或者失真？
- 流程执行中的一些关键信息数据是否有留存和标准化要求？
- 流程的一些环节是否有明确的时间约束？达成情况如何？
- 是否形成 PDCA 循环（前端有计划规划环节的输入，后端有总结复盘的输出）？
- 流程上关键的风险环节是否有相应的规避措施？
- 流程执行的岗位资源配置是否合理？
- 流程执行人员的专业能力是否有待提升？
- 流程执行与相应的绩效考核方式是否匹配？
- 是否可以通过数字化的手段工具进一步改善操作方式和提升效率？

分析现状问题的时候要注意对问题进行准确的定义。如何准确地定义问题呢？**核心就是用数据量化问题。**

首先，定义这个问题到底严重到什么程度。以效率低下为例，平均执行时间具体是多少？和目标承诺或者和竞争对手相比，有多大差距？其次，明确这个问题如果不解决带来的损失是多少，如造成多少客户流失，带来多少人力成本的浪费等，将问题带来的损失货币化。最后，明确为解决这个问题需要投入的成本和预期带来的价值分别是多少。所有经营问题回归到本质都是投入产出比问题，即是否值得投入时间与资源去解决这个问题，或者设置分阶段的改进目标去解决这个问题。很多问题不用追求最优解，找到当下最合适的方案就可以。

当问题能够被清楚定义之后，我们就离能否解决以及找到如何解决的方法不远了。我们会在后面章节进一步展开基于流程的问题解决方法和工具。

思考一下，行动起来

选择一个业务场景，用本章节的方法对问题进行分析诊断和定义。

第 19 章

流程分类，
落实差异化管理

Q： 解决问题的第一步从哪里入手？

A： 先学会分类，从一刀切到差异化、精细化管理。

分类是人们认识事物的一种基本方法，它是一种将杂乱变为有序、将碎片化调整为结构化的方法。建立起分类的思维习惯，有助于我们分析处理多种问题。流程分类多样化、差异化管理，可以使我们避免一刀切，实现管理的精细化。基于管理目标的分类调整，可以使我们获得更优的解决方案。

分类是结构化问题分析解决能力的基础

所有的管理咨询顾问在入门时都要接受结构化问题分析解决能力培训。结构化问题分析解决能力的核心就是：在对问题进行正确界定的基础上，基于假设对问题进行合理的分类分析，从而得出结论或解决方案。其关键点包括：

- **正确界定问题**：前文已经有详细的描述，即通过分析框架和调研诊断，梳理现状流程，对问题进行准确的标识和量化定义。比如"目前所有采购品是分散采购，难以形成规模优势，采购价格高，每年采购成本××元，占总产品成本的××%"。
- **假设并罗列问题构成要素**：比如，要对不同的采购品类使用不同的采购策略。其主要的构成要素包括"采购品类、采购策略"等（详见第 16 章）。

- **合理分类要素**：要保证分类的合理性。首先，遵循 MECE（彼此独立、完全穷尽）原则，即分类间不能有交叉，合起来是全集；其次，分清相关的分类标准，并得到执行者的充分共识；最后，结合管理目标要求选择分类维度。比如在采购品的分类上，要对生产计划的影响、采购金额、采购规模效应等方面的管理目标要求进行分类，以分别采取"集中采购"或"分散采购"的差异化采购策略。
- **排除非关键分类**：在分析和解决问题的时候要抓住重点、不断排除非重点，以缩小范围。比如，企业要采购的东西非常多，如果逐一分析所有采购品，则浪费人力物力，那么就先去掉对生产和成本影响不大的分类，如少量办公用品的采购品类等。
- **分析重点分类**：采用 80/20 法则（关键少数法则），如将主要精力放在采购金额大、对生产影响比较大的一些采购品类上，并设计对应的优化方案。

通过上面的举例我们可以总结出，分类是否正确有效，有以下 3 个评判标准：

- **目标导向原则**：基于管理目标确定分类维度，保证方向性。
- **MECE 原则**：通过 MECE 原则保证分类的完备性和合理性。
- **80/20 法则**：实现资源聚焦，保证分类的针对性和有效性。

好的分类管理决定了企业的精细化水平

很多管理者有一个误区，即将追求"管理简单化"理解为管理制度的简单化，从而使用一刀切式的粗放管理，导致很多需要简化管理的业务出现过度管控和效率低下的现象，他们对真正需要风险管控和加强投入的业务关键点管理得却不够精细。我认为，管理简单化的核心是在保障管理目标实现的基础上，最简化执行者操作。因此，在每个业务领域的流程优化上，我们建议先通过流程分类，针对不同管理对象的差异化要求建立不同流程，从而避免因使用万能流程而导致整体效率低下。

我们以某企业的"样件试制试用流程"举例。调研发现，这条流程对所有的样件执行统一的三批试制，平均需要200多天。优化方案是对流程进行分类，将样件分为常规和特殊两类，占比18%的特殊样件需执行三批试制，其余的常规类型简化为一批试制。这样，整体效率提升了55%。

好的分类管理决定了企业的精细化管理水平，可帮助企业获得更优的投入产出比。比如，超市对购买三件商品以下的顾客开通绿色通道，提升了收银台的工作效率。虽然对于购买很多商品的顾客而言，提升的速度没有太大的区别，但是这能够大大提高那些只买了一两件商品的顾客的消费满意度，因为如果和购买大量商品的顾客一起排队，他们所要等待的时间和自己购买的商品数量相比，时间成本似乎有些高，很多顾客可能因此放弃在这里购买，而选择去便利店用更高的价格购买同等商品。超市为这一类顾客开通绿色通道，可以有效地留住只买少量商品的顾客。这样，超市对顾客的精细化分类，提升了顾客的总体满意度，增加了超市的总体效益。

企业要对不同管理对象进行分类，设置多样化流程，从而匹配不同资源，实现资源投入和管理目标的匹配。同时，关注不同管理对象的特点，采取更有针对性的过程管理。常见的流程分类参考如下：

- 产品研发管理：按照产品性质和研发投入资源分类，如战略产品、改进产品等。
- 供应链管理：按照供应链生产模式分类，如按单生产、按单装配、按库存生产等。
- 采购管理：按照采购品分类，如战略生产物资、常规生产物资、办公物品等，不同物资使用不同的采购策略和领用模式。
- 营销管理：按照客户类型分类，如战略客户、一般客户，对于差异比较大的区域市场，也可以按照不同区域来划分，如国内市场、海外市场等。
- 人力资源管理：人力资源的管理对象是人，一般按照管理层级、岗位类型等进行分类；招聘则按照招聘渠道来分，如社会招聘、管培生招聘等。
- 项目管理：根据项目的业务类型分类，或者根据项目重要性分类，从而对重要项目投入更多的资源等。
- ……

基于管理目的确定分类维度，获得更优解决方案

我们很多时候往往会面对多种分类维度，到底采用哪些分类维度，或者各分类维度之间有没有什么优先级呢？

先举个简单的例子：我们在整理收纳衣物的时候，会有多个分类维度，比如按照季节分类（夏装、冬装、春秋装等）、按照用途分类（如睡衣、外套、裤装等），那么两种分类方法优先选择哪种呢？我想大部分人会优先选择按照季节分类。为什么呢？因为分类的目的是方便挑选，而按照季节的使用场景来分类更容易实现这一目标。所以说，分类维度的选择取决于管理的目标，分类的好坏决定了结果的好坏。

案例　某企业投资业务分类优化

某国有集团将其投资业务分为"短期投资"和"长期投资"，其集团、子集团、子公司遵照统一的一套投资程序以规避风险。但从整体执行情况来看，一方面效率低下，过长的审

批流程导致投资机会丧失、影响生产效率；另一方面浪费严重，一边是全集团近10亿的银行存款余额没有得到有效利用，另一边是下属子公司贷款40多亿，产生大量财务费用。

我们调研分析企业现状发现，导致问题的原因是管理部门将投资管理的重点更多地放到风险管控方面，因此，不管对于短期投资还是长期投资，都以审批管控为目的，这使大量资产没有得到有效利用。

优化方案主要是重新调整投资业务管理目标和分类流程。明确投资业务管理目标：提升资金使用效率，有效支撑集团战略和业务扩张。基于这样的管理目标，我们将投资业务按照"金融类/非金融类"和"战略类/运营类"两个维度分为四类。

- **金融类战略性投资业务**：指长期债权及股权投资，包括收购、重组、兼并、转让项目、长期债券等；由集团董事会决策，计划财务部集中管理、集中操作；强化战略方向协同和可行性研究，控制成本效益风险。

- **金融类运营性投资业务**：指短期资金运营投资，包括短期债权及股权投资（证券投资和委托投资等）；由集团董事会决策，资金管理中心集中管理、集中操作；强化计划预算管理、额度管理，控制风险程度；简化计划预算内的项目流程，提高运作效率，提升收益水平。

- **非金融类战略性投资业务**：指重大项目投资，包括新设项目投资（资源获取、矿井建设等）、重大技术改造投资、房产和土地等不动产投资；由集团董事会决策，投资项目组集中管理、集中操作；强化战略方向协同、可行性研究，控制成败风险，以有效支持战略扩张。

- **非金融类运营性投资业务**：指专项投资，包括维检、大修、技术开发、设备购置、信息化建设、能力提升投资等，以有效支持运营扩张；由于此类投资业务与业务运营紧密协同，因此由计划财务部统一管理决策，授权各业务单位工程管理部分层操作；强化计划预算管理、额度管理，控制成本效益风险。

通过上面分类管理，企业一方面进一步细分了投资业务的需求，加强了对战略和业务的支持；另一方面，在运营类的业务上通过计划预算管理、具体执行授权管理和简化流程，加快了业务的响应速度，提高了资金使用效率。

思考一下，行动起来

从你生活或者工作中选择一个场景，思考如何通过分类进行优化管理。

第 20 章

流程简化优化，
去除不增值环节

Q： 如何进行流程的简化优化？

A： 围绕为客户创造价值，使用 ASME 识别冗余不增值环节，使用 ESEIA 简化优化。

管理学里有一个定律叫"崔西定律",指的是一项工作的困难度与其执行步骤数目的平方成正比。例如,完成一件工作有 3 个执行步骤,则此工作的困难度是 9,而完成另一工作有 5 个执行步骤,则另一项工作的困难度是 25。所以,工作步骤越少越不容易出问题,提升组织运营效率的关键,就是要简化流程。

那么,如何简化流程呢?我们说流程的本质是为客户创造价值,流程的流转就是价值不断创造的过程,所以"增值/不增值"就成为简化流程环节的主要标准。流程上所有不能够为客户创造价值的环节都应该被简化(见图 20-1)。

因此,我们在判断一个流程是不是必要的时候,不应从部门出发,也不应从领导意见出发,而应从这个流程面向的客户视角出发,即这个流程中的哪些步骤对客户是有价值的、客户也愿意为此付费;有哪些步骤对客户没有价值,客户根本不愿意为此付费。

图 20-1 简化流程环节

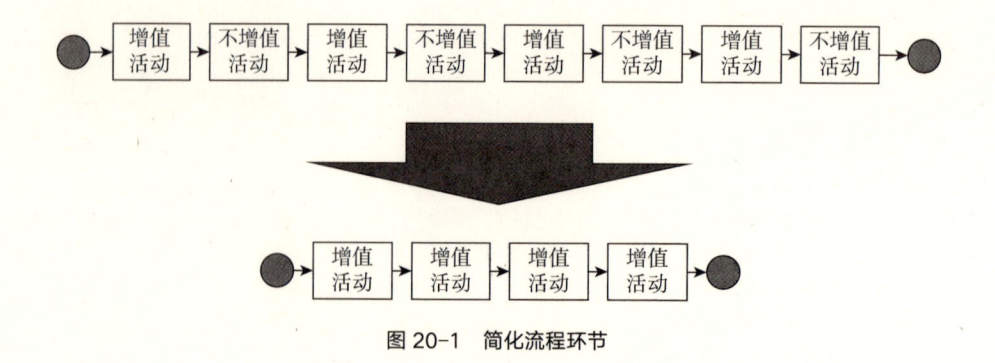

ASME：识别流程的不增值环节

由美国机械工程师协会提出的 ASME 表格为我们提供了一个简便而实用的可以找出增值活动和非增值活动的工具（见表 20-1）。这个表格可以清楚地描述流程上的相关活动，并将活动分为增值、不增值和可疑活动三种类型。其中，不增值活动是可以直接简化或 IT 化的活动，而可疑活动是指其价值需要进一步分析和优化的活动。对可疑活动的分析和优化具体包括：

- **检查**：对数量、质量、规范性等进行检查以控制风险，考虑是否可以减少重复检查次数，或者用 IT 工具实现自动化检查。
- **输送**：即人员、物料、文件和信息的传输。对于实物的移动，要研究如何避免无效的传输或者如何优化传输路线；而对于信息的移动，要利用互联网手段和工具，对传统的信息传递方式进行彻底改变。
- **耽搁**：即在相关操作之间暂时存放、排队等待或停滞的时间。如果耽搁时间过长，则需要考虑优化活动的执行方式或者执行步骤。
- **存贮**：即物品存储、文件归档、信息记录等。对于物品存储，要考虑通过计划减少存储时间；而对于文件和信息的存储，由于其对于当期流程价值不明显，但是对于长期业务发展和经营分析有价值，所以应予以加强。

表 20-1 运用 ASME 表格对某企业的物品领用流程进行"增值/不增值"分析

序号	活动	增值活动	非增值活动	可疑活动 检查	可疑活动 输送	可疑活动 耽搁	可疑活动 存贮	时间（分钟）	操作者
1	填申领单	○						5	申领人
2	送本部门经理审核		○					5	申领人
3	审核申领单			○				1	部门经理
4	送申请单到仓库部门		○					10	申领人
5	审核申领单			○				10	仓库部门经理
6	送申请单到财务部门		○					10	申领人
7	核实物品费用，登记部门预算						○	10	财务部门
8	送申请单到仓库		○					20	申领人
9	检查申领单内容			○				5	仓管员
10	列入出货清单					○		5	仓管员
11	库房出货	○						10	仓管员
12	捆绑领取物品	○						10	仓管员
13	等待所有物品捆绑完毕					○		10	申领人
14	等待所有物品登记完毕					○		10	申领人
15	申领人领回物品	○						20	申领人
	步骤合计	4	4	3		2	2		
	时间合计（分钟）	45	45	16		20	15	141	

表 20-1 详细地列出了某企业物品领用的步骤，从流程的客户也就是申领人的视角来看，"尽快得到需要的物品"是他希望得到的价值，而现有的步骤中，很多步骤不是在实现这个价值，却耗用了大量的时间。为什么还要做这种非增值的活动呢？有没有改进的可能呢？整个流程是否能只保留几个关键的增值活动？流程的优化需要从这些问题来思考。

随着互联网对传统产业的渗透，我们可以从更广阔的产业链、价值链的视角来分析增值/不增值，从而对传统产业链进行基于数字化的优化重构。我们发现，随着产业互联网的发展，过去靠信息不对称赚取差价的产业链不增值环节在逐步消失，所有的中间渠道都在慢慢扁平化。

案例　某生鲜产业互联网平台的产业价值链优化

传统的生鲜产业链是一个非常冗长的产业链条（见图 20-2），生鲜产品从原产地到达城市最终的消费终端（菜店、餐馆）需要经过收购加工商和产地批发商，再到销售地的一级批发市场、二级批发市场和配送商，这个过程中间有多级的货物流转，耗费时间长，多次搬运分拣也造成产品的大量损耗；另外，每经过一个环节，价格都要增加，造成端到端整体成本的上升。我们来分析这条产业链：过长的产业链条造成产业链整体成本大幅增加，虽然每个环节的工作人员都很辛苦，但所得利润很低，他们甚至不能准确把握需求，造成渠道库存积压和亏损。

我们用前面讲到的 ASME 进行分析。从流程的客户也就是菜店/餐馆的视角来看，"尽快得到便宜、新鲜的生鲜产品"是他们希望得到的价值。而现有的产业链条，中间各级批发环节的输送、耽搁、存储都不是在实现这个价值。过去这些中间渠道的存在是因为产业链条信息不透明，没有供需对接的渠道，那随着互联网技术的发展，是否有渠道能简化产业链的非增值活动，进行产业链的重构呢？某生鲜产业互联网平台形成的新产业链流程，为我们提供了一个成功案例（见图20-3）。

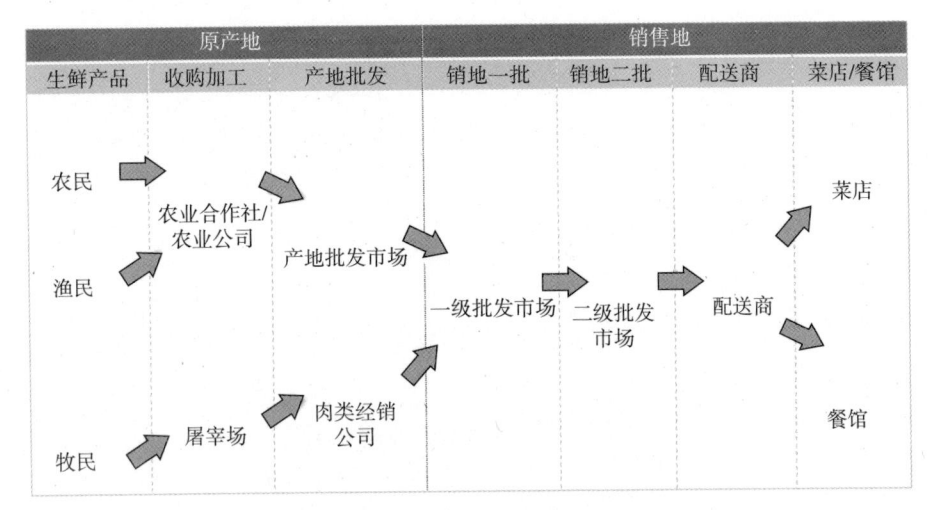

图20-2 传统的生鲜产业链

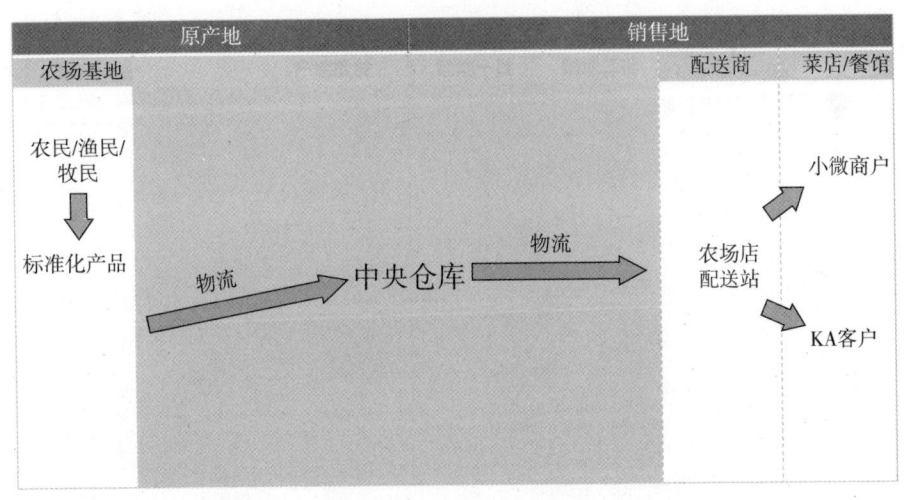

图20-3 基于产业互联网平台优化后的生鲜产业链

在基于产业互联网平台优化的产业链流程里，终端客户（菜店/餐馆）在手机App下单后，平台就汇总订单并直接对接农场基地采购。注意，这里将过去传统的农民、渔民、牧民的种植、养殖和收购加工环节也进行了整合，从而形成了标准化可在线交易的产品，如将蔬菜去掉根和泥这些客户不需要的非增值部分，变成500g/1000g等标准重量的净菜，这一方面降低了物流成本，另一方面减少了城市厨余垃圾。产品由物流运输到城市的中央仓库，再按照区域分拨到相应的农场店和配送站，实现最后环节的终端配送。按照前文的分类管理原则，这里将客户分为小微商户（订单批量小）和KA客户（订单批量大），并根据不同的需求特点采取不同的配送和服务流程。

通过优化产业链流程，依托原产基地、互联网平台进行的生鲜供应链流程整合重构，该平台实现了从农场到餐桌的新鲜直达，同时极大降低了整个产业链的成本和损耗。我们看到，过去靠赚取差价获利的中间渠道环节都被取消了，因此，要想继续生存，这些中间渠道商也必须转型，在新的产业链模式下寻找新的提供增值服务的方法。只有增值，才是市场和客户所需要的！

ESEIA：简化优化流程

前文提到用ASME识别增值、不增值以及流程中的可疑活动，那么如何进一步分析和优化呢？在此，我们来介绍ESEIA工具。ESEIA最早是Eliminate、Simplify、Establish、Integrate、Automate的首字母缩写，其含义分别是清除、简化、增补、整合、自动化。随着IT互联网技术的发展，自动化这个领域也在信息化—数字化—智能化中出现了越来越多的创新，因此我们可以考虑将最后一个"A"进一步升级为智能化（Artificial intelligence）（见表20-2）。

表 20-2　ESEIA

清除	简化	增补	整合	自动化到智能化
过量的产出	表格	PDCA 循环	活动	数据采集
活动间的等待	程序	增值服务内容	组织	数据分析
不必要的运输	沟通	风险管控措施	信息	可标准化的工作
反复的加工	物流	文件的存档	客户	
库存积压	权责下沉	数据的记录	供应商	
产生缺陷和失误	非核心能力外包	知识的积累		
重复的活动		知识的复用		
反复的检验				

清除，主要指清除现有流程内的非增值活动。有一些非增值活动是不得已而存在的，而有一些则是多余的，我们清除的应该是多余的非增值活动。在设计流程时，针对流程的每个环节（或要素），要思考这个环节为何要存在？这个流程所产出的结果是整个流程完成的必要条件吗？它的存在直接或间接产生了怎样的结果？清除它可行吗？清除它会解决怎样的问题？通过一系列的问题，来着手判断其是否为非增值环节、是否多余、它的存在产生了怎样的不利影响、将之清除是否可行。如何消除或最小化非增值活动，同时又不给流程带来负面影响，是重新设计流程的主要问题。以下列出一些常见的需要清除的活动：

- **过量的产出**。超过需要的产出对于流程而言就是一种浪费，因为它无效地占用了流程有限的资源。在一定意义上，它带来的问题是增加库存和成本。
- **活动间的等待**。活动间的等待指流程内任何时刻由于某种原因导致的对人或物的等待。其会使待处理文牍和库存物品增加、通行时间加长、追踪和监测变得更加复杂，对顾客价值无影响。
- **不必要的运输**。任何人员、物料和文牍的移动都要花时间，这浪费了员工时间、增加了成本。

- **反复的加工**。在公司运营流程的实际运作中，很多产品或文件会被多次处理。那么这些处理会带来增值吗？如不增值，加工是否由于产品设计不佳或流程不完善造成？
- **库存积压**。这不但指物品的库存，还指流程运营过程中大量文件和信息的淤积。
- **产生缺陷和失误**。一般来说，产生故障的原因除了人为外，很大程度在于流程结构的不合理。
- **重复的活动**。如信息需要重复地录入，就可以利用统一集成的信息化／数字化平台，共享整个价值链，实现"单一创建、多处引用"。
- **反复的检验**。有些检验、监视与控制已成了一种官僚作风和形式主义，已不具有它本来的意义，甚至成了设置管理层次和管理岗位的理由。应授权部分检验、审核工作，不要事无巨细地审核，事无巨细只会造成形式化和上层领导工作的繁重与低效。

简化，指在尽可能清除了非必要的非增值环节后，对剩下的活动进一步简化。一般来说可从下列各方面进行考虑：

- **表格**。许多表格字段在流程中根本没有实际作用，或表格设计上有许多需要重复填写的内容。可以通过重新设计表格和 IT 技术，减少无效信息的输入，使许多过去需要重复填写的内容可以通过 IT 系统自动带出，或通过标准化选项框减少输入工作量等。
- **程序**。以往设计流程的人员会认为流程内员工的信息处理能力非常有限，因而会将一个流程割裂成多个环节让足够多的人来完成任务。IT 能加强员工的信息处理能力，因此，现在我们可以简化流程的程序，整合一些工作内容，提高流程结构性效率。

- **沟通**。简化沟通，避免沟通的复杂性。比如，为了推进针对一项决策的多人意见达成共识，企业可以将沟通方式从反复的单独沟通，改为所有相关人员参加的沟通协同会议，从而推进面对面的沟通。
- **物流**。通过调整任务顺序等优化物流路线，简化物流。
- **权责下沉**。简化审批管理，给予一线执行人员更多的授权。
- **非核心能力外包**。企业可以考虑将一些非核心业务交给专业的第三方去完成，从而简化管理，释放更多的资源以聚焦在自己的核心业务和能力发展上。

增补，清除和简化都是对非增值活动做"减法"，那么是否有一些需要做"加法"的增值活动？我们建议可以从以下方面思考增加增值活动：

- **PDCA 循环**。通过 PDCA 循环思路，检视流程中是否有缺失或待加强的部分。如，"P"的规划、计划、策划环节是否要加强；在流程执行的关键点或者活动结束后是否要增加检查评估与总结优化的环节；有哪些知识经验可以记录固化下来、有哪些还需要进一步改进。以此实现持续优化。
- **增值服务内容**。从客户体验角度出发，是否有一些虽然客户没有明确提出，但是会显著增加客户满意度的、超出期望的增值服务。比如在餐厅吃火锅时，服务员会贴心送上一个围裙以避免客户弄脏衣服，这就是用比较小的成本获得较高客户满意度回报的一个体现。这里注意要和"清除"里面提到的"过量产出"进行区别，增值服务内容的本质是对客户需求的准确洞察。
- **风险防范措施**。随着外部环境不确定性的增加，企业对于风险的识别和防范活动也应该增加，以保障组织发展的安全和稳健，提升控风险能力。
- **文件的存档**。在相关活动结束后对文档和记录进行及时存档，以备将来的追溯。比如工程的图纸、合同协议等。
- **数据的记录**。对业务流程过程中的数据、信息进行同步的记录，对外部客户的信息数据进行有规划的收集，以持续积累形成企业的大数据分析能力和数据资产。
- **知识的积累**。在流程的活动中，哪些活动中的产出应该作为知识进行归档和存储，如何通过表单、模板固化知识以备复用。
- **知识的复用**。在进行此项业务活动时，有哪些资源和知识库可以帮助此项活动开展得更好？如客服人员在解答客户问题的时候，可以增加一个对已有问题库的搜索以获取更好的解决方案，提高处理效率。

整合，对流程上的活动、资源进行整合，以使流程顺畅、连贯，更好地满足客户需求。整合需注重以下方面：

- **活动**。将同一场景或者相似专业要求的活动步骤进行整合，从而减少活动转交的差错率和缩短工作处理时间。
- **组织**。整合团队、职责，从而减少跨部门/跨组织的协调工作，使物料、信息和文件"旅行"距离最短，改善同一流程上员工之间的沟通。
- **信息**。通过整合流程上下游信息并进行共享，减少上下游的信息不对称，提升协作效率。
- **客户**。和客户建立更多的流程交互与合作，将客户变成自身流程价值链的一部分，形成更多共创。
- **供应商**。消除企业和供应商之间的一些不必要的手续，建立信任和伙伴关系，整合双方的流程。

从自动化到智能化，信息化—数字化—智能化的发展催生出越来越多的流程创新和优化，这其中包括：

- **数据的采集**。通过物联网传感器以及视觉识别等技术，实现数字的自动化采集，减少人工的数据采集工作量，提升数据采集的效率。
- **数据的分析**。通过数据分析软件，实现流程的全程可视化和自动分析预警。
- **可标准化的工作**。该工作即基于数据分析判断，实现流程的自动化处理，如高速公路的ETC通道和高铁站的身份检查系统等。随着人工智能技术的不断发展，所有流程上可以标准化的工作都可以实现自动化和智能化的改造。

案例　基于智能柜的物品领用流程优化

我们用表20-1分析了一家传统企业的物品领用流程，累计15个步骤，需要花费两个多小时。显然从流程的客户，也就是申领人的视角来看，"尽快得到需要的物品"这一流程的价值还需要大幅的提升。

基于智能化工具的开发，震坤行作为一家工业品的产品互联网平台企业，对这个流程进行了全新的改造。

震坤行是一家服务制造业的一站式工业用品服务平台，面向工厂提供辅料和MRO（易耗品）的一站式采购和供应链服务。针对客户对工业用品提出的及时、准确的供应要求，在客户生产现场，震坤行创新性地提出了智能仓库这一新型仓储模式，即把仓库前置到工厂的生产现场。

通过智能仓储设备，物品领用人员只需刷卡，智能柜即可自动检查身份并授权，授权成功后智能柜打开，物品领用人员拿取所需物品，领取物品就变得如此简单。智能柜的物联网自动感应系统则会对领用数量自动计数。通过智能仓储设备，工厂物品管理实现了24小时无人看管，物联网系统可以实时监测领用情况、自动计算费用和通知后台补货系统。"领用即下单，月度再结账"的联合库存管理模式，使物品领用人员只需要做最简单的操作，这缩减了流程，显著提升了工厂的效率，降低了工厂物品库存成本和人员成本。

震坤行通过对多个智能柜终端的数据信息进行整合分析、对接上游供应商进行集中采购、按照各终端的使用情况进行按需补货供应，进一步优化了整个产业供应链流程，实现了整个供应链流程的降本增效。

思考一下，行动起来

阅读下面的文字，分析税务局"一窗式"流程改革具体做了哪些简化优化工作。

作为国家税务总局征管改革的试点，税务局以方便纳税人为出发点，进行了一场流程再造的改革。办税大厅过去的窗口式服务通过流程再造，实现了与纳税人的零距离接触，且任何一个柜台都能办理任何一项涉税服务。

流程再造改革的核心内容就是，改变过去按职能窗口划分的服务方式，运用信息技术，在税务机关内部，把涉税事务分解成受理、审核、发票、发证等170多个工作流程，每个综合柜台都可以通过信息系统办理这些流程。在对外服务方面，在纳税人首次到税务机关办理税务登记时，就一次性采集近300条涉税信息资料，避免纳税人在办理不同涉税事务时需提供各种材料、证明等烦琐的手续。

某公司财务人员说:"我今天来办三件事,一是纳税申报,二是领购发票,三是发票认证。以前办理这三件事要跑很多次,现在只需一次,而且只在一个柜台就办完了,所以现在感觉办事很轻松。"

税务局进行流程改革后,办税环节由原来的 200 个减少到 80 个,平均办事时间缩减了 60%,对纳税户考察、检查的次数减少了一半,彻底解除了纳税人反映强烈的"多头跑、多次跑、排长队"等烦恼。

第 21 章

串行改并行以提升效率

Q： 在所有活动都是必要的前提下，如何减少整体交付时间？

A： 识别前后依赖关系，串行改并行提高效率。

不管在生活中，还是工作中都有大量串行可以改并行的案例，多任务并行能力决定了个人和团队的效率高低。我们先通过一个包子铺的流程来探讨一下这个问题。

简单来说，包子铺的流程可以分为五个步骤：第一步，提前准备好面和馅料；第二步，擀包子皮；第三步，用包子皮将馅料包起来；第四步，放到蒸笼里蒸熟；第五步，按顾客需求打包并收款。通常店家都会提前做好第一步，所以早上开店前的准备通常从第二步擀皮开始。那么，我们假设包子铺有两名员工，一个人在擀皮的同时，另一个人就可以开始包包子，而不是等把所有包子皮都擀好再开始两个人一起包包子。等到包好的包子够放一个蒸笼的时候，就可以启动第四步蒸包子的步骤。有包子蒸好出锅时，如果有顾客购买，员工就可以并行交叉，帮助顾客打包并收款。这里，我们看到多个流程步骤并行下的生产方式：缩短了包子的生产周期，减少了顾客的等待时间，也减轻了店铺对客流量的预估压力，避免了包子皮、成品包子和顾客需求数量大幅不匹配情况的发生。

通过上面这个案例，我们可以总结从串行到并行设计的几个关键点：

- 分析流程中所有活动步骤的前后依赖关系，将没有前后强制依赖关系的步骤改为并行处理。
- 尽可能拆解大的活动步骤，以提升并行可能性。比如，将制作包子分为擀皮和包包子两个步骤，使两个人并行。
- 评估各流程节点的时间要求，以测算处理周期和并行时间。比如蒸包子前烧开水需要5分钟，蒸包子需要20分钟，如果已经有顾客在等待，要以最短时间完成交付的话，就可以将包包子和烧开水的时间合并。同时基于关键路径（完成所有活动的最少时间）告诉顾客需要等待的时间。
- 均衡流程容量与资源配置。在测算时间周期的时候，有一些活动的时间由于工艺等客观条件的要求是不能改变的（比如蒸包子的时间），而有一些活动的时间是可以通过增加资源配置来提升并行数的（比如高峰期超市增加更多的收银通道，以减少顾客排队等待的时间）。因此，对于流程上一些处理时间比较长的活动环节，分析相应的岗位配置和工作量是否均衡，重新调整岗位资源，以消除瓶颈环节。除了人力资源，对于一些需要通过IT系统来支持的流程，还需要考虑客户并发数和系统负载的均衡，以避免同一时间大量客户并发导致的系统瘫痪或者响应慢（比如城市核酸检测、大型线上赛事活动安排等）。
- 平衡效率和成本。为了提升效率而增加资源配置，虽可以提升并发数，但也同时意味着相应成本的增加。所以这个时候就要测算客户可接受的交付时间周期，即结合市场竞争环境和客户期望，对流程的目标进行准确量化定义，以此来决定流程上相应的资源配置和并行策略。

在企业中，有非常多的串行改并行应用场景。比如，大型工程项目为了缩短工期需要对每个环节进行非常细致的测算和计划优化；分析企业长流程的各环节依赖关系，加强并行工作力度。

产品设计开发中的"并行工程"也是典型的串行改并行的应用。它强调产品设计与工艺过程设计、生产技术准备、采购、生产等种种活动的并行交叉。并行交叉有两种形式：一是按部件并行交叉，即将一个产品分成若干个部件，使各部件的设计开发能并行交叉进行；二是其每单个部件的设计、工艺过程设计、生产技术准备、采购、生产等各种活动尽最大可能并行交叉进行。需要注意的是，并行工程强调各种活动并行交叉，并不是也不可能违反产品开发过程必要的逻辑顺序和规律，不能取消或越过任何一个必经的阶段，需要在充分细分各种活动的基础上，找出各子活动之间的逻辑关系，将可以并行的活动尽量并行进行。

案例　某食品企业新产品开发上市流程优化

图 21-1、图 21-2、图 21-3 显示了某食品企业优化后的新产品开发上市流程，针对之前新产品开发上市流程时间长、运行时间不可控、跨部门协同效果差等问题，企业对流程进行了以下方面的优化：

- 分解新产品开发上市中的所有活动，并对每项活动进行时间测算，清晰标识每项活动所需的合理时间。
- 识别流程活动的前后依赖关系，清晰标识启动相关活动的前置条件，比如新产品可行性评估报告需要汇总市场、财务、生产等相关分项评估内容；上市推广计划、上市区域和上市策略、价格链的制定以及确定生产厂和首批生产量这些工作内容，需要等《新产品上市指引》的总指导文件确定后才能启动，避免无效工作。

示例说明：
活动名称
所需工作日（天）

前置任务：
汇总市场/财务/生产可行性评估小结

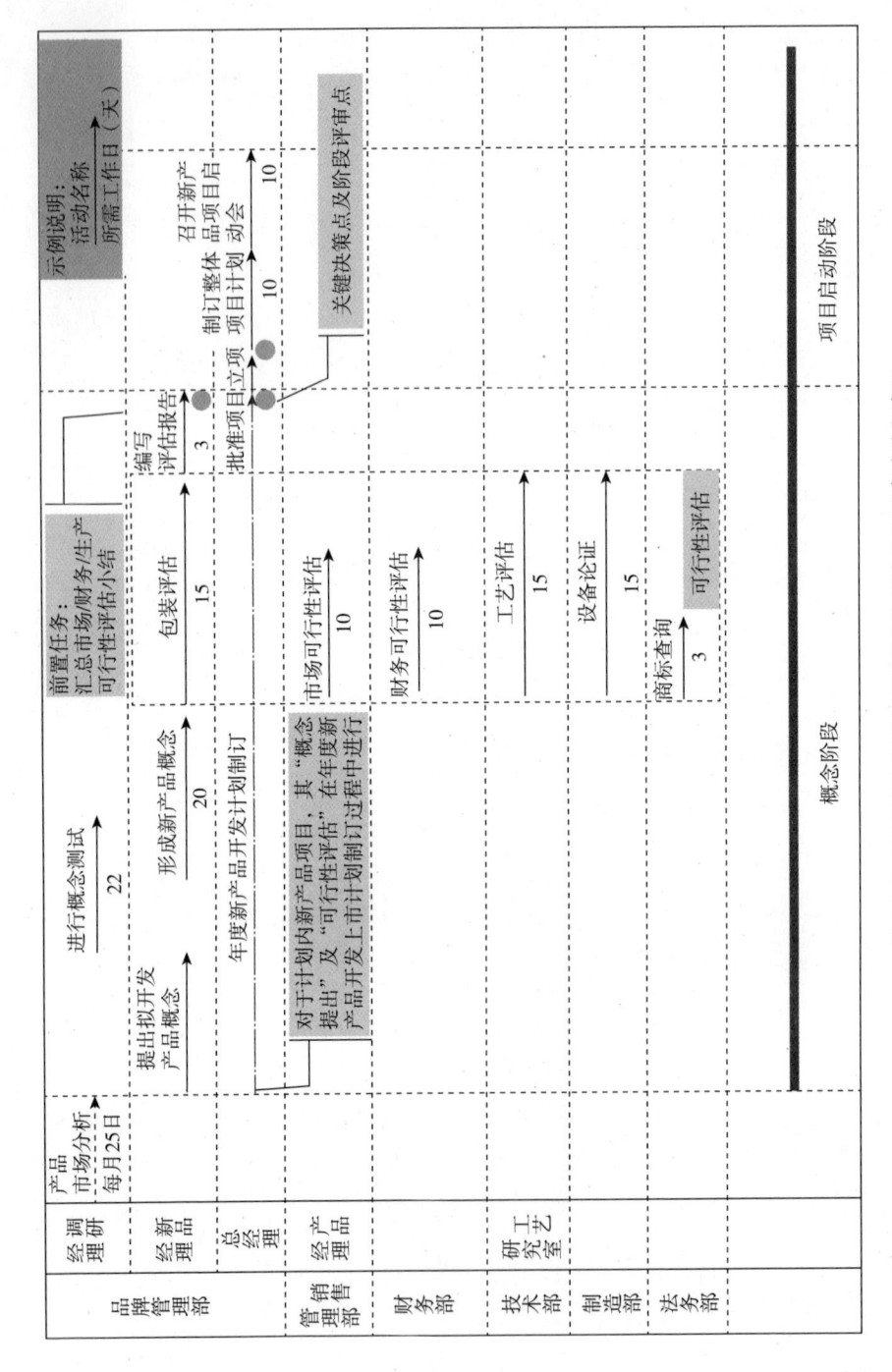

关键决策点及阶段评审点

图 21-1　某食品企业新产品开发上市概念及项目启动阶段流程

部门	岗位	概念阶段		项目启动阶段
品牌管理部	经理调研	产品市场分析 每月25日 →		
		提出拟开发产品概念 → 进行概念测试 22 →		
营销管理部	经理新品	形成新产品概念 20 →	包装评估 15 →	编写评估报告 3 → 制订整体项目计划 10 → 召开新产品项目启动会 10 →
	总经理	年度新产品开发计划制订		批准项目立项 →
	经理产品	对于计划内新产品项目，其"概念"及"可行性评估"在年度新产品开发上市计划制订过程中进行	市场可行性评估 10 →	
财务部			财务可行性评估 10 →	
技术部	研究室工艺		工艺评估 15 →	
制造部			设备论证 15 →	
法务部			商标查询 3 → 可行性评估	

234　流程思维

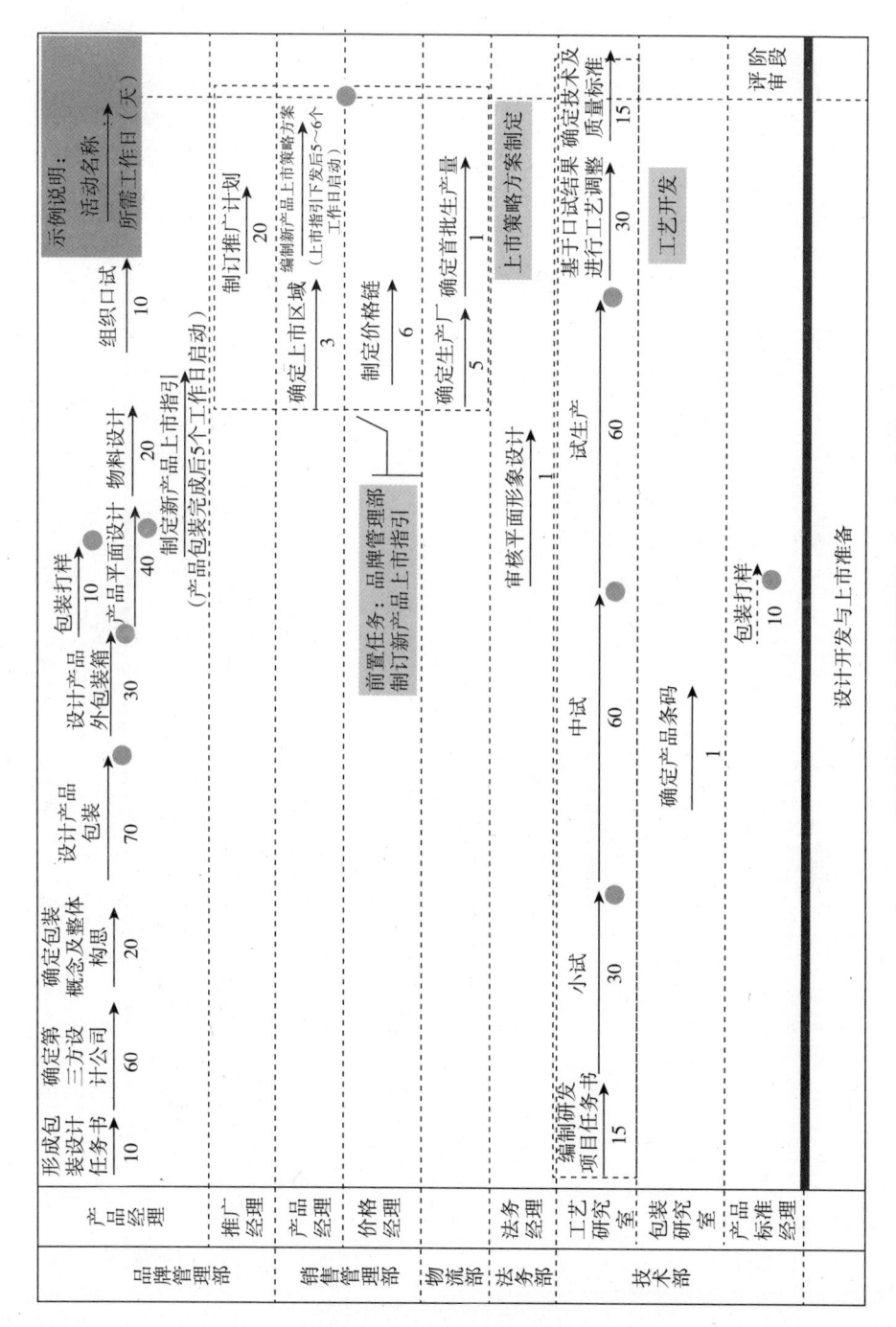

图 21-2 某食品企业新产品开发设计与上市准备阶段流程

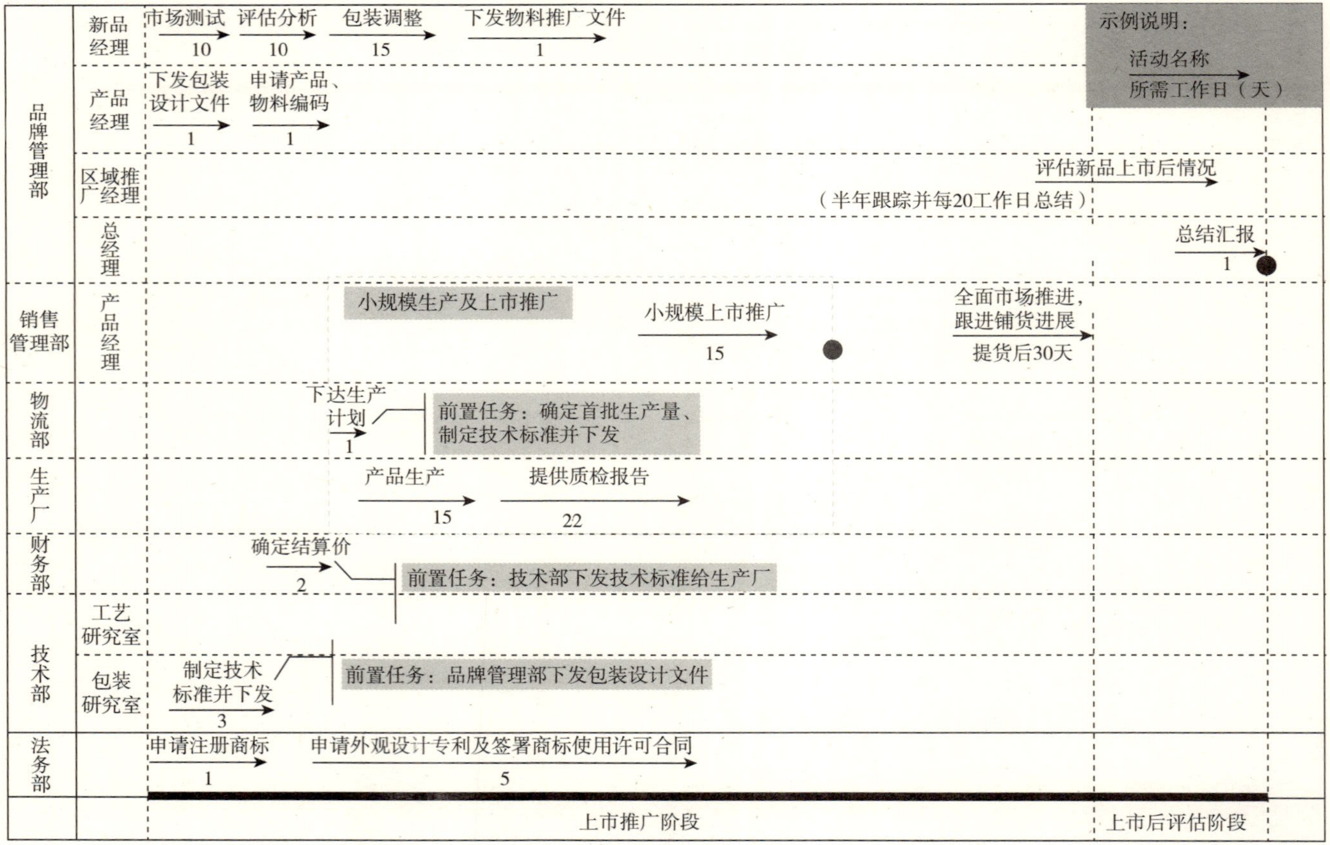

图 21-3 某食品企业新产品开发上市推广及评估阶段流程

236　流程思维

- 加强并行工作环节，比如在概念阶段，将包装评估、市场可行性评估、财务可行性评估、工艺评估、设备论证、商标查询等工作并行进行，以让品牌、销售、财务、技术、生产、法务等部门提早介入新产品可行性论证，从多维视角提供专业建议以提升新产品上市成功率。
- 优化项目面板管理。各部门相关负责人可以通过IT系统对全流程按照实际项目状态进行动态管理，清晰地了解其他部门的进展状态以及本部门的工作计划，以做好提前准备和跨部门协同。

思考一下，行动起来

选择工作或者生活的一个场景，分析有哪些环节可以从串行改为并行以提高效率。

第 22 章

流程运行时钟，
实现多条线的整体协同

Q： 多条流程并行时，经常出现资源冲突怎么办？

A： 通过流程运行时钟的升维优化，协调运营节拍，实现整体协同。

在企业中经常出现这种情况：单个流程看上去没有问题，但是多个流程在实际执行时经常会发生时间错位和资源冲突的事件，使流程的执行总是被打乱，不能按期推进。比如，流程上需要领导参加和决策的会议，却因为领导有其他的事情需要处理无法进行；一个跨部门的评审会，需要多个部门的负责人一起来参加，但是人总是凑不齐，这个评审过程就被一拖再拖；本来应该12月完成的年度经营计划预算要到第二年的第一季度末才能定下来；市场部门和销售部门应该像空军和陆军一样协同作战，可是很多公司的"空中""地上"总也配合不上，新产品上市铺货了，才发现新品画册、宣传海报还没到……

你会发现，以上问题要么是因为多个流程运作的时钟没有协同，如市场部门和销售部门分别按照自己的节奏推进工作；要么是因为多个流程都需要的流程执行人之间出现了时间冲突，这在需要高层参与的节点上会出现得更为频繁。

本质上这些流程的设计和执行都缺了一个"时间"的维度，而本章我们就来讲讲关于流程时间的"升维"优化。

在第 4 章中，我们提到企业运作靠的是一个整体系统，仅单个流程运行得好是不够的。企业最终的目标是要解决所有流程的整体效率提升，实现流程间的运作协同。如某企业高层所说："希望能有一张企业的流程运营全景图，可以使各条业务线都能有计划地运作、整体协同配合。"

那么这张所谓的"全景图"就需要我们对流程的运行时钟进行协调，对流程所需要的资源进行统合，从而保证所有人员按照统一的时钟有序工作，形成稳定的节奏，实现多组织、多流程的运作整体协同和同频共振。

流程运行时钟的设计和优化

从宏观上来看，流程运行时钟设置首先要考虑企业的业务特征和外部的环境影响。如服饰企业生产运营表现出明显的季节特征，针对春夏秋冬各个季节的不同服饰产品需求，企业内部会有多个不同季节的产品线流程在并列循环推进，在同一时间可能既有冬装的打折清仓活动，又有春装的快速上新活动，工作人员还要进行夏装的设计开发等。

很多快消品企业也有明显的淡旺季特征，春节、中秋节的大型促销，"双 11""6·18"等网上购物节，都会影响到企业整个流程的运行时钟，很多电商企业都是提前好几个月为"双 11"备货，"双 11"后又集中处理各种物流发货和售后服务问题。

可以看到，企业的运行时钟多半以年或者产品季为周期，以此逐渐形成业务运营活动所遵循的时间规律。图 22-1 显示了某企业营销运营的时钟，包含了营销战略流程和重大业务运营活动所遵循的时间。通过这张运营时钟总图，我们可以很清楚地了解企业每个阶段或者每个月的营销工作重点，实现横向品牌和销售的协同，纵向从总部到各级分支机构的业务协同。

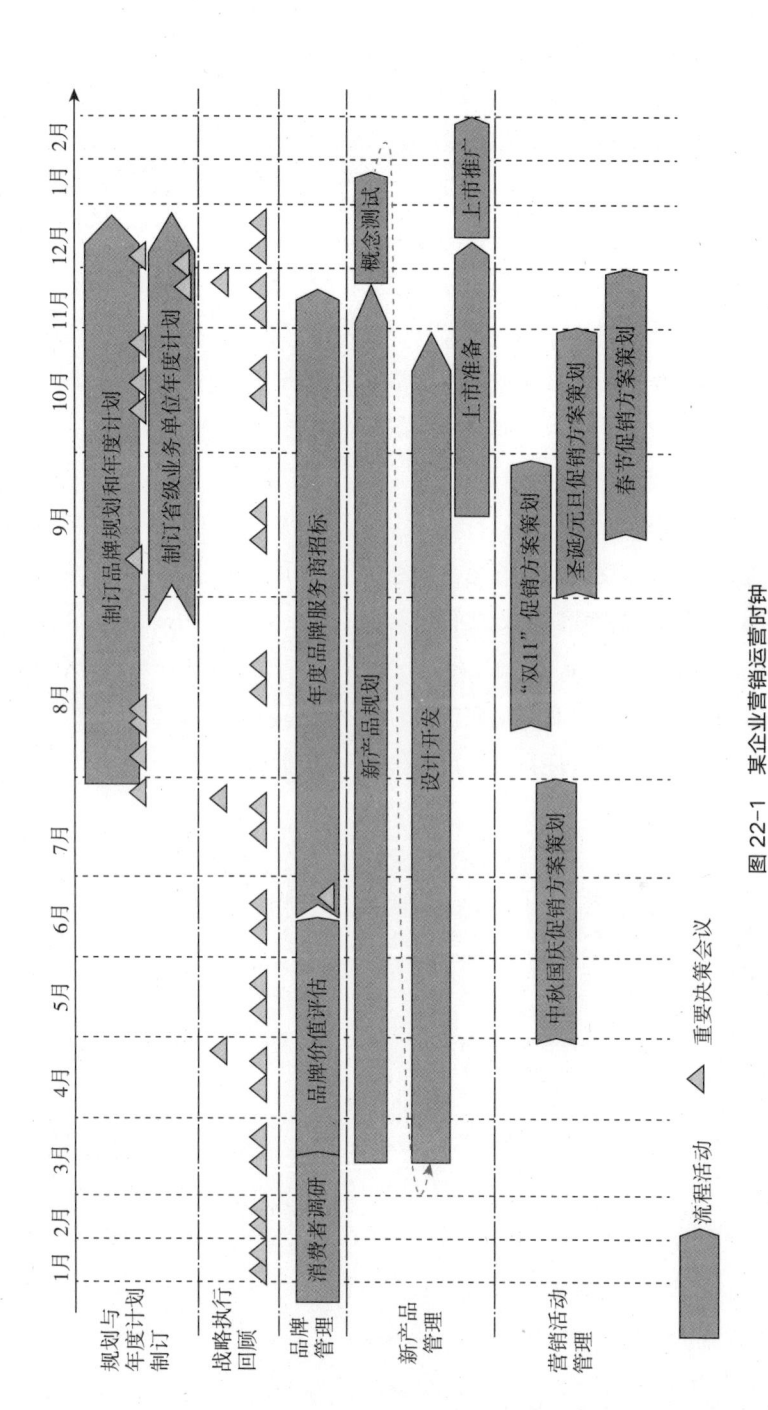

图 22-1 某企业营销运行时钟

从宏观上来看，通过将多个流程的运行时钟优化，我们可以从时间的角度来解决跨组织资源难以统筹协调的问题。如临时召开会议时总是难以召集齐需要参加的人员，或者总是要处理零散问题难以提高效率时，我们就需要对多个流程的时钟和会议进行整合。如某营销组织通过优化品牌和销售流程运行时钟，使总部的品牌和销售职能管理人员可以在每月上旬跑市场、收集信息和问题，在每月下旬的 1～2 天内集中在总部讨论和改进问题，同时讨论审核各区域市场下个月的产品、价格和促销计划等。这种改进可以推动品牌和销售线上线下的配合，同时在总部和区域公司自上而下形成一个稳定的运营节拍，实现同频共振。

从微观上来看，逐步将一些运营时钟固化，可以使例外管理向例行管理转移，使过去随机式管理向计划式管理转移。如按需召开的某企业高层重大决策会，在流程优化时固定在了每月的 25 日左右，因为这样可以让各业务部门提前申报决策议题，高层提前预留时间，从而使每个人都对未来的时间安排有了明确的预期，方便各方统筹安排时间计划。

通过以上案例，我们发现会议是运营时钟的关键节点和校时器，很多决策和协同的问题都是通过会议解决的，那么实现协同，也可以从流程上的配套会议设计着手。

流程上的配套会议设计

企业会议一般存在以下问题：

- 经常召开十万火急的临时会议。
- 有固定的正式会议，但会议效率不高，缺少议程控制。
- 有些议题，该参加的人没有到场，在场者又无法做出决策；来参加会议的人很多时候不知道参加的目的。
- 会议没有明确的目的和产出，只是为开会而开会。

以上问题导致"会而不议,议而不决,决而不行,行而无果"。我们可以通过流程上配套会议卡片的设计,根据业务运作的需要明确哪些流程节点召开哪些议题的会议、会议参加的人员和角色、会议的规则,来提高会议效率。表22-1为某企业战略规划质询会会议卡片设计。

表22-1 会议卡片设计

公司战略规划质询会(对营销战略规划质询)会议卡片				
会议目标	对营销战略规划、品牌战略规划、销售战略规划和物流战略规划进行质询,确保营销战略规划和公司总体发展战略相一致。			
会议时间	10月8~10日	会议地点		
主持人	总裁			
参会人	总裁、副总裁、各部门负责人			
会议规则	会前:提前3天将会议材料发给公司领导和战略投资管理总部,相关人员应在开会前阅读各部门战略规划报告 会中:二分之一的时间用于报告讲解(聚焦重点,讲目标和战略举措,无须全面展开);二分之一的时间用于质询(公司领导从"与总体发展战略的一致性、跨部门协同性、可行性、资源需求"等方面对各战略规划进行质询),各负责人需提前对可能质询的问题进行充分准备			
会议议程	时间	对应议程的上会资料	资料提交人	
质询营销三年战略规划	90分钟	营销三年战略规划	营销战略规划总监	
质询品牌三年战略规划	60分钟	品牌三年战略规划	品牌部总经理	
质询销售三年战略规划	40分钟	销售三年战略规划	销售部总经理	
质询物流三年战略规划	40分钟	物流三年战略规划	物流部总经理	
会议输出后续活动	会议输出:质询会会议纪要 后续活动:根据质询意见修改战略规划			
会议组织部门	战略投资管理总部	会议决议跟进人	战略投资管理总部	会议纪要人	战略投资管理总部
备注				

对多个流程会议进行梳理整合，打造和谐的会议体系

我们以某企业供应链流程为例，来体会供应链管理流程怎样通过三层会议体系进行协调。首先，供应链流程上会有哪些决策要做，这些决策项就是会议的主要议题。第一层决策涉及供应链的战略层面，比如库存策略中的安全库存、季节性库存的设置；运输策略中的运输模式、运输路径和网络的选择。第二层决策涉及供应链计划层面，比如年度、季度、月度市场需求预测等。第三层决策涉及运营协调、订单跟进处理等执行层面。

供应链的战略会议一般会在年底开一两次，目的是确定明年供应链的战略重点以及在物流和生产各个环节有没有新的战略举措等；每个季度和月度也会召开供应链计划层面的会议及运营分析会议等；在具体的执行层面则会召开产销协调会、营销预备会议等。要考虑这些会议之间的关联来确定召开时间，比如在召开供应链运营分析会议之后，再召开产销协调会等；同时，还要考虑各会议参加人员的时间，进行时钟协同或会议合并，如需要高层参加的多个会议，应在时间方面安排衔接或者合并为一个会议。我们把这些会议合理布置到时间轴上，就得到一张会议地图（见图22-2）。

供应链流程涉及的会议扩大到整个企业的流程会议，就形成了企业级的会议体系，它的特点和作用是：

- 综合体现企业的运作节拍和运作方式，使所有员工都在一个大的时钟下同步协同。
- 企业级会议体系的改进可以帮助管理者更好地利用"时间"这一不可再生资源。按照各会议参加人的维度，可以形成针对某个高层的个人会议地图，以方便高层时间资源的管理，让高层的会议更有效。
- 便于会议组织者组织和管理会议的同时监督会议决策。

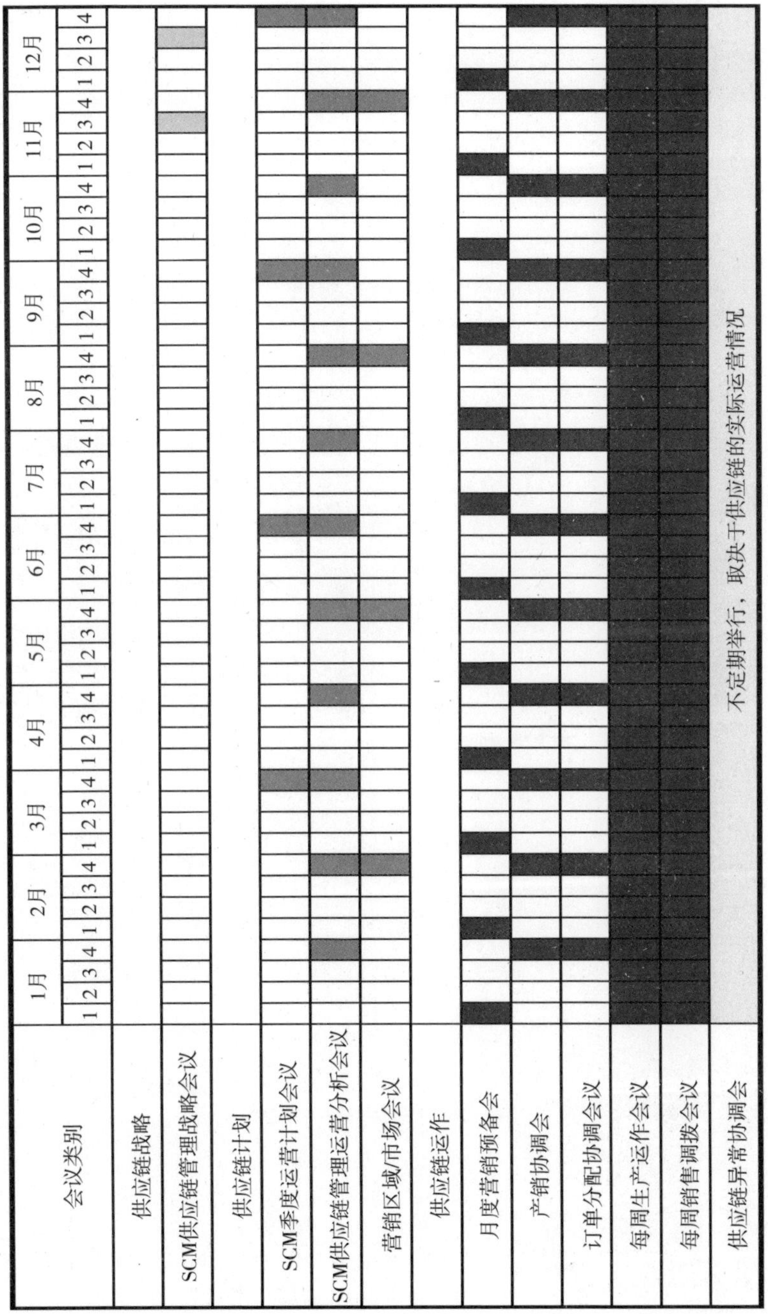

图 22-2　某企业供应链流程会议地图

我们出版的另一本书《低效会议怎么改》里面有关于企业会议体系管理的详尽描述，感兴趣的朋友也可以进一步了解。

⬇

思考一下，行动起来

选一个你熟悉的企业，想一想其业务运作有没有一些明显的时间规律。在主要的业务运作价值链上增加"时间"维度，绘制该企业的运营时钟图。

第 23 章

合并同类项，
通过共享实现集约化

Q： 对于零散的需求、分散的资源，如何进行整合优化？

A： 合并同类项，推行更多的共享服务和共享经济模式。

网约车平台是最具代表性的共享经济模式。让我们先来回顾一下，在网约车平台出现之前的场景：有出行需求的乘客站在街头着急等待、望眼欲穿，而出租车司机在街头茫然巡游、众里寻他千百度。所有的乘客都有一个共同的需求，即让附近的出租车知道他们要搭车。所有的司机都有一个共同的需求，即找到最近的乘客。将这些共同的、零散的需求"合并同类项"，一个巨大的市场需求就产生了。

随着移动手机的应用普及，一些出租车管理公司开始探索搭建网约车平台。然而由于出租车管理公司只能连接自己企业的车辆，网络效应不够大，所以后来出现了社会化网约车平台。平台通过打通乘客发出需求—安全送达—支付及评价的端到端全流程服务闭环，为所有出租车和乘客提供了基于移动互联网的供需对接共享服务。接下来，除了出租车，还有其他车辆的加入，上下班时间顺路拼车等新的共享服务出现，共享经济的范围越来越大。网约车服务平台，大量节省了乘客和司机的无效等待时间，实现了资源的最大化利用和成本的降低。

在上面这个案例中，我们看到有3个关键词：

1. 合并同类项

"合并同类项"本身是个数学名词，但是把它引用到商业场景也非常贴切。在商业场景中存在着大量零散的需求和单个资源价值低的零散资源，为这样零散的需求设立单独的处理组织容易规模不经济，但如果把这些需求和资源连接、汇聚起来就有巨大的价值。所以，合并同类项就是指，将这些具有共同属性特征的零散需求与零散资源连接、整合起来。这些整合工作在过去成本比较高，然而互联网的发展极大降低了整合的成本，为合并同类项提供了更多的可行性。

2. 共享服务与共享经济

共享概念早已有之，从知识信息的共享，到实物的共享，再到服务的共享。单体可进行的经济活动，未开放共享时成本较高，而共享因成本分摊，参与者越多其边际成本越低，从而可以使共享者和被共享者都获利。

我们先来看一下企业内部的共享服务模式，即企业将原来分散在不同业务单元进行的事务性或者需要发挥专业技能的活动，从原来的业务单元中分离出来，由专门成立的独立实体提供统一的服务。典型的有战略采购中心，将各业务单元分散的采购需求集中，由集团进行统一采购，从而通过采购规模优势，提升与供应商的议价能力，降低采购价格。很多企业也会设立财务共享中心，将各分支机构财务管理职能集中化，这样一方面，能通过资金的统收统支管理，将各分支机构分散的资金资源进行集中管理和规划，提高资金使用效率；另一方面，能实现财务管理的规范化和集约化。

以上共享服务是1对N的模式，即1个共享服务中心服务多个业务单元。如果将共享的范围进一步延展，就出现了新的共享经济模式，即通过第三方的数字化基础设施平台连接供需各方，将分散的需求和资源进行连接整合，让每个单体参与者获得规模效应的红利，并极大提升资源的配置效率。共享经济模式下，出现了很多消费互联网平台和产业互联网平台（详见第 7 章）。

消费互联网平台即平台的一边或多边连接大量的消费者个人（如滴滴、饿了么等），而产业互联网平台则强调在垂直产业领域进行产业级的资源连接和整合，为产业链上下游企业提供共享服务。

消费互联网平台即平台的一边或多边连接大量的消费者个人（如滴滴、饿了吗等），而产业互联网平台则强调在垂直产业领域进行产业级的资源连接和整合，为产业链上下游企业提供共享服务。平台所连接的资源和用户数越多，产生的共享价值就越大。

图 23-1 显示了产业互联网作为产业链的集成服务平台，可面向产业链上下游企业提供的共享服务。包括：

- **供应链服务**：从供应端的集中采购、生产端的产能设备共享、交付端的仓储物流共享、售后端的客户服务提升到全过程的质量追溯管理等，实现高质、高效、低成本的供应链交付服务。
- **技术服务**：为产业链从业者提供的一系列技术赋能，既包括产业的专业技术服务，也包括数字化技术服务。通过平台向产业链上的各参与主体进行技术赋能，降低技术使用门槛，实现技术普惠，从而提升产业链整体技术水平。
- **金融服务**：为产业链上下游企业提供基于真实交易的供应链金融服务，解决企业融资难融资贵问题。
- **数据服务**：依托于产业大数据的积累，产业互联网平台将通过数据服务的产品化，为产业发展提供从宏观到微观的决策分析和指导，如产业相关指数的发布、市场需求趋势预测、供需精准匹配、智能分析决策和风险预警等。
- **人才服务**：打造产业级的人才培养赋能平台，实现对产业链上下游关键岗位人才的培养，以及逐步形成产业级的人才评价认证体系，从而实现人才链和产业链的协同发展，建立符合现代产业体系要求的人才供应链。

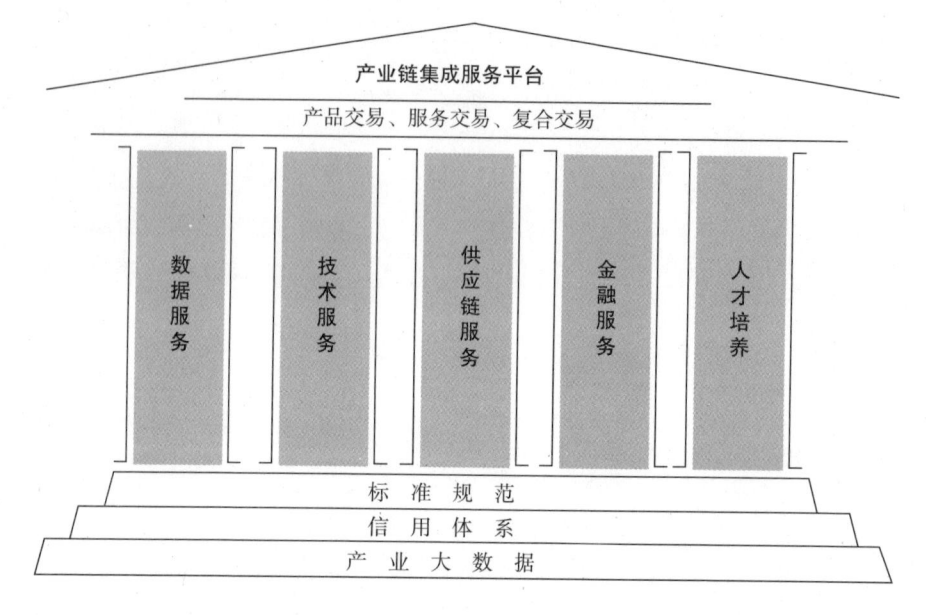

```
         产业链集成服务平台
      产品交易、服务交易、复合交易
   ┌────┐┌────┐┌────┐┌────┐┌────┐
   │数据││技术││供应││金融││人才│
   │服务││服务││链服││服务││培养│
   │    ││    ││务  ││    ││    │
   └────┘└────┘└────┘└────┘└────┘
           标  准  规  范
           信  用  体  系
           产  业  大  数  据
```

图 23-1　以产业互联网打造产业链集成服务平台

3．端到端的全流程管理

不管是 1 对 N 模式的共享服务，还是 N 对 N 模式的共享经济平台，最终必须通过端到端的流程实现对共享服务的闭环管理，其关键点包括：

- **线上线下融合打通的一体化流程**：从服务需求发起，到需求实现，连接供需各方资源，进行线上线下端到端流程的融合打通，实现服务的闭环管理。如网约车的乘客发出需求—安全送达—支付及评价的端到端全流程服务闭环。
- **统一的标准和规则**：业务在线化和服务在线化的前提是标准化，如对每一类产品定义的标准化、价格/计费规则的标准化、交易规则的标准化、服务要求的标准化等。在流程上的所有工作必须形成统一和公开透明的标准和规则，由所有的参与方共同遵守。

- **基于大数据的分析优化**：流程化和标准化的运营，将不断在平台形成大数据的积累，而基于这些数据的分析优化，才能对需求进行精准预测，以进一步推动产品和服务的创新，流程与标准的持续优化。

案例　欧冶云商：构筑大宗商品共享服务生态圈

欧冶云商（后简称欧冶）是由中国宝武发起、以全新商业模式建立的第三方生态型服务平台。欧冶以"共建、共享、值得信赖"为经营理念，以"促进钢铁行业从制造向服务转型、重塑钢铁流通领域新秩序、助力提升钢铁产业链运营效率"为使命，以"大宗商品交易的服务者、基础设施的提供者、信用体系的构建者"为战略定位，致力于构筑最具活力的大宗商品共享服务生态圈。

针对从钢厂到下游终端客户（用钢企业）产业链条长、终端客户个性化需求难以满足、服务响应慢等问题，欧冶通过打造共享服务平台，连接钢厂、终端客户以及资讯服务商、贸易服务商、技术服务商、仓储服务商、承运商、加工中心、金融机构等，提供一系列产业共享服务（见图23-2）。

- **在线交易服务**：欧冶以平台化运营的方式，为上游资源方（钢厂、贸易商）提供钢材全品类和全流程在线零售服务，配套结算交易和撮合交易、挂牌交易和竞拍交易等多种组合销售模式，满足中小买家（贸易商、终端客户）基于时间、空间、批量、品类等的个性化采购需求。同时，欧冶为买卖双方提供货物信息认证、客户信用评级、店铺运营、智能搜索、智能定价、第三方支付、自助提货等多种增值服务。

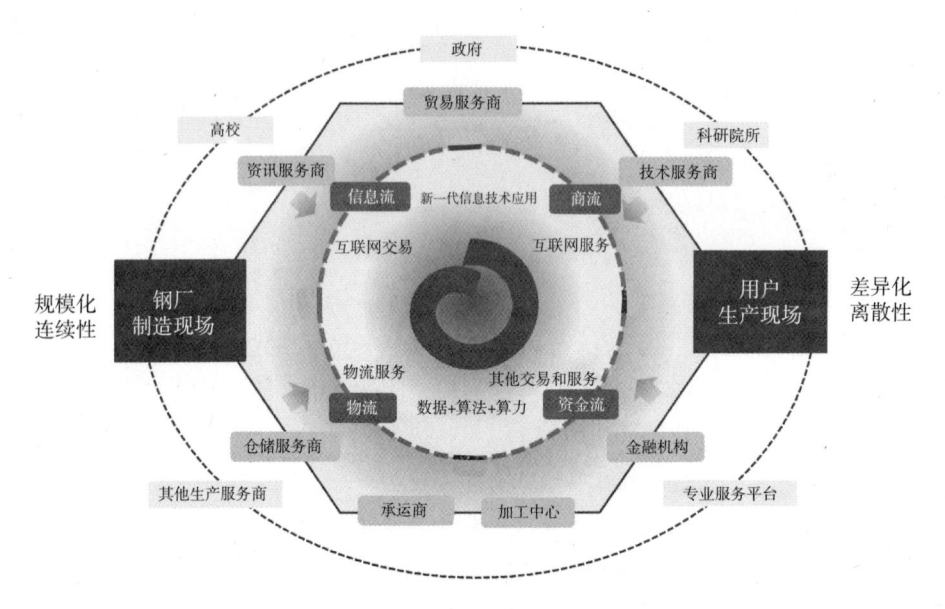

图 23-2　欧冶云商生态型共享服务平台

- **物流和加工服务**：欧冶提供从仓储管理、运输管理到加工管理的全流程交付解决方案，从而确保了仓储、运输和加工过程的数据化、可视化和智能化。"欧冶运帮"提供从钢材出厂到最后一公里交付的全程物流平台化服务，促进物流供应链降本增效；"欧冶云仓"与合作伙伴共建智慧仓库，打造可靠、高效的智能监管能力；"欧冶加工"整合合作加工厂，实现委托加工客户和加工厂的高效对接，从而形成了覆盖全国的物流基础网络。

- **技术服务**：依托中国宝武在钢铁供应链领域的深耕和钢材技术的知识积累，欧冶建立了钢铁材料牌号、公差、缺陷等完整的数据库，并通过"欧冶知钢"PC端和移动端知识工具，为客户提供钢材选购和使用场景的专业技术服务；同时，欧冶通过技术专家与客户的高效连接，提供专家在线咨询、知钢识材解析、在线技术培训等知识解决方案，满足了客户个性化的技术需求。此外，欧冶还提供质量异议高效处理、客户定制化知识服务等增值服务，构建差异化的技术服务竞争力。

- **供应链直联服务**：欧冶依托自身线下物流网络和线上平台优势，将数据征信和智能监管结合，构建多维度、数字化、可视化信用服务体系，帮助中小企业直接对接银行等金融机构，这有效解决了银行风控难、中小企业融资难和融资贵的问题。它还通过对接多家银行，提供高效、智能的风险管理服务，为银行对接中小实体企业提供了安全、可靠的信用环境，并通过系统对接和全流程在线化方式，有效解决了中小企业融资慢问题。

通过产业级共享服务平台，欧冶将产业链上分散的服务资源（如仓库、车辆、加工中心）进行连接整合，并提供交易、物流与加工、技术、金融等全流程闭环服务，有效解决了钢厂和下游客户的痛点，实现了产业链整体的资源配置优化和效率提升。

思考一下，行动起来

从你熟悉的企业或者产业链场景切入，思考有哪些零散的需求或者资源可以通过合并同类项形成新的共享服务模式，并进一步描述相关的流程。

第 24 章

管理前置，
由事中/事后管理向事前管理转变

Q： 如何避免在执行中总是反复出错？

A： 凡事预则立，不预则废，要先做好规划和预案，实现管理前置。

最高效的做事方式就是一次性把事情做对，然而很多管理者经常花很多时间在执行中反复纠错，究其原因是缺乏事前管理。古人云"凡事预则立，不预则废"，也就是在工作开始前先做好计划和准备，在风险发生前先做好预案，从而避免事中因管理干预与反复纠错造成的效率低下，或者事后进行亡羊补牢，减少执行中的忙乱出错和损失。

案例　企业费用管理流程优化

在很多企业中，被员工诟病最多的就是费用报销流程。就费用报销流程而言，它的端到端就是"从员工提交报销申请"到"报销款到账"。为了进行费用管控，企业在费用报销流程上设置了层层审批，比如从业务到财务的各个审批环节，以保证费用的使用合理性和财务合规性，这使流程十分冗长。那么，这个流程该如何优化呢？

我们先跳出具体流程来思考，如果我们设立这个流程的目标是"对企业的费用进行有效的管理，提升投入产出比"，那么，报销费用时钱已经花出去了，这个时候不管设置多少管理审核，能起到的改善作用有限。所以这个流程的优化不能只是从报销申请开始，而应该从更前端即从计划预算开始，也就是基于业务发展目标确定业务计划，根据业务计划确定资源预算投入。管理者应花费更多时间做好事前的计划预算管理，确保每一笔预算的投入都经过严谨的规划和论证，且每笔支出都按照计划规定，最后再进行执行总结和费用报销。整个端到端流程前后衔接闭环，才能确保每一笔费用都是围绕着业务目标的达成进行投入的。

通过将费用管理从报销的事后管理前置到计划预算的事前管理，实现管理前置，避免了无效的费用投入；对于在事前计划预算时已经审核通过的费用使用，在事后报销费用时，只要是在预算内，就可以免去重复审批的环节，减少了总审核时间，提升了端到端流程的整体效率。

第7章提过：端到端流程两端的端点拉得越长，整个链条能够带来的优化空间也就越大。如果跳出事中、事后具体执行流程，延展到更前端的事前管理，加强PDCA中"P"的环节，我们就能够发现更多的流程优化空间。

总的来说，在"P"的环节可以加强的事前管理包括：明确管理目标和指导原则、制订计划预算、策划执行方案、明晰执行流程、防范执行中的风险以及执行关键经验的专业指导。如果管理者花更多时间进行事前管理，则可以起到事半功倍的效果。你可能会问，外部环境变化越来越快，"计划赶不上变化"，还需要提前做计划吗？当然需要！一个团队作战，要确保同向同力，一定要有一个清晰的"目标计划"指挥棒，核心在于"基于实时的数据反馈和分析，确保所有重要的问题都尽可能被提前考虑过、讨论过并形成可执行的方案"，避免惊慌失措、漏洞百出。外部环境变化加快时，我们要做的是加快市场数据的反馈、缩短做计划预算的周期，若以前的周期是以年、季度为单位，现在就可能要以月度、周或天为单位。

身处"黑天鹅"事件[①]频发的外部环境,越来越多的企业将风险防范纳入事前管理,这就是所谓的"居安思危",即在事前多做一些风险可能性的研讨和预案。在一些破坏性极大或者风险极高的事件中,事前管理显得尤为重要,因为危险一旦发生其后果是无法挽回的,我们只能通过事前防范来减少损失和影响。

案例　东京迪士尼应对地震风险时的事前管理

在日本的一次大地震中,东京迪士尼园内七万名游客保持了良好的秩序,工作人员也都非常镇静地引导和组织游客们避难。在地震发生后40秒内,工作人员开始园内广播,用多语言播报地震情况;在地震发生后的30分钟内,东京迪士尼迅速成立了地震对策统括总部,指挥园内一万多名工作人员应对地震情况。同时,工作人员能够在地震发生后的第一时间根据情况自主地采取行动来确保游客的安全以及安抚游客情绪:比如派发商店中的玩具熊放在头顶来保护游客安全;派发大型垃圾袋、购物袋等供游客遮雨保暖;派发巧克力、糖果、饼干等食物等。此外,很多工作人员也通过和游客,尤其是小朋友的互动来安抚游客情绪。

可以看到,东京迪士尼应对地震危机的举措是非常及时和严谨的,并且从结果而言,大多数游客没有因为在东京迪士尼遭遇地震而对东京迪士尼产生不好的印象,他们反而在这段经历中更加感受到了东京迪士尼的魅力。这些及时有效的措施和手段也就是事中、事后的应对措施。但是,面临同样的灾难与危机的时候,为什么很多组织无法做到这样有条不紊、积极地

[①] "黑天鹅"事件指非常难以预测,且不寻常的事件,通常会引起市场连锁负面反应甚至颠覆。——编者注

应对危机的呢？

　　第一，东京迪士尼进行了有效的风险事前管理。东京迪士尼在事前制定和训练应对大地震发生的预案时是以震级六级、留园游客人数10万为标准的。此外，为了应对电车停运游客被困的情况，东京迪士尼准备了可供5万人支撑3～4天的速食饭。第二，预案中的针对性训练在平时也得到了很好的落地。仅靠预案，是无法使员工在真正面临危机时完美应对的。东京迪士尼一年进行180回防灾害训练，工作人员每年也必须轮流接受培训，从而做好充分的应对危机的准备。可以看到，在地震风险防范上，东京迪士尼已做好了充分的事前管理和准备。

做好事前管理，对重大风险防范和危机事件的处理有相当大的帮助。即使是对于一些不可抗力造成的事件，虽然可能很难做到降低风险发生的概率，但是通过对风险的评估和判断，提前做好各种预案准备，也可以有效地降低风险发生时带来的损失以及衍生影响。

> **思考一下，行动起来**
>
> 　　在重大公共安全事件上，想一想政府、企业、家庭可以分别从哪些方面做好事前管理？

第 25 章

12字原则，
实现管控与效率的平衡

Q： 如何避免"一管就死、一放就乱"？

A： "强规则、短流程，高授权、大监督"，牢记这12字原则，实现管控和效率平衡。

互联网给了人们更大的自主权。在互联网的影响下，整个社会朝去中心化、多元化的方向发展，更多的新生代员工追求参与感、自我成就感和价值认同。在这些外部环境的影响下，组织的发展也呈现一些新的趋势，越来越多的企业强调"组织扁平化、管理去中心化""轻前台、强中台""赋能平台＋事业合伙人机制"等。比如，华为提出："进一步推进组织变革，管理重心下移，推动机关从管控型向服务、支持型转变。加大向一线的授权，让听得见炮声的组织更有责、更有权，让最清楚战场形势的主管指挥作战，从而提高整个组织对机会、挑战的响应速度。同时，我们将加强一线作战的流程集成，提升一线端到端效率，使客户与我们做生意更容易、更简单。"海尔也提出"公司平台化，员工创客化，客户个性化，利益共同体与超值分享"等。

不管是华为的"一线呼唤炮火"，还是海尔的"三化转型"，它们都强调对一线人员的灵活授权，以加强他们对客户的快速响应能力。为了更好地响应客户需求，华为在一线形成包括客户销售专家、解决方案专家和交付管理专家的"铁三角"。这个"铁三角"通过流程集成，完成对客户的所有交付和服务响应。同时，作为一线"听得见炮声的人"，他们根据客户需要向后台"呼唤炮火"。它们也都强调总部以及后台的职能部门要从管控向服务支持型转变，具体这个服务支持怎么做呢？要根据一线需求进行资源配置，并进行专业赋能，进行业务规则和管理标准的输出。比如，华为一线人员不用把每一个订单合同报价都提交到总部审批，他们根据公司给到的合同模板、毛利和现金流授权规则进行业务快速拓展，这背后需要华为 IFS（集成财务管理体系）和专业能力的支撑。我们从中看到，华为总部以及后台已逐渐成为一个赋能的平台，流程越来越强调知识化和规则化，即把知识经验提炼出来，不断向一线复制、赋能，提升一线能力、清晰业务规则，并在规则的边界下实现授权，从而实现授权与管控的平衡，实现标准可控和灵活响应的兼得。

在组织管理中，企业要处理好效率和管控的平衡，不能顾此失彼，否则就会"一管就死，一放就乱"，即强管控容易使组织失去活力，但如果只强调授权，没有有效的管理手段，组织容易成为一盘散沙。那么，如何实现组织管控和授权平衡呢？我们用 12 个字来回答："强规则、短流程，高授权、大监督。"

强规则、短流程

"强规则、短流程"意为通过管理前置明确管理规则要求。只有积累了很强的业务规则，使流程的执行基于很清晰的规则指导，并通过 IT 系统进行规则的自动判断和控制，企业才不需要配备更多的领导参与人为的管控审批，流程才能短平快。

流程上有两类活动（见图 25-1），一类是专业类活动，就是真正让产品和服务产生并交付的活动，比如市场调研、设计、制造、发货等；另一类是检查审批等管控类活动，如涉及各级别部门管理者的决策、审批、评审、会审、签字、授权、批准等的活动。为什么要有管控类活动？因为员工不够专业，企业不仅要防止员工犯错误，还要防止员工徇私舞弊，而审批检查工作越多，流程执行效率自然就越低。那么怎么优化呢？一方面，要让流程上执行专业类活动的员工变得越来越专业，提升工作输出质量；另一方面，通过规则和IT来加强管控活动，以减少管理者的检查审核时间。

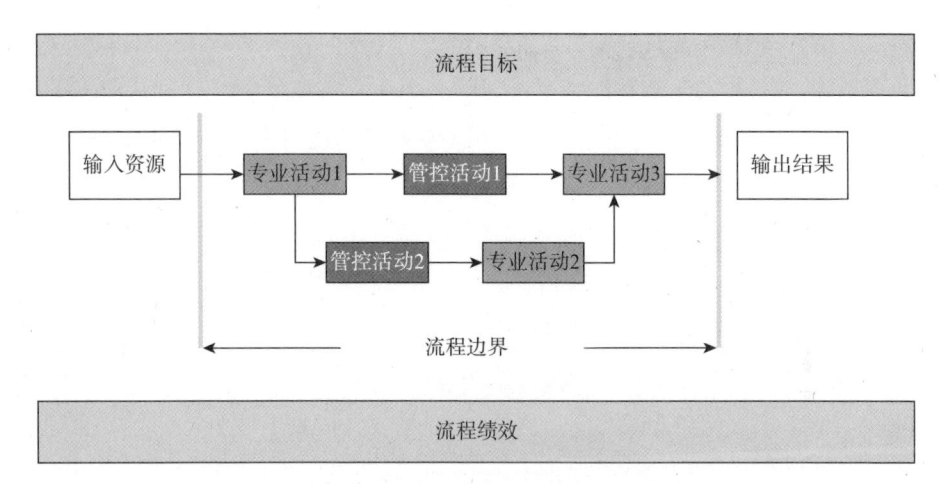

```
┌─────────────────────────────────────────────────┐
│                    流程目标                      │
└─────────────────────────────────────────────────┘

┌──────┐   ┌──────────┐   ┌──────────┐   ┌──────────┐   ┌──────┐
│输入资源│→ │专业活动1  │→ │管控活动1  │→ │专业活动3  │→ │输出结果│
└──────┘   └──────────┘   └──────────┘   └──────────┘   └──────┘
                ↓                            ↑
           ┌──────────┐   ┌──────────┐
           │管控活动2  │→ │专业活动2  │
           └──────────┘   └──────────┘
        ←─────────────── 流程边界 ───────────────→

┌─────────────────────────────────────────────────┐
│                    流程绩效                      │
└─────────────────────────────────────────────────┘
```

图 25-1　流程中的专业活动和管控活动

案例　某企业基于"强规则、短流程"原则进行的流程优化

某企业对于员工申领电脑的管理流程，在优化前，是员工提出申请—部门负责人审核—IT部门负责人审核—IT人员检查库存匹配，有匹配需求的直接通知申领，流程结束；没有匹配需求的向采购部门提交申请—采购部门审批—采购部门采购后入库—IT人员通知员工申领。在这个流程上，每一个环节都需要审核管理，部门负责人要根据岗位工作性质确定申请事项是不是业务的真实需要，IT部门负责人要审核需求是否符合配置标准，采购部门要审核价格是否超出采购预算。而员工在提出申请的时候也挺茫然的，他不知道申请标准是什么，就按照自己的经验填写，然后就可能面临着流程被不同的审核环

节退回……所以，员工和管理者都很忙碌，但这都是无效的消耗。

基于"强规则、短流程"原则，优化后的流程是什么样呢？我们要先梳理业务规则，结合不同岗位工作需求、IT桌面标准和安全管理要求、成本预算要求等，明确不同岗位员工的电脑配置标准，并将相关流程设置进对应的IT系统进行管理；我们还可以进一步集成库存管理，让系统自动显示每类标准型号目前是否有现成库存。员工需要申领电脑时，只需在IT系统上打开标准化申请表单，选项打钩后提交即可完成申请；系统则根据现有库存或采购承诺时间，直接告知员工电脑领取的时间地点。这样，申请者可以很清楚地知道什么时候能拿到电脑，以安排工作计划。

通过以上案例我们看到，管理者应该把更多的精力用在专业经验和业务规则的提炼上，用流程和规则去管理，而不是介入每一项具体的业务活动。不断积累这些流程和规则，就会形成一个企业精细化管理的基础。现在很多企业都在推行事业合伙人机制，以有效激励员工，提升员工主观能动性，但是不可忽视的另一方面是事业合伙人机制的背后支撑，是公司级平台赋能能力的提升，其基础就是组织的流程和知识管理能力。

高授权、大监督

"高授权、大监督"意为给予员工充分授权的基础是建立相应的监督体系，从而形成一定的威慑力，使员工不愿或者不敢违规。

大监督体系的建设具体包括两方面：一方面，企业的流程执行要有比较强的IT支撑，即全程透明可视和过程可追溯，整个流程就像一个透明的玻璃鱼缸，鱼能在鱼缸里自由自在地游走（充分授权和自主决策），但是鱼的所有动作在鱼缸外是完全透明可视的，管理者在鱼缸之外不能轻易介入和指挥，但是一旦发生违规，就可以随时进行干涉和处理；另一方面，企业要建立审计监察的机制，提高违约成本，使不按照流程和规则执行行为的员工一旦被发现就得不偿失，从而形成监督体系的威慑力。

思考一下，行动起来

选择一个熟悉的企业场景，想一想如何基于"强规则、短流程、高授权、大监督"的方法进行优化，以实现管控和效率目标的兼得。

第 26 章

优化流程管道形成知识活水,打造可赋能的平台

Q: 如何让每个岗位的人都像专业的人一样做事?

A: 流程管道、知识活水,建立知识积累到知识复用的循环。

企业经常会出现执行效率低下的员工，许多事情他们一遍遍重做，许多错误也是一遍遍重犯。如何让每个岗位的人都像专业的人一样做事？如何不断沉淀形成企业的知识能力积累？AMT在多年的咨询实践中总结出一套理论方法叫"流程管道、知识活水"。

流程管道、知识活水

一段水管道由多节水管连接而成，如果有哪个环节断裂了，则一定会漏水。一个流程也有多个环节，流程历经多个部门/岗位，形成工作的流转，其形状就像水管道，所以我们把一个流程形象地比喻成"流程管道"（见图26-1）。我们可以拆散、改装水管道的各环节，得到一个新的水管道，使这个新的水管道的形状更有利于水的输送。同样，我们也可以对流程进行优化，确保各部门/岗位互相配合做正确的事情，这样流程图的形状就会发生变化，好比水管道被改装了一样。

但是一个形状好的水管道，未必输送出的就是干净、高质量的水，还可能是污水。输出污水的原因可能是源头污染或过程污染，为解决污染我们就要在管道各环节的结点上加装"活水保纯装置"。我们可以通过对流程上知识和经验的盘点、提炼、存储、共享，把最有经验的人的做法、最佳实践沉淀为表单、模板，并进行最大限度地重复使用，从而让流程上每个部门/岗位的人都像最有经验的人那样做事。这样的工作不是做一次就能一劳永逸的。俗话说，流水不腐，知识如果不能流动起来，也将会像一潭死水，因此最佳实践要不断推陈出新，要持续开展流程和知识管理的结合活动，从而形成"知识活水"（见图26-2）。

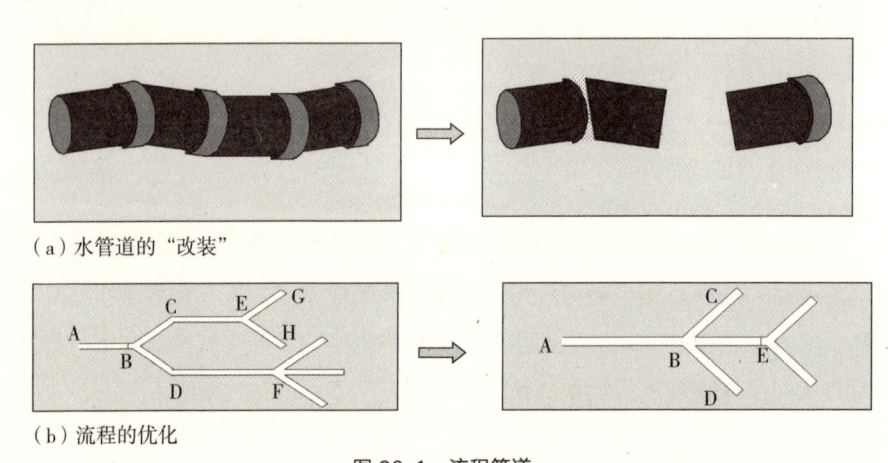

（a）水管道的"改装"

（b）流程的优化

图 26-1　流程管道

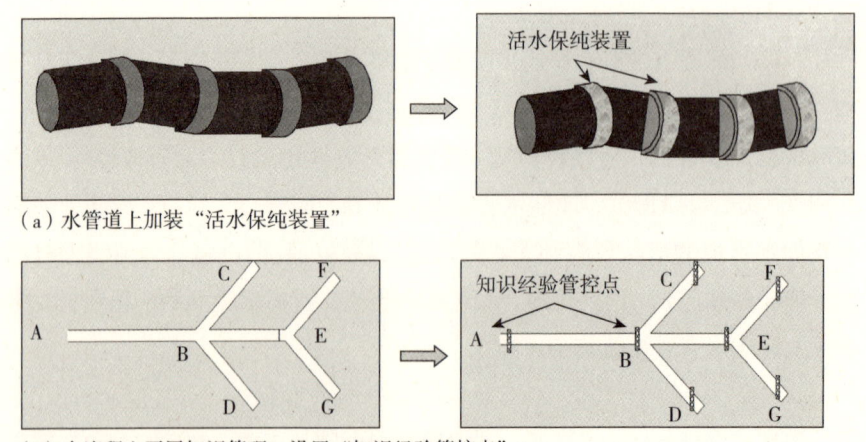

（a）水管道上加装"活水保纯装置"

（b）在流程上开展知识管理，设置"知识经验管控点"

图 26-2　知识活水

| 案例 | 某企业研发流程的知识积累 |

某企业的研发中心由于规模的扩张、新员工的进入，急需让这些新员工快速掌握业务标准要求和专业知识。研发中心的领导决定梳理研发流程的知识经验，建立起一套可操作的知识积累和知识共享的管理体系。梳理步骤如下：

首先，沿着研发的核心流程，盘点梳理每个活动节点的模板工具、最佳实践、设计素材、标准文件、经验教训等显性知识以及可以求助咨询的专家。

其次，将这些知识汇总整合规范化，挂接在每个流程对应的活动节点上。

最后，和研发 PLM 管理系统集成，在每个流程活动旁边都加一个该步骤操作需要用到的表单模板和需要掌握的知识经验的链接，这样做可以加强员工对业务知识的快速学习和经验掌握；同时，在每个活动步骤完成时，设置不提交该活动节点的知识产出就无法进入下一步骤的程序，这能有效地实现沿着流程的知识积累。

在上面这个案例中，研发中心使用的就是"流程管道、知识活水"的实现工具——"知识历程图"（见图 26-3），这个工具可以用来提炼和展示在企业的业务流程中每一个岗位活动需要使用的知识以及在这个岗位活动结束后应该产生的知识，从而清晰描绘出人员、流程以及知识之间的关系，实现知识的积累和复用。使用知识历程图一方面可以使知识的学习应用和具体的业务流程场景相结合，实现在"合适的时间""合适的地点""合适的知识推送"三者一致，从而达到学以致用、知识复用的目的；另一方面，可以使知识的沉淀积累变成流程上必须进行的活动，而不是业务工作之外额外的工作，从而有效保证了业务活动中的工作成果积累。

知识历程图：基于流程的知识梳理

部门								
维护人		历程图主要负责岗位						
知识历程图版本号		知识历程图名称						
知识历程控制目的与作用		适用流程	四大过程（自动生成）	产品实现过程	一级流程（自动生成）	生产组织流程	二级流程（请选择）	生产计划制订流程

知识合集

		模板工具	成果示例	制度标准	工作指引	法律法规	岗位说明	专业知识	经验总结	其他
		如具体的流程表单	如填写完成的表单等	标准库中的相关文档	如××操作手册、系统说明书	（含烟草行业法律法规）	如对应岗位的岗位说明书	所需要的具体技能和知识文档，如教材、书籍等	如维修案例、质量分析等经验鉴总结文档	可求助专家

编号	业务过程/阶段	参与部门/岗位		流程节点/操作经验						
			岗位							
示例	具体的流程节点	如需要在什么时候做哪些工作、注意哪些要点								

1 组流程节点显性知识挖掘
流程节点操作经验

8 大显性化知识内容归集
- 模板工具
- 设计素材
- 最佳实践
- 制度规范
- 岗位说明
- 专业知识
- 经验教训

1 批可咨询的专家
可求助的专家

通过知识历程图的模板，梳理出各流程节点的显性化知识，并以梳理出来的知识内容指导员工将其应用到日常工作中，实现"知识从流程中来，到流程中去"。

图26-3 知识历程图

除了知识历程图，还有一些非常重要的和流程相关的知识管理工具。我们接下来分别介绍表单模板、Checklist 与 AAR。

1. 表单模板

看一个企业精细化管理的程度就要看它的表单模板设计水平。如果一个企业的采购申请单上只有"申请人、申请内容、审批 1、审批 2……"，那它就是典型的粗放式管理。如何让没有经验的员工清楚地提交采购需求呢？首先，在采购申请单上，采购品分类应变成标准化选项，让员工可以勾选，那么哪些可以买、哪些不能买就变得一目了然了；其次，对每一个采购品类的预算进行控制，在模板上备注清楚审批原则，使申请和审批的人都能清楚地明白，这样流程的效率和执行的专业水平自然就高了。所以说，知识和经验最好直接表现在表单上，嵌入在流程中。

企业常常花费大量的精力建立厚厚的标准化操作手册，但是如果不能找到让这些操作简单落地的方法，再厚的手册也只是纸上谈兵。特别是那些存在大规模重复工作的流程，流程的优化并不难，难的是如何找到易于落实的机制，让最佳实践变成相关岗位人员的行动。

"管理制度化、制度流程化、流程表单化、表单 IT 化"充分说明了企业从流程设计到流程落地的发展趋势。员工工作时如果需要频繁地翻看厚厚的操作手册，那该手册的可操作性是比较差的，这时企业必须将操作指导拆分融入对应的流程中去，结合具体操作的表单模板，并辅助相应的 IT 工具支持，这样才能使流程变得可操作、可落地。

2. Checklist

Checklist 也叫"工作逐项检查表"，它将每个活动步骤需要准备和注意的事项逐个罗列。有了它，操作人员执行时对照打钩就可以。它的特点是：

- **非常具体，不笼统**。比如一个培训流程的 Checklist，在培训前需要检查的工作项里会设置投影设备测试、麦克风音量测试、学员路线通知等标准，不遗漏所有细节事项。
- **凝聚了过往业务运作的经验教训**。吸取这些经验教训就能使员工避免重复犯错。比如，在以前培训中出现过麦克风用到一半没电了的情况，那么 Checklist 的培训前准备就增加一项"准备备用电池"。
- **应用简便**。应用人对自己的工作按照 Checklist 逐项检查即可，这也就是 Checklist 的名字由来。管理者在检查这些工作有没有做到位的时候，也有明确的、而非主观的、模糊的依据。

3. AAR

在一些项目的关键节点或者项目结项流程中，可以增加 AAR 活动，即将团队所有人组织在一起，对项目的成功经验和失败教训进行总结，这一方面能帮助团队进行总结提升，另一方面能将这些知识经验留给后面其他的项目复用，有时团队甚至能发现一些流程中需要改进的地方，以启动对流程的优化。

在 AMT 的项目管理流程中，团队在项目结项时必须完成项目的 AAR，形成项目的案例总结和知识地图，才能通过知识审计进入项目奖金发放流程，这保证了项目知识经验的积累。另外，企业可在项目立项启动流程中设置项目策划会环节，要求每个项目在启动前"不要重新发明轮子"[①]，学习和新项目类似的过往案例和经验，从而保证知识的复用，提高顾问的专业度和工作效率。

---

① IT 界的俗语，目的是告诉人们前人已经过无数实践确定的事，就不要去浪费时间从头开始再做一遍。——编者注

企业可通过"流程管道、知识活水",用业务流程的知识管理工作。这样一方面,能通过知识的积累复用,实现最佳实践的快速复制,让流程上每个岗位的员工都变得越来越专业;另一方面,能形成企业可持续积累的知识资产,使企业真正变成一个赋能的平台,从而使企业的发展不依赖于个人,形成企业稳定、可持续发展的基础。

思考一下,行动起来

本章介绍的流程知识管理工具有:知识历程图、表单模板、Checklist 以及 AAR。想一想这些工具怎样和自己的业务流程相结合,如果想到了就开始改进行动吧!

第 27 章

推动变革，
优化方案落地执行

Q： 流程优化方案设计好后如何落地执行？

A： 掌握变革管理技巧，帮助人们看到问题并产生共鸣，从而不断触动行动实现长效转变。

本章我们聚焦于如何培养解决问题的能力。解决问题，重要的不仅仅是提出优化方案，还要有推动方案落地执行的能力。100%完美的方案如果只有30%得到执行，那它还不如70%的方案得到100%的执行。每个优化方案的执行都可能涉及既有利益、行为习惯的改变，所以让优化方案真正得以执行，必须掌握有效推动变革的方法。

约翰·科特（John Kotter）在其《变革之心》（*The Heart of Change*）中总结了变革管理八步法（见表27-1）。

表27-1 变革管理八步法

步骤	行动	行为
1	增强紧迫感	通过场景、案例、数据等能够实际地看到、摸到并感受到的证据，在组织内部形成一种紧迫感，使人们开始意识到："好吧，我们的确应该改变一下了！"
2	建立指导团队	组建一支有能力来指导变革的团队，并开始准备工作
3	确立变革愿景	确立正确的目标及战略，描绘未来图景，并用简短的话表达出明确的目标

续表

步骤	行动	行为
4	有效沟通愿景	利用各种宣贯、研讨,使人们开始对变革的目标和战略产生认同,并使他们在行动当中体现出这种认同
5	授权行动	利用有经验的人的先行示范及适当的奖励机制等措施,鼓励更多的人切实地根据变革目标采取必要的改变行为
6	创造短期成效	变革的初见成效,会使人们进行变革的信心和士气被不断建立起来,抵制变革的人也会越来越少
7	不要放松	不断巩固并扩大变革的成效,推进流程持续优化升级
8	巩固变革成果	变革后新的行为和流程规范被逐渐确立下来,形成新的制度和文化

在变革管理八步法中,作者始终强调一条基本原则:**目睹—感受—改革**,即帮助人们看到问题和改进的方向,使他们产生感受和共鸣,从而不断触动行为的改变。结合变革管理八步法以及 AMT 流程变革的项目实践,我们总结出成功推动变革的 6 个要素。

1. 获得领导支持

在变革推进过程中,领导者的带头作用非常重要。接触过很多大型组织后,我们发现变革是否成功,领导者变革的决心和紧迫度起到至关重要的作用。领导者的变革决心,通过身体力行,可转化为推动变革成功的重要"势能"。

一些自下而上的变革该如何获得领导支持?曾经有毕业生进入企业后给领导者写很长的改进建议,结果被领导者劝退;还有很多管理者诉苦说流程优化工作很难开展,因为领导不重视,或者只是嘴上说重视,实际没有任何支持。为什么呢?我们分析发现,很多管理者习惯于用管理术语去说明问题,而不是用业务语言,这样很多优化方案也缺乏实际情况的支撑,提出来的建议方案也不切实际。

AMT在长期的咨询实践中总结出一句话："老板只能被满足，很难被说服。"有一位企业老板说过："经营是呼吸，管理是吃饭。"如果没有把流程优化的必要性、紧迫性和企业的某个"呼吸"（比如客户流失、降低成本等事情）结合起来，并讲清楚优化方案能够切实带来的业务改进，老板是不会真正重视你的方案的。因此，我们建议改变策略，与其引导说服老板重视你的流程优化方案，不如主动去探求老板觉得有紧迫感的事情，并通过流程优化去解决问题。比如，某企业产品被大量退货，这时我们就要通过流程分析，让该企业的高层管理者认识到，这是流程的问题而不是个人的问题，想解决问题应该从流程入手。

作为管理者，多考虑怎么帮老板分忧、怎么把老板关心的事情和自己的工作推进结合起来，这是比较现实有效的做法，而且能把自己要推进的事情推动起来。如果因老板重视不够，而想着去纠正老板的认知，那么可以说这个管理者是失职的。

2. 目标价值的量化

要证明一件事情很重要，一个有效的方法就是把它的价值量化。我们前面章节有举例：企业的订单管理流程优化，可以帮助企业降低10亿元库存。在那个例子里的流程优化专项组中的所有人都很有干劲，因为他们是在为10亿元的目标而努力。价值具体如何量化呢？一种是模拟推演，按照优化后的流程运作计算其可以带来的提升效果；另一种是计算在现有的流程下由于错过市场时机或者因工作延误而带来的损失。比如某企业在新产品海外上市的流程现状调研中发现，新产品由于上市成功率低，每年都会带来上亿元的损失，因此企业必须提升解决这个问题的紧迫度。还有一些流程可通过优化实现效率提升，量化时可以将节约的每人每天的时间投入按照工资等人力成本进行折算。

3. 责任机制

任何事情想落地，就要有责任主体。企业应该尽早建立起解决问题的责任机制，使相关责任人从优化方案的制订到推行都能全程投入；还要匹配相应的监督考核机制，使责任人能够切实承担起相应的职责，并获得授权以及相应的激励。

在流程优化工作上，必须让对流程的绩效结果负责的业务部门负责人成为流程责任人，而不允许相关的流程管理职能部门越俎代庖。流程责任人只有通过优化方案看到其对业务的持续改进价值，才有可能领导和推动优化方案在实际执行中落地。

流程责任人确定后，应该明确其对流程承担的主要职责，包括流程的持续建设优化、流程的执行推动和过程协调、流程的审计评价等，企业应通过授权和流程讲评会等方式让流程责任人切实投入和履责。

4. 变革项目管理机制

对于一项涉及范围广、变革影响大的流程优化项目，必须建立变革项目管理机制，通过目标图—路线图—施工图，将变革推行工作一步步分解落实到具体的计划、任务，形成明晰的变革实施路径。图 27-1 显示了具体的变革项目管理流程。

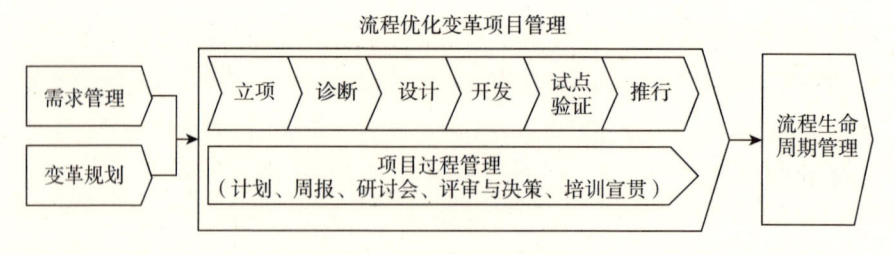

图 27-1　变革项目管理流程

在流程优化变革项目管理中要注意以下几点：

- 在立项、诊断阶段，成立跨部门的流程优化项目组，确保与流程优化相关的部门/岗位代表都能参与，从而在分析诊断流程问题时能够做到全面和客观。
- 在设计阶段，必须同步考虑执行落地所需要的人力资源和能力的保障。企业要确保优化方案中的每一项活动都可以对应落实到明确的岗位人员，还需要制订相应的培训和能力提升计划。只有具备相应能力的人才能贯彻落地相应的方案，所以组织的变革目标、变革方案和相应的人才培养、能力体系建设也必须相辅相成。
- 在开发阶段，充分考虑相应的 IT 平台和工具的部署支撑。通过制订明晰的 IT 数字化平台需求和开发计划，推动 IT 开发部署紧随流程优化工作的推进，为优化方案提供执行保障。
- 在试点验证阶段，要保证方案的可操作性，必须在方案正式发布前进行实战模拟和演练。通过流程推导、案例验证、穿行测试，让制定的优化方案得以在实际环境中获得测试，从而保证方案的真正落地可执行；通过对优化方案的试点推行，获取在真实环境执行的反馈，及时调整优化和总结经验，为大范围的推广做好准备。
- 在推行阶段，必然会存在各种利益纠葛或者冲突，因此一个常设的变革组织和问题协调解决机制必不可少，这样才能保证及时清除变革路上的"拦路虎"。

5. 充分的共识

在具体的优化方案和实施路径设计过程中，必须经过多轮的充分研讨以形成共识，相关利益方应一起集思广益、商讨、权衡、优化、调整等，在保证变革整体目标的方向和原则不变的前提下，充分考虑方案的可行性和可操作性。流程各方参与者对问题和优化方案的共识是后续流程推行落地的基础，只有充分地"共识""共鸣"后，才有可能产生执行中的"共振"。

流程优化的整个过程由大量的研讨沟通会议组成，会议可让利益相关方理解优化的背景、目的，就优化方案的要点达成共识。为了让每次会议都有共识形成和有效输出，就必须进行有效的研讨会议策划和管理。首先，要明确需讨论的问题，如哪些部门/岗位间职责不清晰，哪些流程环节不顺畅等，尽可能准备多个备选方案及其优劣分析；其次，确定每次参会的人员，即要让流程相关方都参与会议、共同沟通，还应确保有决策者能确定最终方案；再次，当业务部门因一个问题牵引出其他业务问题时，必须有人能有效地引导和组织，避免会议主题偏离；最后，切记不要追求完美的方案，一定要充分考虑可操作性，考虑和现有业务的承接和延续性、与企业业务发展阶段的适应性。

6. 文化氛围营造

在变革推动中，必须理念先行，而最难的就是转变思维、改变传统惯性，企业必须对所有流程参与者进行深入的宣导和培训，让所有优化方案的执行者对变革充分认识和理解。

大规模重复的流程其难点就在于怎么用一个浅显易懂的方式让使用者掌握并可以标准化地执行。一些企业有较好的做法，如利用模拟业务场景、制作培训短视频等，更好地让流程执行者掌握流程优化和执行的要点。

流程文化理念的推动也非常重要。我们用某大型集团型企业的16字流程文化建设经验来总结（见图27-2）。通过"内化于心、固化于制、外化于形、实化于行"，不断推动企业逐渐形成以流程为做事的准则。企业应通过流程的视角来看问题，用流程的意识去协同工作，以流程优化推动业务持续改进，潜移默化，从而影响每一个员工的行为习惯。

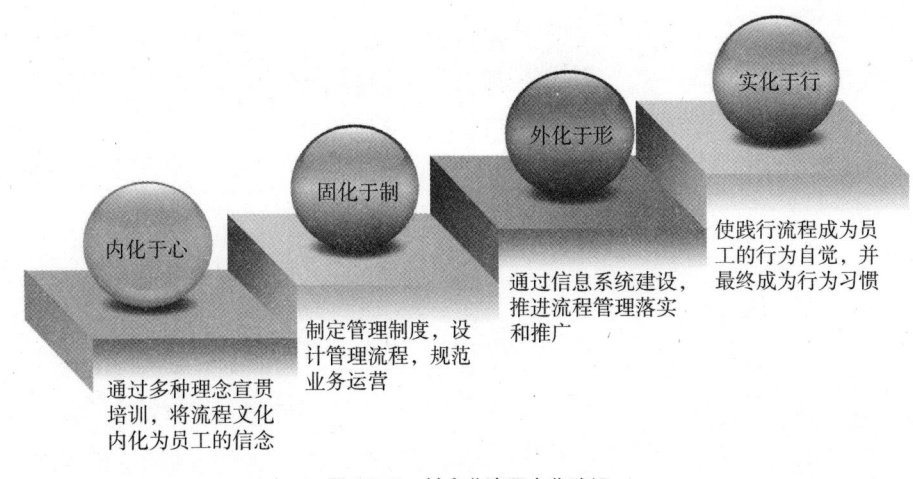

内化于心
通过多种理念宣贯培训,将流程文化内化为员工的信念

固化于制
制定管理制度,设计管理流程,规范业务运营

外化于形
通过信息系统建设,推进流程管理落实和推广

实化于行
使践行流程成为员工的行为自觉,并最终成为行为习惯

图 27-2　某企业流程文化建设

思考一下,行动起来

结合本章内容,针对具体的优化项目,制订从方案制订到变革推行的行动计划。

后　记

打造数智时代的流程思维

　　这本书完稿于 2022 年 5 月，疫情对个人工作和生活的影响、对社会经济和企业发展的冲击以及国际国内"黑天鹅事件"的频发，使我对"百年未有之大变局"这句话也有了更深的理解。我们该如何来应对越来越 VUCA 的时代？建立流程思维和打造基于数字化的流程管理能力无疑非常重要，具体体现在以下几个方面。

- **对客户：** 基于数字化的流程能更紧密地连接客户、贴近客户和洞察客户，敏捷柔性的价值链也能实现对客户需求的快速响应。通过更广泛的端到端流程优化，去除冗余不增值环节，提升共享集约化，帮助客户实现降本增效，才能保证组织在越来越严峻的市场环境下得以生存发展。

- **对伙伴：** 不管是对于企业内部的上下游部门，还是对于外部的产业链上下游伙伴，应对变化需要越来越多的紧密协同，需要去掉"部门壁垒、职能分割、竞争博弈"，形成整个链条的利益共同体甚至命运共同体。协同共赢的理念越来越重要，它需要发展更多的产业生态联盟和长期的战略伙伴关系。

- **对股东**：如何实现企业稳健可持续的发展，安全和风险管理被多次提上战略议程。企业战略布局和价值链构建需要更多地考虑业务组合互补、客户场景延展、供应链的容灾备份等，建设各类危机、风险管理流程，以在危机来临前做好准备。

- **对员工**：管理者需要不断强化赋能的思想，而不是管控的思想。企业需要不断通过流程和标准化打造组织的核心能力，让组织成为一个"有能力"赋能的平台，以更好地支持员工的价值创造。

数字化时代，流程的呈现在很多场景下已不再是具体的管理文件和流程图，它和数字化的工具平台融为一体，成为一种潜移默化的思维和协同方式。掌握流程思维，一方面能帮助我们建立起系统观和全局观，包括整体上对企业/产业价值链的理解，识别各部分关联依赖关系，并通过流程运营全景图协同多方目标，实现整体最优，避免"按下葫芦起了瓢"；另一方面，帮助我们通过为客户创造价值的目标导向，深入业务场景分析和解决问题，并融合各类管理要求，形成基于流程的一体化的行动指南，帮助组织打造高效行动力。而数字化的发展，将使流程"如虎添翼"。我们需要更多地思考数字化对流程和价值创造过程的优化甚至重构。本书虽然介绍了部分基于数字化的流程创新，但这仅只是数字化流程的冰山一角，未来它还有巨大的创新空间。期待各位读者朋友在阅读本书后，能将流程思维和方法更好地用于工作和生活的实践，做到有序、高效，以提升工作和生活的幸福感和成就感！也欢迎新老读者朋友通过下方二维码联系我，分享在数字化流程创新方面的探索心得。

致　谢

本书能出版，要特别感谢在我人生发展的不同阶段，给予我重要方向指导的三位人生导师。第一位是我的硕士研究生导师——西安交通大学管理学院副院长田军教授。在研究生阶段进入科学与工程专业学习并开展流程管理和知识管理领域的相关研究，帮助我逐步建立起商业和管理的思维逻辑，这为我后续从事相关管理和研究工作打下良好的基础。第二位是 AMT 的共同创始人王玉荣女士。AMT 作为中国领先的"管理 +IT"专业服务公司，是国内最早开展流程理念研究和咨询实践的机构之一。王玉荣女士作为流程管理领域的知名专家以及我在 AMT 的导师，给了我很多的专业指导和启迪，本书也是我们一起完成的第五本著作。第三位是西浦大学的执行校长席酉民教授。受席校长和谐管理理念的启发以及西浦倡导的"新时代的教育，就是点亮学生眼中的光"的新教育理念感召，我才决心投入产教融合领域的创新与探索，也有了本书的创作初衷。

同时，感谢欧冶云商、上药控股、海尔数科、震坤行等行业领先企业，在调研交流中分享他们基于数字化的流程创新方面的前沿实践；感谢 AMT

的各位同事：黄培、金国华、程鹏、陈鹏飞、齐涛、祁德君、李彤、高云岭、杨鼎、李铮、王笃志等。他们结合咨询实践给本书提了很多建议，本书也收纳了部分他们在实践中的经典案例；感谢在 AMT 研究院和西利企源工作的高冬冬、周兰珍、徐增艳、刘雨欣等同事，她们在书稿形成的过程中给予我很多的帮助。

感谢我的家人，在我每天足不出户、伏案写书期间给予我最大的包容和支持，使我不用为了柴米油盐而烦恼，得以静下心来系统地梳理和思考。希望这本书的出版也能够作为礼物送给他们。

ABOUT AMT

关于 AMT

AMT 全称为上海企源科技股份有限公司，创立于 1998 年，2001 年开始公司化商业运作，目前已成为中国领先的"**管理 +IT**"**专业服务公司，在管理咨询、数字化转型及产业互联网领域**，为客户提供从咨询规划到运营落地的**持续深度服务**，逐步形成以信息化—数字化—智能化驱动商业模式创新和管理能力提升的核心能力。

经过 20 多年的"管理 +IT"咨询服务实践，AMT 累计服务 3 000 多家客户，中国百强企业中有 60% 是 AMT 的客户；基于对 AMT 服务的认可，70% 的客户与 AMT 二次及多次签约，建立了长期合作。

在流程管理领域，AMT 从创立开始就致力于流程理念发展和在中国的实践创新，和各行业领先企业一起积极探索，不断总结适合中国企业的流程管理模式。经过 20 多年的努力和积累，AMT 已经累计为数千家企业提供过流程管理咨询和培训服务，并将理论研究和咨询实践，不断著书成文，出版了《流程管理（第一版至第五版）》《流程管理实践案例》《跟我们做流程管理》《图说流程管理》等。这些著作的出版是我们不断总结与创新的成果，也是对企业在流程管理实践中一些共性问题的不断提取和归纳，希望能给更多的正在进行流程管理的企业提供参考和借鉴。

在数字化转型领域，AMT 致力于成为客户数字化转型的赋能者，帮助各行业客户规划数字化转型路径，实施数字化转型解决方案，开展数字化人才能力培养提升，打造互联网时代的核心竞争力。

在产业互联网领域，AMT 率先提出产业互联网转型方法论，连续 5 年发布《产业互联网白皮书》，面向行业龙头企业和区县特色产业集群，提供"顶层设计—IT 平台建设—综合运营"的产业互联网转型全生命周期服务，推动全产业链数字化转型和高质量发展。

从本土出发，整合海内外产学研资源，AMT 致力于成为一家中国人创办的世界级咨询公司，成为中国企业和政府在产业升级和生态建设方面的忠实伙伴。**进一步了解，请登录 AMT 官网 www.AMT.com.cn 或致电 AMT 服务热线 400-881-2881**。

未来，属于终身学习者

我这辈子遇到的聪明人（来自各行各业的聪明人）没有不每天阅读的——没有，一个都没有。巴菲特读书之多，我读书之多，可能会让你感到吃惊。孩子们都笑话我。他们觉得我是一本长了两条腿的书。

——查理·芒格

互联网改变了信息连接的方式；指数型技术在迅速颠覆着现有的商业世界；人工智能已经开始抢占人类的工作岗位……

未来，到底需要什么样的人才？

改变命运唯一的策略是你要变成终身学习者。未来世界将不再需要单一的技能型人才，而是需要具备完善的知识结构、极强逻辑思考力和高感知力的复合型人才。优秀的人往往通过阅读建立足够强大的抽象思维能力，获得异于众人的思考和整合能力。未来，将属于终身学习者！而阅读必定和终身学习形影不离。

很多人读书，追求的是干货，寻求的是立刻行之有效的解决方案。其实这是一种留在舒适区的阅读方法。在这个充满不确定性的年代，答案不会简单地出现在书里，因为生活根本就没有标准确切的答案，你也不能期望过去的经验能解决未来的问题。

而真正的阅读，应该在书中与智者同行思考，借他们的视角看到世界的多元性，提出比答案更重要的好问题，在不确定的时代中领先起跑。

湛庐阅读App：与最聪明的人共同进化

有人常常把成本支出的焦点放在书价上，把读完一本书当作阅读的终结。其实不然。

时间是读者付出的最大阅读成本

怎么读是读者面临的最大阅读障碍

"读书破万卷"不仅仅在"万"，更重要的是在"破"！

现在，我们构建了全新的"湛庐阅读"App。它将成为你"破万卷"的新居所。在这里：

● 不用考虑读什么，你可以便捷找到纸书、电子书、有声书和各种声音产品；

● 你可以学会怎么读，你将发现集泛读、通读、精读于一体的阅读解决方案；

● 你会与作者、译者、专家、推荐人和阅读教练相遇，他们是优质思想的发源地；

● 你会与优秀的读者和终身学习者为伍，他们对阅读和学习有着持久的热情和源源不绝的内驱力。

下载湛庐阅读App，
坚持亲自阅读，
有声书、电子书、阅读服务，
一站获得。

本书阅读资料包

给你便捷、高效、全面的阅读体验

本书参考资料

湛庐独家策划

- ☑ **参考文献**
  为了环保、节约纸张，部分图书的参考文献以电子版方式提供

- ☑ **主题书单**
  编辑精心推荐的延伸阅读书单，助你开启主题式阅读

- ☑ **图片资料**
  提供部分图片的高清彩色原版大图，方便保存和分享

相关阅读服务

终身学习者必备

- ☑ **电子书**
  便捷、高效，方便检索，易于携带，随时更新

- ☑ **有声书**
  保护视力，随时随地，有温度、有情感地听本书

- ☑ **精读班**
  2~4周，最懂这本书的人带你读完、读懂、读透这本好书

- ☑ **课　程**
  课程权威专家给你开书单，带你快速浏览一个领域的知识概貌

- ☑ **讲　书**
  30分钟，大咖给你讲本书，让你挑书不费劲

湛庐编辑为你独家呈现
助你更好获得书里和书外的思想和智慧，请扫码查收！

（阅读资料包的内容因书而异，最终以湛庐阅读App页面为准）

内 容 提 要

在当今不断变化的时代，流程思维是理解商业逻辑和建立问题分析解决能力的基础。本书作者在过去20年中，不断从事企业管理变革与管理咨询领域的研究与实践，并深度参与过华为、宝钢、青岛啤酒等众多知名企业的流程变革历程。通过流程思维，帮助企业快速建立对各行业商业运作逻辑的理解，形成系统观和全局观，并通过掌握流程优化的方法工具，建立问题分析解决能力。

版权所有，侵权必究
本书法律顾问　北京市盈科律师事务所　崔爽律师

图书在版编目（CIP）数据

流程思维 / 葛新红，王玉荣著．--北京：中国纺织出版社有限公司，2023.3
ISBN 978-7-5180-8962-8

Ⅰ．①流… Ⅱ．①葛… ②王… Ⅲ．①企业管理 Ⅳ．①F272

中国国家版本馆CIP数据核字（2023）第017279号

责任编辑：史　岩　责任校对：高　涵　责任印制：储志伟

中国纺织出版社有限公司出版发行
地址：北京市朝阳区百子湾东里A407号楼　邮政编码：100124
销售电话：010—67004422　传真：010—87155801
http://www.c-textilep.com
中国纺织出版社天猫旗舰店
官方微博http://weibo.com/2119887771
石家庄继文印刷有限公司　各地新华书店经销
2023年3月第1版第1次印刷
开本：710×965　1/16　印张：20.5　彩插：1
字数：290千字　定价：89.90元

凡购本书，如有缺页、倒页、脱页，由本社图书营销中心调换